现代档案信息化建设
与资料管理研究

温晓洁　邹军丽　杨语嫣　著

吉林出版集团股份有限公司

图书在版编目（CIP）数据

现代档案信息化建设与资料管理研究 / 温晓洁, 邹
军丽, 杨语嫣著. — 长春：吉林出版集团股份有限公司,
2023.8

ISBN 978-7-5731-4165-1

Ⅰ. ①现… Ⅱ. ①温… ②邹… ③杨… Ⅲ. ①档案管
理－信息化建设－研究 Ⅳ. ①G270.7

中国国家版本馆 CIP 数据核字 (2023) 第 161213 号

现代档案信息化建设与资料管理研究

XIANDAI DANG' AN XINXIHUA JIANSHE YU ZILIAO GUANLI YANJIU

著　　者	温晓洁　邹军丽　杨语嫣
责任编辑	齐　琳
封面设计	牧野春晖
开　　本	710mm×1000mm　1/16
字　　数	253 千
印　　张	14.75
版　　次	2023 年 8 月第 1 版
印　　次	2023 年 8 月第 1 次印刷

出版发行	吉林出版集团股份有限公司
电　　话	总编办：010-63109269
	发行部：010-63109269
印　　刷	三河市悦鑫印务有限公司

ISBN 978-7-5731-4165-1
定价：78.00 元

前　　言

档案是社会发展状态的储备器与温度计，它对一个社会各方面的信息进行了较为精准的反映与预测，从中可以观察到一个社会大致的发展脉络及未来发展趋势。随着信息技术的快速发展，人们对档案管理及其信息化范畴的问题也越来越关注，相关研究者对这一领域诸多问题的研究越来越多。随着信息技术的发展，计算机和互联网在生活中运用得越来越多，社会生活的诸多领域都变得越来越数字化、信息化、智慧化，这些变化不仅对宏观经济起到促进作用，而且也给人们的生活、工作带来了天翻地覆的变化。如今，众多行业和领域都在 5G 技术的引领下向着更广泛信息化、智慧化阶段跃升，更高水准的生产效率、生活质量等必将成为现实，而更高水平的档案管理也势必会让人耳目一新。

本书是档案建设与资料管理研究方面的著作，主要研究现代档案信息化建设与资料管理，本书从现代档案信息化建设与资料管理的基本概述入手，针对现代档案信息化管理与建设、现代档案信息化的体系建设、档案资料管理的基本流程、现代档案资料管理工作进行了分析研究；另外对现代档案信息化建设与资料管理的创新研究进行了综合探讨。总之，对档案管理与信息化建设的研究是我国当前档案行业关注的核心问题之一，其中所蕴藏的研究空间与研究价值是很大的。本书对档案信息化建设与资料管理均有一定的借鉴意义。

本书的写作得到了很多领导与同事的支持和帮助，在此深表谢意。由于能力有限，时间仓促，虽极力丰富本书内容，力求著作的完美无瑕，经多次修改，仍难免有不妥与遗漏之处，恳请专家和读者指正。

温晓洁，邹军丽，杨语嫣

2023 年 6 月

目　　录

第一章　现代档案信息化建设与资料管理的基本概述

第一节　信息资源管理与档案资料管理

一、档案管理的基本理论

（一）档案与档案管理的基本概念

1. 档案的基本含义

国内外对档案的定义各有侧重，在我国，根据 2020 年 6 月 20 日第十三届全国人民代表大会常务委员会第十九次会议修订的《中华人民共和国档案法》（以下简称《档案法》）的规定，档案是指过去和现在的机关、团体、企业事业单位和其他组织以及个人从事经济、政治、文化、社会、生态文明、军事、外事、科技等方面活动直接形成的对国家和社会具有保存价值的各种文字、图表、声像等不同形式的历史记录。由此可见，档案具有三个基本要素：形成者、具有查考价值、载体和形式多样性。为国家、集体、个人提供凭证，为各项事业发展建设提供参考信息就是档案的本质属性。

档案的意义在于记录和支持社会的发展，它在人类社会发展过程中有着难以替代的地位。

2. 档案管理的主要内容

档案管理工作作为国家档案事业的重要组成部分，是指在档案室中对各种载体形式的档案实体、档案信息进行收集、整理、统计及提供使用的各项工作的总称。随着社会的发展，档案管理工作变得越来越数字化和信息化。

档案管理工作主体对象是档案，档案服务对象是档案使用者，为了能够将分散凌乱数量庞大的档案进行收集整理，根据社会的需要将档案进行集中系统化管理并为加强档案提供支持。为了适应不断发展的档案使用者的社会需求，档案管理水平也应提高。

3. 档案管理的主要性质

现代档案管理中最重要的性质是专业性、服务性和数字化，档案管理的性质也可以按多个层次进行划分。首先，档案实体管理及对档案信息开发的两个层面的管理，各个层面又可以分为若干层。其次，对于档案实体主要包括搜集、整理、鉴定等各个工作环节，而档案信息开发包括信息加工与信息输出。在对档案信息开发的过程中主要有：编制目录、编写参考资料及编辑文件汇编等。最后，除了能够有效提供给档案使用者查询、复制及外调，档案管理还可以提供更多服务。

4. 档案管理的基本原则

（1）组织原则、管理体制。这是档案管理工作的核心内容，明确规定了档案事业是由国家统一管理的，各部门档案也应该集中管理本部门重要档案。

（2）确保档案信息资源安全。由于档案具有一定隐秘性、权威性和原始凭证价值，因此要求档案管理部门采取有效措施来保护档案的完整与安全。

（3）为社会和群众服务。要充分体现档案与档案管理工作的价值和意义，就必须坚持档案管理使用服务的原则，要面向整个社会开展内容丰富、形式多样的档案使用服务。

我国《档案法》规定："档案管理要明确组织原则、建立管理体制，确保档案安全，为社会和群众提供服务。"这是指导我国档案事业发展建设的重要政策，对档案管理提出了宏观要求——坚持统一领导，确保档案安全，开展档案使用服务三方面，这是符合档案事业发展规律的科学化决策，为我国档案事业指明了方向。

（二）档案管理的功能及其保护技术的发展趋势

1. 档案管理的核心功能

（1）文化与历史记忆的功能。所谓"文化与历史记忆的功能"，是指档案具有记载历史、保存历史记录的功能。档案是人们在社会活动中形成的一种文化与历史记录，它客观地记录了人们在政治、经济、科学、技术、文化等各个方面的发展过程和典型事件。从整个人类文明的进步而言，档案是人类文明在有记载的领域所达到的程度的一种反映和记录。因此，也可以说，档案是"人类的记忆"。

为了完整地、系统地保存档案，我国已初步建成了全国规模的档案馆网络系统。在这一体系中，以区域为界限的综合性档案馆占了绝大多数。随着人们对档案事业认识的深化，也感到单靠综合性档案馆的收藏，往往难以反映人类社会丰富多彩的各个侧面。人们需要建立不同侧面的、不同系统的、各种类型的档案馆，以便能从不同的角度，对人类社会进行全方位的记录。目前，我国已建有以综合性档案馆为主体的档案馆，其中还包括专业档案馆、部门档案馆、大型企事业单位档案馆等。随着人们对档案馆这一事物认识的深化，还应出现诸如私人档案馆、专题档案馆等，以便达到不仅记录人类社会的政治史，而且也记录人类社会的经济、科学、技术、文化等各个方面的历史。档案馆的历史记忆功能，应该说是档案馆之所以产生并得到发展的重要原因之一，也是档案馆诸多社会功能中的首要功能。

为了充分发挥档案馆的历史记忆功能，各级各类档案馆应合理地构筑本馆的馆藏结构。首先，每个档案馆都应具有鲜明的馆藏特色，即使是同类型的不同档案馆，也绝不雷同。其次，在坚持本馆特色的基础上，还应做到：从纵向而言，要尽可能延伸档案所涉及的时间跨度，不但应该有现代的档案和近代的档案，还应该有古代的档案；从横向而言，则应尽可能拓展档案所涉及领域的广度和深度，使其能完整地记录和反映历史。

（2）咨询与决策的功能。档案馆的资政决策功能表现在以下方面：首先表现在对社会的组织管理方面。由于以往的历史记录大多数是政治活动的记录，记载了统治者大量的治乱兴衰的经验和教训，通过利用这种档案信息，能为决策者提供解决各种问题的思路与方法，从而为科学决策提供依据，使决策者在认识问题、处理问题时具有历史的深度。其次表现在对人类社会赖以生存的经济建设方面。纵观人类社会发展的历史过程，经济建设始终是人类社会生活的主要内容。因此，档案馆保存了大量的人们认识自然、改造自然过程中形成的历史记录。通过提供这方面的档案，在进行各项重大的经济建设决策中，起到一定的参考作用。

（3）社会培训与教育的功能。世界范围内以信息技术为主要标志的科技进步日新月异，知识经济初见端倪，促使全球经济、社会的发展及人们生活方式不断发生大变革。科技竞争，特别是人才竞争，已经成为世界各国竞争的焦点。许多国家把提高国民的科学文化素质看成21世纪竞争成功的关键。为适应世界潮流，迎接21世纪挑战，把我国经济建设的推动力转移到依靠科技进步和提高劳动者素质的轨道上来，档案馆应当承担起传播科学文化知识、提高公民科学文化素质的重任。

档案馆具有社会教育功能在于其教育对象的多样性。档案馆的教育对象是整个社会的广大成员。档案馆不同于学校,不存在某一特定的受教群体。不同专业、不同职业、不同年龄、不同文化水平者,都能从档案馆中获取科学文化知识,从而提高自身的素养。同时,档案馆社会教育功能的发挥也在于其所提供的知识内容具有多样性。档案是人类社会实践活动的记录,内容涉及政治、经济、军事、科学、技术、文化等各个方面。档案是人类社会的记忆,也是人类社会得以持续发展的阶梯。

档案馆社会教育功能的发挥还在于其教育形式的多样性。档案馆可以根据外界的需要,结合馆藏特点开设各类讲座,传播科学文化知识。针对社会热点,档案馆可以利用自身馆藏丰富的优势,举办各种展览,向社会充分展示馆藏特色。

(4)学术研讨的功能。科技是第一生产力,是推动经济发展和社会进步的重要变革力量。大力开展各门科学的学术研究活动,是现代化建设的可靠保证。各门科学的学术研究,从本质上而言,就是要研究自然界和人类社会各项事物发展的客观规律,从而顺应自然,推动社会的发展。档案馆学术研究功能的发挥取决于其丰富的馆藏。档案是人类社会活动的历史记录,是人们认识自然、认识社会的经验与教训的总汇,记载了人类社会文明发展的历史过程。正是由于这种对"过程"的记录,才为科学家提供了寻找规律、探究规律进而掌握规律的丰富材料。

科学史告诉我们,任何学术研究都要从前人的研究成果中吸取、借鉴有益的成果。科学性的劳动是具有继承性的,这种劳动部分地以今人的协作为条件,部分地又以对前人劳动的利用为条件。档案馆丰富的馆藏,正是"前人劳动"的结晶,它又经过档案馆工作者的收集、整理、鉴定等一系列工作,而成为系统的、有价值的档案信息,这同时蕴含了档案馆工作者的科学劳动。因此,当这种"档案信息"提供给科研工作者时,它已经不仅是"前人劳动"的成果,而是档案工作者与社会上科研工作者之间"协作"的一种形式。这种"协作",不是直接参与科研工作者的具体科研工作,而是向他们提供经系统整理的、科学鉴定的档案信息的形式来实现的,这就为他们的学术研究活动提供了必要的条件。从这个意义上讲,档案馆向社会提供档案信息,实际上是科学研究的前期工作,它直接促进了学术研究的发展。因此,档案馆在学术研究事业中是不可缺少的组成部分,是学术研究工作得以正常开展的基础。同时，档案馆工作本身也具有学术研究的内容。一方面，档案馆工作人员要研究馆藏结构。研究档案价值、研究档案保护、研究档案管理的客观规律性，这些本身都具有学术研究的性质。另一方面，档案馆工作者本身也有可能成为一个学术研究人员。

（5）信息沟通的功能。随着社会信息化程度的不断提高，人类正从工业社会向信息社会迈进。信息是物资、能源之后的"第三级资源"，是人类社会的宝贵财富。在当今知识经济时代，信息资源开发与利用的水平已成为衡量一个国家发展状况和综合国力的重要尺度。档案是信息的重要组成部分，档案馆作为保存档案的史料中心，在信息传递方面有较大的优越性。档案馆内的档案信息，是对众多档案室的档案信息进行了充分的甄别和选择之后收集进馆的，因此，这一种档案信息是经过整合的、有较高利用价值的档案信息，是一种信息资源，其外延相当广泛，可以涉及人类活动的有记载的所有领域。

档案馆的信息传递功能首先表现在纵向的传播，借助文字、图像和声音等载录方式，我们能够获得前人积累在档案中丰富的经验和教训，通过对信息资源的开发，使我们能够获得丰富的历史信息，以指导我们实践。其次，档案信息的传递功能也表现在横向方面，通过对档案信息资源的开发，我们能够获得前人已取得的经验和教训，并以此作为起点开展我们的工作和研究。在档案馆信息传递功能的认识方面，以往人们较多注意到其纵向的传递，主要是从历史记录的角度考虑这个问题，并且这个历史记录也往往是几十年以前的"记录"，而对近期的"历史记录"则依赖于各机关档案室。随着我国社会经济体制的逐步健全，社会对档案馆功能的认识也在逐步深化。

（6）智力开发功能。档案是文明的产物，档案馆馆藏档案信息资源是人类文化遗产中重要的组成部分。它客观地记述了人类社会文化发展、科学进步的历史进程，记录了人类认识自然过程中的心得体会、实践经验和理论精华，是一座人类科学、文化的思想宝库。档案馆中收藏的档案信息资源，是一种智力资源。与其他资源一样，只有经过开发，才能为人类社会服务，造福于人类。这种资源与自然资源不同，自然资源是非再生性资源，数量是有限的，不断开发使用终究会枯竭。而智力资源则不同，它可以长期使用，重复使用。而且随着不断使用，还能再生出新的资源，这是智力资源的一个很重要的特点。档案馆作为这种智力资源的保存之所，应该主动发挥开发智力资源的功能。为了充分发挥档案馆开发智力资源的功能，档案馆应对馆藏档案信息进行细致的分析和研究，运用各种技术手段和现代化设备，使馆藏档案信息得到充分的开发。档案馆应通过举办展览进行学术交流、举办专题讲座等多种形式，向社会多侧面、多角度地展示丰富的馆藏，吸引社会用户来馆利用档案信息，开发利用档案信息资源。

（7）公共消遣功能。档案馆就其性质而言，一直被称为"科学文化事业机构"，然而和其他科学文化事业机构，如图书馆、博物馆相比，似乎总有些特别，似乎还是"犹抱琵琶半遮面"。而且，这"科学文化事业机构"的性质还只是在业内人士中谈及或流行，社会对此性质并不完全认同。在一般人的观念中，档案馆与国家机密有着千丝万缕的关系，人们往往敬而远之。同时，档案馆的馆址往往也是一个问题。它不是被设在政府机关大院内，就是被安排在僻远的地方，更使人们缺乏亲近的条件。为了适应社会的发展，为使档案馆工作在新时代不至于落伍，档案工作者应该主动承担起开发档案馆在公共消遣方面功能的责任。

首先，档案工作者应增强为人民服务的意识，并应认识到这是事业发展的重要基石。其次，档案工作者也应认识到，在档案馆馆藏中，真正不适宜开放的部分是少数。最后，档案工作者还应积极地准备多方面的物质条件，向社会各方面进行宣传，提升社会的档案意识。因此，档案馆公共消遣功能的发挥还应具有一定的前瞻性，我们应着眼于对馆藏档案信息的更深层次的开发和利用。通过提供各种窗口和展示厅，使馆藏档案的价值得到多层面的体现。

随着我国经济建设的高速发展，社会对档案馆工作也将提出更多的要求。这无疑为档案馆工作注入了新的活力，同时，也将为档案馆功能的拓展提供更多的舞台。

2. 我国档案管理及保护技术的发展趋势

（1）档案保护形势已日趋多元化。我国的档案管理正处于传统档案管理及保护与现代化档案管理并存时期，应建立起专门的档案管理系统，并定时对该档案数据库进行更新和检查，以保证该数据库信息的完整性。同时，在档案数据甄别技术上进行相应的改革创新，还将档案进行正确分类，将档案管理部门的档案管理及保护职能发挥到最大，保证档案馆能掌握合理的档案管理及保护的发展途径，从而应对在档案管理及保护过程中的风险。

（2）档案保护工作日渐细化。首先，建立档案收集部门，对收集的档案进行甄别。其次，建立档案分析部门，将类别不同的档案分别归档，分类出重要的档案，单独进行管理，并进行多重加密，重点保护。最后，建立档案管理部门，按照国家法律规定制定出切实有效的档案保护技术规范，从而实现档案保护技术的规范化和标准化。当档案管理出现问题时，要能迅速找出问题点，并针对问题点找到相关责任人，对出现的问题负责。

（3）档案修补技术趋于完备。随着高新技术的发展，档案的修补技术也逐渐从手工修补向电子修补转变。由于手工修补存在效率低、不规范等问题，这就凸显了电子修补技术的优势。建立更先进的档案修裱机，研发更适合档案装裱的档案修裱机胶黏剂，电脑操控胶黏效果更好，不会出现溢胶、少胶等现象。

（4）档案保护日趋绿色环保。生态、低碳、环保是时代发展的潮流，也是档案保护发展的必然趋势。档案馆建筑群体及设备设施应遵循绿色环保的观念，最大限度地节约资源、保护环境、减少污染，提供健康、适用和高效的使用空间，与自然和谐共生。以前档案的保护方式是追求快速建造，现如今在逐渐向高效建造发展，更注重生态保护、无毒、无残留，从实质上迎合国家开展的绿色环保政策，从而保证档案馆的各项建设。

（5）档案管理日趋国际化。随着全球化经济的发展，大数据是世界发展的必然趋势，网络的流通性已成为每个国家都关注的问题。实际上，对档案管理来说，应在保证档案信息不泄漏的前提下，可借鉴国外的高新技术来为我国档案保护的发展提供对策和实施方法。同时，我国档案界还应学习国外关于电子档案的保护措施，可通过举办交流会、派遣交流生等合作形式来汲取国外先进的电子档案保护技术和理念，并向国外推介我国对档案管理和保护所采取的措施。

二、信息资源管理的理论基础

（一）信息资源管理的理论对信息资源管理的支持和影响

信息资源管理的最重要的理论基础就是信息资源管理理论。尽管国际互联网带来的许多技术、方法和思想，与以往的信息资源管理的理念有不小的差异，如原来的文献计量的理论与网络信息的计量就无法符合，原来的标引理论对于网络文献的标引也有不少是无能为力的。但任何一门学科的基础理论既具有其普适的一面，也必然有其特殊的一面。因此，考察信息资源管理的特殊性，就必须从各种信息资源的特殊性出发，并将其放到信息时代这个大环境下来进行综合考察。

1. 信息资源管理活动

（1）信息资源管理活动的组成环节。作为过程，信息资源管理是由若干相关而有序的环节组成的。由于很多信息资源管理活动的终极目的是向作为消费者的用户提供信息服务的，所以分析用户的信息需求及其决定因素、表现形式、转化机制和满足方式等就构成了信息资源管理过程的第一个重要环节。信息资源管理过程的第二个环节是寻找和确定信息资源。信息资源的含义很广，但在此主要是指作为信息资源生产者的个人或组织及信息资源本身。信息资源管理过程的第三个环节是信息采集和转换，信息采集是指以某种方式从已确定的信息资源处收集信息资源，信息转换主要包括符号的转换（如口头语言到书面语言的转换）、载体的转换（如印刷文本到电子出版物的转换）和所有权的转换（信息资源所有权从生产者到出版者、管理者乃至用户的转换），信息转换通常也意味着信息资源的批量生产和销售。信息资源管理过程的第四个环节是信息组织，这是对所采集的信息资源加以序化的过程，它根据信息的内在结构要素可以分为语法信息的组织、语义信息的组织和语用信息的组织三大部分；信息组织从逻辑上包括信息的存储，存储是一种实用性的以时间交流为主要目的的信息组织。信息资源管理过程的第五个环节是信息检索，它可以近似地看作信息组织的反变换过程，信息组织将许多具体的信息依据一定的规则组成体系，以利于人们查询，信息检索则破译上述规则，从信息体系中寻找特定信息以满足用户的需求。信息资源管理过程的第六个环节是信息资源的开发，它以检索和积累的信息资源为原材料，以开发人员的大脑和计算机为工具，以用户的信息需求为导向，对信息资源进行再生产，其结果是信息产品。信息资源管理过程的第七个环节是信息资源的传播与利用，通过各种传播渠道和服务方式，信息资源管理人员将经过组织和开发的信息资源传递给作为消费者的用户，至此完成了信息资源管理活动的一个循环。

（2）信息资源管理活动是一种宏观调控行为。从宏观的角度考虑，无论是协调信息资源管理活动与其他社会活动的关系，还是对所有信息资源管理活动实施集中统一的管理，都需要国家有关部门统一规划和组织落实。

一般而言，宏观层面的信息资源管理活动包括以下几方面的内容：一是通过信息政策和信息法规对信息资源的生产、交换、分配和消费实施宏观调控和规范。二是通过培育和完善信息市场来加速信息商品化和信息生产的社会化，从而进一步发展信息生产力。三是通过建立集中统一的管理组织来协调信息资源管理行业内部和信息资源管理行业与其他行业的关系，为信息资源管理的和谐发展创造良好的环境。四是通过基础设施建设和信息资源管理教育等途径支持信息资源管理的发展。

2. 信息资源组织的探讨

（1）信息资源的组织方式。信息组织是对信息资源进行序化和优化的过程。在信息时代背景下，信息资源的组织优化更为重要。其基本的组织方式主要有四种：文件方式、数据库方式、主题树方式和超媒体方式。文件方式简单方便，互联网提供了诸如 FTP（File Transfer Protocol，文件传输协议）一类的协议来帮助用户利用那些以文件形式保存和组织的信息资源。但文件方式只能是一种网络形态下的信息资源管理的辅助形式。数据库方式是当前普遍使用的信息组织方式，能处理大量数据，但缺乏灵活易用的界面机制。主题树方式提供了一个基于树浏览的简单易用的信息检索与利用界面，但不适合建立大型的综合性的网络资源系统，只适用建立专业性或示范性的信息资源体系。超媒体方式是互联网上占主流地位的信息组织方式，它与传统的线性信息结构不同，超文本技术以更适合于信息的自然结构的方式来组织信息，能够充分表达各种信息之间内在的联系，让使用者能够方便、灵活地浏览、获取所需要的信息。

（2）信息资源组织的发展。事实上，文件方式和主题树方式并不是信息资源组织的主要方式。当前信息组织基本上是以数据库方式和超媒体方式各自独立发展的。数据库方式就是将要处理的数据经合理分类和规范化处理之后，以记录的形式存储于计算机中。当前流行的关系性数据库就是从规范化的数据中抽取出相应的字段建立成表，并以"键"的形式来处理表与表之间的联系。一个完整的 Client/Server 结构的数据库系统通常是由前台的数据库开发工具、后台的数据库管理系统，以及用户所待处理的数据构成的。数据库技术组织信息资源可极大地提高信息的有序性、完整性、可理解性和安全性。数据库技术与网络技术的融合极大地方便了用户利用和开发信息资源，提高了效率。但数据库处理的对象通常是结构型的、以数值形式为主的数据类型。在一个决策支持系统中，对于事实型数据、离散型数据，当前的数据库技术尚无法达到令人满意的效果。

超媒体技术则是以超链接的方式将位于不同页面上的信息有效地连接、组织起来，这时信息是由许多页面及其上的各种信息形式（如文字、表格、图像、声音、动画等）组成的。以超媒体技术组织信息，可使信息系统任意收缩，具有良好的包容性和可扩充性；可组织各类媒体的信息，方便描述和建立各媒体信息之间的语义联系；可超越媒体类型对信息组织与检索的限制；通过链路浏览的方式搜寻所需信息，具有较高的灵活性。由于超媒体的种种优点，它已成为互联网上占主流地位的信息组织与检索方式。当然，利用它组织信息资源也存在缺陷：当超媒体网络过于庞大时，很难准确而迅速地定位到真正需要的信息节点上。随着应用的发展，超媒体技术需要与其他信息技术相互结合，才能充分发挥超媒体技术的作用，以更好地组织网络信息资源。

（3）信息资源组织的基本理论问题。信息资源的组织是一种分布模式，其信息对象可能并不存储在同一个地方，可能是分布在不同的服务器上。信息资源组织目前还有许多难点尚未解决，诸如信息资源种类繁多、节点多媒体化、推陈出新快、信息不稳定、资源分散、无序、随机变化大、累积与保存困难，以及标准化、规范化等问题。其中理论的关键点表现在以下几方面：

①信息组织是一种知识组织。所谓知识组织，是指对事物的本质及事物间的关系进行揭示的有序结构和知识的序化。因此，信息组织的目的是向人们提供便于利用的、可以帮助解决问题的序化的信息，而不是大量无用的信息。在信息组织时要严格控制档案信息的质量，对网上信息进行有效的评价和筛选，从而为用户提供有价值的档案信息资源。另外，分类法和主题法是信息组织的主要工具，网络组织中要充分吸收传统分类法和主题法的优点，将其与信息资源组织的特点相结合，有效地进行档案信息资源的整合。

②信息组织的标准化问题。在信息资源组织中，搜索引擎的分类体系不统一，类名的设置不规范，分类的层次不尽合理，索引的方法因系统不同而异，各搜索引擎标引方式也没有统一的规范。有的对网页全文进行索引，有的仅标引网页的标题、URL（Uniform/Universal Resource Locator,统一资源定位系统）、关键段落的前几个单词和文本的前 100 个词。另外，

生成关键词的技术也不一样。由于信息的组织与标引缺乏控制，使信息的误查率、漏查率高。因此，应该对信息进行规范化处理，现在最主要的方法就是采用元数据。元数据通常被描述为"数据的数据"，是用来进行网上信息资源著录和标引的格式，类似于图书馆的编目记录。管理者应对互联网信息资源进行优化整合，从而提升档案信息资源的质量，这是具有元数据价值的网络信息资源的基本功能。

③合理利用信息资源。组织与揭示信息资源要通过多层次、多方位的描述、分析，从而促进信息资源的合理利用。信息组织的对象不要仅停留在对信息特征的描述，还应该深入信息单元，扩大标引广度，增加数据库的标引深度，提高信息的增值过程。

④自动化技术在信息组织中的应用。由于信息的种类繁多、数量庞大，以人工方式对网络信息进行处理已不能满足信息组织的需要，亟须采用自动化的信息组织手段。在信息组织中应该发展和利用自动分类、自动标引、自动编制分类表和词表，以及目录、索引、文摘等自动化技术，从而扩大档案资源的来源和范畴。

⑤后控词表在信息组织中的应用。以自然语言组织和检索信息方便易行，但是同义词和近义词得不到控制，词间相互关系得不到揭示，最终会影响信息的检索和利用；单纯地采用自然语言又会造成查全率降低。解决这些问题的最好办法就是采用后控词表。后控词表是自然语言与规范语言结合的理想形式，要积极研究它在信息组织中的应用。

3. 信息资源管理中的用户需求讨论

（1）信息资源用户需求的社会化。当前，社会信息化与信息社会化的大趋势必然要求并推动作为信息资源重要组成部分的信息管理加快建设。在信息环境下，信息服务部门信息服务的传统模式越来越难以满足用户开放化的信息需求，信息用户的信息需求由原来的稳定性、集中性向开放化的社会性转变。现代用户信息需求开放化的直接原因是社会信息化发展中用户职业工作机制的变化。随着职业工作中社会交往范围的扩大，商务信息交流日益广泛，致使广大用户从面向部门的信息需求向专业与社会信息相结合的信息模式转变。

（2）使用者需求下信息资源的集成化。随着信息技术的发展和信息网络的延伸，计算机技术、通信技术、信息存储技术正在相互渗透、连接，全方位的网络信息服务逐渐变成了现实。信息资源用户对信息客体的需求，对检索工具与系统的需求和对各种信息服务的需求往往通过不同的途径得到满足。这意味着信息资源分布的分散性和信息技术利用的分离状态决定了用户按个别需求进行信息获取的行为方式。信息网络的发展，将计算机技术、远程通信技术和网络信息处理技术有机结合，从根本上改变信息资源开发、组织和分布状况，从而使用户可以按主体客观需求在网络环境下集中获取所需商务信息资源，即在网络中将各类相关的专业信息获取方式融为一体，使信息交流、查询、数据获取、全文阅读和信息发布，集成多功能、多渠道、多方式的信息需求与服务利用行为。

（3）使用者需求下的信息资源高效化。信息资源用户需求高效化是信息提供方长期以来追求的目标，高效化的需求只有在高速信息网络环境下才有可能显化。信息资源用户需求的高效化主要表现在：第一，用户在所从事的职业中，由于工作节奏的加快，从客观上要求迅速满足工作中的信息需求。第二，信息处理和利用状态的优化要求有快速、高效的信息服务做保证。第三，信息组织与传递方式的变化使用户逐步适应利用新技术处理信息和进行信息交流，从而进一步激发用户对高效化信息服务的需求。

（二）信息资源管理的重要理论来源知识管理

1. 知识管理的兴起

知识管理是基于 20 世纪末信息技术的迅猛发展、知识经济的崛起，首先在企业的内部管理的变革中提出的一个全新的概念。知识管理理论是在信息资源管理的理论和知识经济理论的基础上发展起来的一种全新的管理理论。

知识管理是在知识经济的大背景下，首先在知识型企业中提出的。其理论探讨一直滞后于企业的实际操作。在知识经济的各种理论被提出的短短几年里，知识管理的理论也逐步升温。以微软、IBM、安达信、毕马威等跨国公司为代表的知识企业纷纷推出了各自的知识管理方案或行动计划，结合各公司的相关产品，以技术来推动知识管理的发展。同时，理论界也在原来信息管理、信息经济、信息资源管理的框架下展开研究，提出知识管理的各种概念和理论。

知识是资本，智力是资源，这就是新经济带给管理者的新理念。组织智力、管理知识便是这一新观念、新思维的运用与实践。可以简单地认为：知识管理一是对知识的管理，二是运用知识进行管理。知识管理的任务就是要管理好智力资本，充分运用集体的智慧，提高企业的应变能力和创新能力。它是为企业实现显性知识和隐性知识共享提供的新途径。显性知识是可量化易于整理和用计算机储存的知识，又称作可编码知识。这种知识以文字或其他符号形式写在书本上或储存在计算机中。隐性知识是一种不易用文字表达出来的经验性知识，又叫意识知识。

显性知识是易于传递和表达的，而隐性知识则潜藏在人的大脑中，属于经验性的无规律性的知识。每个人的隐性知识是各不相同的。

显性知识是易于整理和用计算机储存的知识，而隐性知识则难以掌握，它储存在员工的脑海里，是员工经验的体现，知识管理就是有效地实现这两类知识的相互转换，并在转换中创新。知识型公司能够对外部需求做出快速反应，明智地运用内部资源，并预测外部市场的发展方向，这就需要运用知识管理来实现。

知识管理的根本目的是运用企业集体智慧，提高对环境快速变化的应变能力和创新能力，实现显性知识和隐性知识的共享和转换。知识管理不同于以往的信息管理，信息管理的重心是企业内部和外部的信息资源，侧重于对这些信息的收集、分析、处理、存储，其目的是降低成本提高效益。而知识管理更注重人力资源的开发，注重创新。可以这样说，知识管理是信息管理的发展，是其更高的阶段。

知识管理思想是一种全新的管理思想，它既继承了人本管理思想的精髓，又结合新的经济形态特点予以创新。知识管理本身有其不同于以往管理的独特之处：

知识管理以企业员工智力资源的开发为中心。因为企业员工拥有不断创造新的知识能力，这是企业不断创新的源泉。因此，如何采用适当的激励机制激发员工的创造力，在企业发展中显得异常重要。在传统的工业管理中，虽然也有精神激励，但更多是物质激励。在新经济时代企业管理尤其注重激励机制，不只是那种给予赞赏或荣誉的传统式精神激励，而是一种新型的精神激励，即赋予更大的权力和责任，进而更好地发挥员工的自觉性、能动性和创造性，充分发挥自己的潜能以实现其人生价值。

知识管理重视知识的共享和创新，新经济下企业之间的竞争取决于企业的整体创新能力，即运用集体的智慧提高应变力和创新力，增强企业的竞争能力。创新可以认为是产品或服务过程中已有知识要素或新的知识要素的组合。它要求企业的领导把集体知识的共享和创新视为赢得胜利的支柱，能够向员工分享他们所拥有的知识。

知识管理对知识和人才高度重视。对于显性知识的获取和分享，可以通过计算机网络和软件系统实现。对于隐性知识，除了重视员工自身的潜能发挥外，企业应重视发挥内外专家学者及领导层的智慧的作用，即人才智力高效能发挥。在信息的利用上应把信息与信息、信息与人、信息与过程联系起来，从而进行创新。总之，重视知识的企业被看作"学习型的组织"，强调对员工实行终身教育，使员工不断获取知识和自学成长，从而形成集体智慧，为企业做出更多贡献。

知识管理重视领导方式的转变。同新经济时代相适应，知识管理需要有新型的领导方式，领导要不断学习，拓展成员的能力，让每个成员都有参与领导的机会。未来的领导应是集体领导，每一位员工都应为企业的发展出力献策。要集中员工的智慧、统一员工的行动，发挥集体智慧的作用。

2. 知识管理的历史回顾

许多管理学家为知识管理的发展做出了贡献，在他们当中为人熟知的有美国的彼得·德鲁·克、保罗·斯特阿斯曼和彼得·森格。德鲁·克和斯特阿斯曼强调信息和隐含知识作为组织资源的重要性；森格则将重点放在"学习型组织"，即管理知识的文化因素。哈佛商学院的切瑞斯·阿奇瑞斯、克里斯托福·巴特莱特和多萝西·莱昂纳多·巴顿考察了管理知识的多个侧面。莱昂纳多·巴顿对查帕拉钢铁公司的案例研究则激发了她创作《知识之源：建立和维持创新之源》一书的灵感。

艾沃瑞特·荣格在斯坦福大学关于创新扩散的研究、托马斯·艾伦在麻省理工学院关于信息和技术转移的研究，（这两项工作可追溯到 20 世纪 70 年代）也为人们理解组织内知识如何产生、利用和扩散做出了贡献。在 20 世纪 80 年代中期，尽管古典经济学理论忽视了知识作为资产的价值，但是多数组织缺乏管理知识的战略和方法，知识（以专业能力形式的表述）作为竞争性资产的重要性已经明确化。

随着对组织知识日见增长的重要性的认识，如何处理指数倍增的可得知识和日益复杂的产品、过程的问题就此产生。在各个领域，有效地处理冗余信息的计算机技术成为解决方案中的一部分。道格·恩格尔巴特在 1978 年引入的"增长"（"提高人的智能"）是早期能够连接其他应用软件和系统的超文本/群件应用系统。罗布·阿克西恩和道·迈可克莱肯的知识管理系统（Knowledge Management System，KMS）———一种开放的分布式超媒体工具，是另一个值得注意的范例，它比国际互联网提前 10 年。

在 20 世纪 80 年代也能看到依赖于人工智能和专家系统的管理知识系统的发展，同时 20 世纪 80 年代还给出了诸如"知识获取""知识工程""以知识为基础的系统"和"基于计算机的存在论"等观点。

20 世纪 90 年代中期，知识管理项目蓬勃发展，这应归功于国际互联网。因为许多组织为取得竞争优势，开始重视管理和开发隐性与显性知识资源，所以有关知识管理的会议和研究会的数量也在不断增长。

知识管理看来是取代全面质量管理和商业流程重组活动的理想选择，它已经成为主要的国际咨询公司的主要业务，如安永、麦肯锡等。此外，许多对相关领域（如基准管理、最佳实践、风险管理和变革管理）感兴趣的专业组织也正在探索知识管理与他们专家领域的关系。如美国生产力和质量委员会与美国信息科学协会。

3. 知识管理与信息资源管理的区别

（1）信息资源管理演绎至知识管理所体现出的差异。对知识管理持怀疑论的研究者和企业管理者，常常会受到一个问题的困扰：知识管理和信息资源管理是一回事吗？这个问题的产生是有道理的。

国家信息中心专家委员会原主席乌家培认为，信息资源管理是知识管理的基础，知识管理是信息资源管理的延伸与发展。信息资源管理虽有着悠久的历史，但它把信息作为资源结合技术、组织、人力三个因素从中进行管理，则是 20 世纪 70 年代末 80 年代初出现的新事物。信息资源管理是为实现组织的目标，满足组织的需求，解决组织的环境问题而对信息资源进行开发、规划、控制、集成、利用的一种管理。它经历了实物管理、技术管理、资源管理三个时期。按照美国学者马尔香与霍顿的划分，信息管理的发展有几个阶段：物的控制、自动化技术的管理、信息资源的管理、商业竞争分析与智能、知识的管理。

由此可见，知识管理在历史上被视为信息管理的一个阶段，是在信息资源管理后产生的。近几年来，由于经济发展的需要和管理实践的发展，知识管理开始从信息资源管理孵化出来，正在逐步形成一个新的管理领域。

从目前知识管理的理论探讨中不难看出，对知识管理有两种理解：其一是对信息资源的管理，认为知识作为对象可以在信息系统中进行识别和处理，能获得信息技术的支持。二是对人的管理，认为知识作为认知过程存在于信息的使用者身上，只有在人际交流的互动过程中才能创新。知识不是一般的信息，而是能在信息运用中改进人的行为的特殊信息。知识管理要求把信息与信息、信息与活动、信息与人联结起来，实现知识（包括显性的和隐性的知识）共享，运用集体的智慧和创新能力，赢得竞争优势。因此，从信息资源管理到知识管理的转化，是管理理论与实践中"以人为本"的管理主线的进一步体现。

（2）知识管理与信息资源管理相互含混的因素。

①采用的大量技术雷同。这些技术包括群件、信息回溯、数据挖掘、文档管理、电子邮件、推送技术、Web（World Wide Web，全球广域网/万维网）浏览器、可视化、智能代理、内联网等。绝大部分的信息管理技术正在或将成为知识管理的集成技术支撑，知识以信息的形式存在和被传播，是二者具有大量相似性的基本原因。

②营销企业对概念的混淆。软件企业为了更好地抓住市场机遇往往做出一定的误导，许多被称为"知识管理解决方案"的产品因而被推出。一些昨天还是"搜索引擎"的产品今天就被称为"知识管理器"，导致用户的概念混淆。

③数据库与知识库混淆所引起的混乱。虽然数据库和知识库都是架构于现有的数据库产品之上的，但从二者的服务目的上可进行区分。数据库强调的是安全、可靠地存储和调用的响应能力，它服务于信息资源管理，以二维表的形式进行逻辑组合，对数据库内数据信息的加工需要由专业的信息系统工作人员来进行。知识库则强调交互性、开放性，它服务于知识管理与决策，将数据信息等以多维形式进行组织，利用关联关系进行相互激励与重用，它借助友好的用户端应用使非专业用户可以自如地查找、应用和发布知识。

4. 第二代知识管理的理论要点

（1）第二代知识管理的演进及主要观点。有人说知识管理"可以说是给昨日的信息技术披上了今日更加时髦的外衣"。的确，时至今日的大部分知识管理实践，核心是数据仓库、群件、文档管理、成像和数据挖掘。由于继续推进这种以技术为中心的思想，新生的知识管理领域就把自己置于一种危险境地。仅把昨日的技术重新标上今日"知识管理"的时髦标签无济于事，不能带来任何新东西，客户也不会支持它，客户的这种指责已经出现。另一种完全不同的知识管理观点则是"第二代知识管理"，这种观点可以看作对知识管理的一种倡导和支持。不像第一代知识管理——好像技术能解决所有问题，第二代知识管理更考虑了人力资源和管理过程的主动性。应该把第二代知识管理看作一种不同于"技术中心"的方法，接受它及其扩展的观点。

（2）第二代知识管理的核心观点。第二代知识管理出现后引入了一些新的术语、概念和观点，这些内容与第一代知识管理明显不同，并具有真正的深度。第二代知识管理独特的观点主要集中在以下八方面：供应学派—需求学派知识管理、知识生命周期、知识过程、知识规律、知识结构、嵌套的知识域、组织学习、复杂性理论。目前知识管理的理论，第二代知识管理的主要观点可概括为：

第一，第二代知识管理强调知识生成（考虑需求方），但不否认第一代知识管理中编码化和分享的重要性（考虑供应方），因此说第二代知识管理是新的均衡。

第二，第二代知识管理对知识生成的重视，对知识管理而言，是比迄今人们提出的众多看法更有价值的观点：期望提高组织的学习效率，从而提高组织的创新效率。

第三，第二代知识管理确定了组织知识的结构（知识结构中的陈述式知识和程序规则集），以及基于过程的知识生命周期。如要促成健康的组织学习，必须培养和关心这个生命周期。

第四，第二代知识管理让人信服地把知识管理与组织学习联系起来，由此使我们认识了嵌套学习域和知识管理在帮助组织（不只是个人）比竞争者更快、更有效地学习方面所发挥的作用。而且，这个关联的价值命题是非常重要的。

5．知识管理与信息资源管理的异同

知识管理与网络信息资源管理有着共同的基础，信息资源管理则从其中汲取了可以借鉴的理论。

从信息资源管理的角度来看，二者具有相同的作用，都是为了满足特定的信息需求。人们在行动、决策中都需要信息，以减少影响实践的不确定性，降低风险，使各种活动朝着人们预先设想的方向发展，因而信息管理最终通过提供信息而实现个人、组织乃至社会的生存和发展。尽管知识管理与信息资源管理所侧重的问题不同，但二者所产生的作用却基本一致。

知识管理最终就是要形成一种"自足"的创新机制，或者说营造和谐的知识生态，依靠内部的不断创新去适应环境，从而使主体得以生存和发展。这一点在企业的信息资源管理和知识管理上得到了充分的体现。企业认识到信息能大大缩短新产品的开发研制周期，能更快速、准确地了解用户的需求，从而占领市场，获得竞争优势。因此企业不惜投入巨资引进高科技，完善自身的信息管理工作，同时向社会提出了更高的信息管理要求，信息被企业作为重要的资源。然而，由于社会的发展，企业处于非线性变化的环境中，为适应环境，并在竞争中取胜，就必须依靠知识不断创新，在搞好信息资源管理的同时实现创新的要求，这就是知识管理的问题，也就是目前人们所关注的管理的第五个阶段。

从发生发展的角度来看，二者都对信息和信息技术予以高度重视。信息资源管理的一切研究都是以信息为基石拓展到各个方面而形成的，商务信息是信息管理产生和继续存在的根本；信息技术既为信息资源管理提供了新的解决方案和思路，同时引发了一系列新问题，因而成为当前信息资源管理研究的核心之一。

信息是信息资源管理创新的原材料和源泉。商务信息不会凭空在人的头脑中产生，在研究信息的运动规律时必然要对其进行深入的探讨，这是技术与信息的内在固有关系所决定的。在理论研究中，在应用研究和实践中更离不开技术，创新中的信息保障在理论和实践中具有同样重要的意义。信息、技术是信息资源管理的重要工具。

在技术领域，许多专家将知识管理等同于某种技术方案，过去实践的教训证实这种观念是错误的，尽管它在现实中仍有相当的影响，但这也反映了信息技术在知识管理中所处的地位和所起的作用。信息技术之所以在知识管理中受到重视，其原因可概括为以下三点：第一，迅速变化的环境要求不断缩短知识创新、行动的反馈循环，依靠原始的信息交流方式不可能适应当前非线性变化的环境。第二，信息技术不仅加快了信息传送的速度和增加了获取信息的广度，而且使各类信息有序化程度增高，这对知识创新中的信息保障起着积极的作用。现代信息技术的利用不仅打破了信息交流的时空限制，而且使交流形式更为生动、直观，更有利于激发知识工作者的创新意识，同时为信息共享提供了更为便利和有效的途径。第三，与知识创新相伴而存在的知识产权保护问题的解决也可求助于信息技术。

总之，信息技术不仅为信息资源管理提供了支持，而且也是知识管理研究的内容和解决问题的方法与手段，因而在二者中都受到高度重视。

知识管理研究与信息资源管理研究是相互促进的。知识管理需要以信息资源管理为基础，并对信息资源管理提出了更高的要求。因为管理、决策都离不开信息，知识管理也不例外，对信息的全面、准确、及时性比以往任何时候的要求都高，所以做好信息资源管理是实现知识管理的基础。同时，知识管理研究的进步又必然会带动信息资源管理的研究。反之，信息资源管理理论和实践的重大突破也必然为知识管理的研究提供新思路、新方法，因而二者是相互促进、共同发展的。

三、信息资源管理的定位

这里所说的信息资源管理可以做以下定位：

第一，信息资源管理具有两层含义：一是在信息时代，网络环境下的信息资源管理具有更为广泛的适用范围，这是信息资源管理在新的条件下的发展和延伸。二是信息资源管理是在这种情况下的信息资源的开发、利用和服务。

第二，作为一种管理性的活动，人作为主体的有意识活动，必然是在一定的理论思想的指导下进行的。这种理论思想包含了信息资源管理的理论成分，也包括信息科学、知识管理理论和其他一切与之有关学科的理论成分，并且是在吸收、容纳、整合、概括和升华了上述有关学科理论成分的基础上形成的。信息资源管理就是在这一具有体系性的理论知识的指导或支配之下所进行的目的明确的社会性活动。

第三，信息资源管理发展至今，是以信息技术为核心的多元化集成，其主要包括数据库技术、通信技术、多媒体技术等。

第四，信息资源管理是对各种信息资源的开发、组织、存储、传递、服务、利用等多方面的信息资源管理工作。

第五，信息资源管理的核心问题是对各种信息资源的有效管理。其管理对象是档案信息资源，而不是一般意义上的信息资源。这被看作档案信息资源管理与以往信息资源管理的重要区别之所在。对档案管理中的各种问题也不能从狭义的角度来理解。在特定的档案管理系统内，档案信息的输入、加工处理和输出是管理的范畴，信息的生产和分配及信息资源的配置也在管理的范畴之内。因此，其管理对象广义上讲是档案信息资源及从事档案资源管理的人员和应用的技术；狭义的范围则只包括档案信息资源的内容本身，不包括档案管理人员和技术，是从广义的角度来论述。

第六，信息资源的内容包括通过实物、网络等提供的各种信息。这些信息都从不同文本对档案资源库进行了补充和完善。但从论述的角度来说，这里的信息资源更侧重于信息时代背景下的数字化信息资源。

第二节　档案信息化概述

一、信息技术相关概述

20世纪末，信息技术，特别是数字技术和网络技术的迅猛发展，正在深刻地改变着信息的收集、组织管控、保管、传递和利用方式，这种改变广泛渗透到人类生活的各个方面和社会发展的各个领域，给人类社会的进步注入了强大的动力，极大地提升了社会生产力，也给各项事业的发展提供了宝贵的机遇。认清信息化潮流，抓住信息化机遇，应对信息化挑战，顺势而为，乘势而上，是21世纪我国档案事业发展的突出主题战略举措和神圣使命。

我国的档案信息化建设是在信息技术日新月异、国家信息化战略不断推进、电子政务建设迅猛发展的多重背景下发展起来的。其中，信息技术是档案信息化的前提和基础。认识信息化和信息技术的基本概念和知识，有利于把握档案信息化的基本规律，克服盲目性，提高自觉性，增强对信息化战略的执行力。

（一）信息和信息资源的概念

信息化是当今世界发展的大趋势、大潮流，在档案信息化建设的理论研究和实践推进中，档案工作者需要掌握信息化的基本概念和特点。

1. 信息

客观世界有三大要素，即物质、能量和信息。人们较早地认识了物质，于18世纪60年代的工业化时期才认识能量，并发现了物质和能量的转换关系。20世纪50年代以后，信息科学发展成为一门新兴学科，至今方兴未艾，并深刻地影响着世界。

研究信息化首先须认识信息。一般来说，信息有广义和狭义之分。广义的信息（指本体论）是指事物存在方式和运动状态的表现形式。"事物"是指存在于人类社会、思维活动和自然界中的一切对象；"运动"是指一切意义上的变化，包括机械、物理、化学、生物思维、社会的运动。在这一层次上定义的是最广泛的信息，既包括自然信息，如鸟语花香、冬去春来；也包括社会信息，如政治信息、经济信息、军事信息、文化信息、科学技术信息、社会生活信息。狭义信息（指本体论）是指人所感知或表述的事物存在方式和运动状态。"感知"是外界向主体输入信息；"表述"是主体向外界输出的信息。本体论层次上的信息是客观信息，不以人的存在为前提。主体论层次上的信息建立在人的意志基础上，是人的认识、感知、理解、表达、传递能力的产物，用于特定目的，因此，其内涵要比本体论层次上的信息丰富得多。显然，档案信息属于主体论层次，是人按照自己的意志，在对本体信息效用价值判断的基础上有选择地感知、存储和表述的信息。信息技术的发展，极大地拓展和增强了人对本体信息的感知和表述能力，档案信息化应当充分利用信息技术的强大功能和技术条件，增强人类对社会记忆信息的掌控和驾驭能力。

2. 信息资源

信息资源也有广义和狭义之分。广义信息资源是指人类在社会信息活动中积累起来的信息、信息生产者、信息技术等信息活动要素的集合。狭义信息资源是指人类社会活动中经过加工处理后达到有序化并大量积累起来的有用信息集合。

随着信息技术，特别是互联网的普及，人们实实在在地感受到了信息的普遍性和价值性。将信息看作并转换为一种资源，是对信息或信息活动相关要素价值性高度认可的表现，是当今社会的一种先进意识。同时，从上述概念可以看出，不能随意地将信息称为信息资源。信息的资源化是有条件的，这种条件同样适用于档案信息资源。因此，我们在从事档案信息资源的建设时，也需要"有序化"和"大量积累"，并且要将与信息有关的信息生产者、信息技术等要素一并纳入信息资源建设和管理的范畴，实现信息资源体系的整体优化和信息资源价值的最大化。

（二）信息技术和信息化的概念

1. 信息技术

档案信息化的物质基础是信息技术，全面认识信息技术是档案信息化建设的前提条件。信息技术是指完成信息的获取、传递、加工、再生和利用等功能的技术。它是一门综合性很强的高新技术，包括以下四项基本内容：一是感测技术，它是人的视觉、听觉、触觉等感觉器官功能的扩展，使人们能更好地从外部世界获得各种有用的信息。二是通信技术，它是人的神经网络功能的扩展，其作用是传递、交换和分配信息，消除或克服空间上的限制，以便更有效地利用信息资源。三是计算机及人工智能技术，它是人的思维器官记忆联想计算功能的扩展，使人们能更好地存储、加工和再生信息。四是控制技术，它是人的效应器官（手、脚、口）功能的扩展，它是根据输入的指令对外部事物的运动状态实施干预，实现信息的效应。

2. 信息化

信息化是指社会经济结构从以物质与能源为重心向以信息与知识为重心转变的过程。也就是在经济和社会活动中，通过普遍采用信息技术和电子信息装备，更有效地开发和利用信息资源，推动经济发展和社会进步，使利用信息资源创造的劳动价值在国民经济生产总值中的比重逐步上升，直至占主导地位的过程。因此，信息化不是一种固定的状态，而是一个动态变化的过程。这个过程有着丰富的内涵，包含两个支柱、三个层面、四个特点。全面认识信息化的内涵，有利于我们准确把握信息化的基本规律，引导和促进档案信息化事业持续健康发展。

两个支柱：是指数字化和网络化。数字化是将现实世界中的各种模拟信息转变为以二进制代码表示的数字信息，供计算机处理和网络传输的过程。数字化是信息化的基础，没有数字化就没有计算机技术和信息技术。网络化是指利用通信技术和计算机技术，把分布在不同地点的计算机及各类电子终端设备互联起来，按照一定的网络协议相互通信，以达到所有用户都可以共享软件、硬件和信息资源的目的。由此可见，档案信息化建设必须紧扣住数字化和网络化两个主题。

三个层面：一是信息技术的开发和应用过程，这是信息化建设的技术基础，信息技术的开发和应用是信息技术与档案工作有机结合和融合的过程，在很大程度上影响档案信息化发展的效率和质量。二是信息产品制造业不断发展的过程，这是信息化建设的物质条件。信息产品包括计算机软硬件和网络产品，它在很大程度上决定了档案信息化平台建设，也进而决定了档案信息系统建设的水平。三是信息资源的开发和利用过程，这是信息化建设的核心与关键。档案信息资源是档案信息化管理和利用的对象，其本身的规模和质量，以及潜在和显性的价值，决定了档案信息化的效率和效益。这三个层面是相互促进、共同发展的过程，需要全面、协调、持续地投入和发展。在档案信息化建设过程中，需要建立档案信息化发展长效机制，充分利用和平衡这三个层面的互动关系。

四个特点：一是渗透性。信息化可以渗透并融入人类社会生活的各领域，深刻改变人类的工作、学习、交流、生活等方式。二是增值性。信息化可以实现信息的增值，使信息转变为信息资源，进而转换为知识，通过网络共享，广泛地传递信息、传承文化、传播知识，不断提升信息资源创造的社会价值和经济价值。三是创新性。一方面，信息技术的应用能够带来管理观念、管理理论、管理方法和管理手段的全面创新；另一方面，管理观念、管理理论、管理方法和管理手段的全面创新也将提高信息技术的应用水平和应用效能。四是带动性。信息化可带动档案行政管理和档案业务管理水平的全面提升。

二、信息化与档案工作

（一）档案信息化的概念

档案信息化的理论基础在于科学的定义，这有助于我们全面把握档案信息化的目标和任务，以便遵循信息化的客观规律，推动档案事业的科学进步。那么，什么是档案信息化呢？在学术领域中，对此存在多种解读，因视角的差异而理解各异。简单来说，档案信息化就是在国家档案行政管理部门的统一规划和组织下，将档案信息资源建设置于中心位置，依靠信息技术专家，以相关的法规、制度、标准为后盾，广泛应用现代信息技术，从而不断革新传统的档案管理模式。这样做的目的在于更有效地进行档案信息资源的收集、管理以及提供利用服务，以提升档案工作的效率和服务水平，推动档案管理向现代化迈进。这一理解深刻体现了我国档案信息化的核心实践经验和基本发展规律。

1. 必须由档案行政管理部门统筹规划和组织实施

档案信息化不是单纯的计算机应用，也不是具体的档案业务，而是事关全局和影响深远的复杂的系统工程。这需要人才、设备、资金等方面的支持，需要全面、持续、稳步地推进，并需要经历较长的完善过程。因此，档案信息化不能各自为政、分头建设，而必须由各级国家档案行政管理部门建立统一的规划制度、规范、标准，实行宏观管理和监督指导。同时，需要精心组织实施，在技术平台、网络体系、组织机构、人才队伍、资源建设、基础业务、建设经费等方面提供保障，才能确保这项事业持续有效地开展。

2．必须以档案信息资源建设为核心

从某种意义上说，档案信息化的核心目标是使档案信息资源化，即将档案信息转换为真正意义上的档案信息资源。资源化不是简单地将档案信息做数字化处理，也不是简单地将其放到网络上传输，而是应用信息技术，使档案信息媒体多元化、内容有序化、配置集成化、质量最优化、价值最大化，通过档案信息系统的加工处理，确保各种社会信息的真实、完整、有效，便于跨越时空广泛地共享利用，在实现档案信息增值的同时，承担起传承人类记忆的历史使命。

3．必须建立高素质的档案信息人才队伍

档案信息化是档案专业、信息专业和计算机专业的结合，属于技术密集和知识密集型专业。传统的档案干部队伍结构和人员知识结构已经不能完全适应档案信息化的需要。档案部门缺乏档案专业和信息技术专业的复合型跨界人才，特别是中、高级信息技术专业人才，这已经成为制约档案信息化深入发展的关键要素。因此，一方面，要引进和培养相关人才；另一方面，要通过建立有效的激励机制，鼓励档案人员学习信息技术知识，提升档案信息化水平。

4．必须在法规、制度、标准方面建立相应的保障体系

信息技术的应用必然向传统的保障体系提出全面的挑战。只有根据信息技术的特点和应用要求，不断制定和完善档案管理的法规、制度、标准、规范，才能确保档案信息系统的科学建设和有效运行。

5．必须全面应用现代信息技术

信息技术具有强大的潜能，只有全面、成功地应用才能真正转化为生产力。所谓全面应用，有三层意思：一是与档案工作有关的各个工作部门和人员都要参与应用，而不是仅靠档案业务人员应用。二是应用于档案全过程管理的各项业务，而不是只应用于单项业务。三是引进、消化、吸收各种先进、适用的信息技术，并不断跟踪和应用新兴的信息技术，使信息技术真正成为档案事业发展的不竭动力。

6. 必须改革传统的档案管理模式

传统的档案管理模式建立在手工管理基础上，必然会出现与信息技术应用不相适应或不相匹配的问题。应当不断改革传统的档案管理模式，适应信息技术环境下的新型档案管理模式，而不能消极地让新技术适应传统的档案管理模式，这样才能最大限度地发挥信息技术应用的效能。

7. 必须树立强烈的效益意识

档案信息化不能徒有虚名，而要遵循经济规律，力争取得务实的效果。当然，档案信息化很难估量直接的经济效益。但是，在产出效果方面，要努力追求社会效益、长远效益。要树立大目标，不能满足于一般的省人、省事、省力，而要致力于解决传统档案管理中遇到的收集难、著录难、整理难、保管难、内容检索难、多媒体编研难，以及电子文件的保真、保密、保用等老大难问题，力争提升档案科学化、规范化的管理水平和服务水平，在促进社会改革开放、经济发展、文化繁荣以及法治化、民主化进程中建功立业。

档案信息化的概念是在档案工作中与信息技术相结合，档案管理理论研究和实践推进相结合的过程中逐步形成的。档案界曾经有过许多与档案信息化类似或相关的概念，都强调了某些侧面，如"档案管理自动化"，它强调包括微机微电子、缩微、复印、传真等自动化技术在档案管理中的应用；"计算机辅助档案管理"，它强调应用计算机人机交互、对话的方式，辅助档案管理的各项业务工作；"档案现代化管理"，除了强调档案管理应用计算机技术，实现管理手段的现代化以外，还强调档案管理理念、体制、方法的现代化；"文档一体化管理"，强调运用文件生命周期的理论，从公文和档案管理工作的全局出发，应用计算机技术实现档案的全过程管理和前端控制，提高文档管理的效率和质量。这些与档案信息化相关的概念形成，都是计算机技术及其在档案工作中应用状态、发展水平的标志，既反映了档案信息化理论研究和实践探索的阶段性成果，也反映了我国档案信息文化发展的轨迹。

（二）档案信息化的意义

档案信息化建设无论对于档案事业自身发展，还是社会信息化发展都具有十分重要的现实意义和深远的历史意义。

1. 是社会信息化建设的客观要求

人类已经进入崭新的信息社会。信息化已经成为衡量一个国家、地区、企业或专业综合实力的重要标志，各行各业都在贯彻实施信息化战略。档案事业发展也必须主动适应时代潮流，搭上信息化快车，加快现代化步伐。

社会信息化包括政府、企业、家庭、社会保障体系信息化四大领域。这四个信息化都离不开档案信息化，因为这些领域的信息化已经或正在形成浩瀚的电子文件，这些新型文件打破了纸质媒体一统天下的局面，使信息的存储媒体、传播媒体、表现媒体呈现多元化发展态势。新媒体与传统媒体相融合，深入社会生活的各个领域，深刻地改变着人类的生存环境和生活方式，并留下精彩纷呈的数字记忆。这些记忆是社会的宝贵财富，迫切需要实行档案化管理，即采用信息技术手段进行收集、整合、保管和共享利用，以提高其整合度，延长其价值链，保障社会的全面、协调、可持续发展。因此，档案信息化是时代和社会信息化发展的客观需要。

2. 是档案工作现代化的必由之路

档案工作现代化是指用科学的思想组织、方法和手段，对档案工作进行有效管理，使之获得最佳的工作效率、经济效益和社会效益的过程。信息化与档案工作的结合，不仅能减轻手工劳动，提高工作效率，而且能全面优化档案工作的各个要素，全面提升档案管理水平。

（1）"化"观念。信息化是一个充满生机和活力的领域，也是公开、公平的人类活动平台。信息技术的应用，可以使档案工作者不断破除封闭、狭隘、守旧、畏难的落后观念，激发起开拓、开放、效益、效率、服务等先进意识，弘扬追求理想、崇尚科技、奋力改革、务实创新、图存图强、团队作业的精神风貌，营造尊重知识、尊重人才、鼓励创新的社会氛围，为档案事业的持续发展赋予强大的正能量。

（2）"化"资源。档案信息资源是管档之基，用档之源。按照档案信息化的要求，需要将电子档案收起来，将存量纸质档案数字化做起来，将档案信息资源总库建起来。做好这些工作，就能逐步解决目前馆藏档案中存在的载体单一、门类不全、存储无序、利用不便等难题，显著增强档案资源的丰裕度、适用度、有序度、集成度、可靠度，使档案管理从实体管理转变为内容信息管理，再转变为知识管理，更好地满足社会大众不断增长的档案信息利用需求。

（3）"化"管理。信息技术的应用，会暴露出传统管理模式的弊端，向传统管理模式提出挑战，从而促使档案管理部门加快建立与信息技术应用相适应的档案管理原则、体制、机制、规范和考核体系，加强档案收管、使用等各项基础工作，以保障档案信息化的顺利实施和建设成效。信息化管理水平越高，对改革传统管理观念和模式的要求也越高。因此，档案信息化的推进必将全面、持续地提升档案管理的现代化水平。

（4）"化"技术。先进和适用的技术永远是档案信息化发展的强大动力。然而，先进和适用有时会产生矛盾，只有进行档案信息化实践，才能使技术的先进性和适用性取得统一，产生效益；才能持续激励档案工作者关注引进吸收新兴的信息技术。事实证明，档案信息化一方面能促使先进的信息技术与档案管理有机结合，对档案和档案工作产生带动和增值作用。另一方面也会使信息技术在档案需求的导向下日臻完善，促进信息产业的发展。

（5）"化"队伍。信息化是技术密集型、知识密集型的事业，档案信息化对高素质人才具有依赖性。一方面促使我们去选拔和培养人才，更新档案人才队伍的专业结构和知识结构，并合理地组织和使用人才，最大限度地调动人才的积极性；另一方面档案信息化的理论研究和实践锻炼，又为人才的培养和能力的发挥提供了机会和舞台，使越来越多热衷于、尽心于、擅长于信息技术的档案人才脱颖而出，创新创业。

3. 是提高档案服务水平的必然选择

在传统的管理方式中，档案人员借助简单工具，通过手工方式对档案实体进行收管。其局限性在于：只能通过档案实体（如文件、案卷、卷盒）的整理、存放、调用和传递，管理和利用档案的内容；用户利用档案，只能实时（上班时间）、实地（在阅览室）调用档案实体（案卷）进行查阅；档案信息难以脱离档案实体，灵活高效地跨越时空，广泛共享。信息化时代的档案利用可以突破原有档案利用的局限，提高档案信息资源利用效率。

（1）直接查阅内容。电子档案信息内容和实体的可分离性，使我们可以直接对档案信息内容进行灵活的分类排序和组合，利用计算机检索途径多、能力强的优势，快速查找；同时，还能实现对档案信息内容的全文检索。

（2）提供多媒体信息。可以采用多媒体技术，提供声情图文并茂的多媒体档案信息，真正做到让记忆说话，让记忆显影，生动逼真地还原历史。

（3）跨越时空障碍。档案信息化系统可以借助互联网，将任何档案信息，在任何时间，传递到互联网覆盖的地区的任何人手中，彻底打破了档案信息传递的时空障碍，实现"全天候"服务。

（4）实现联动服务。通过网络将档案服务的主体，包括档案馆、档案室、社区事务受理服务中心的档案资源连成整体，通过数据集成的手段，在馆室联动、馆社联动、馆际联动的基础上，实现档案信息的"一站式""一口式"或"一门式"服务，联动服务在民生档案服务中特别有效。

（5）服务的多样性。信息技术，特别是网络技术的应用，极大地拓宽了服务主体、服务对象、服务手段、服务形式和服务媒体，如网站查询服务、电话咨询服务、微博微信服务、个性化推送服务、主题展览服务等，使服务真正做到以用户为中心，以需求为导向，进一步改善档案部门的服务形象。

三、档案信息化的战略和任务

档案信息化不是一般意义上的档案工作，而是档案事业发展的战略性举措，即关于档案事业发展的全局性、长远性谋划。战略思维是大智慧，战略谋划是大手笔，只有战略正确、任务明确，才能保障档案信息化既好又快地发展。

（一）档案信息化发展战略

1. 制订国家档案信息化发展专项规划

档案信息化建设作为国家档案事业发展的有机组成部分，在国家档案"三个体系"建设中举足轻重，其发展水平直接制约着"三个体系"建设效果。在科学制订国家档案事业发展规划的基础上，须同步配套制订"国家档案信息化发展规划"或"国家档案信息化中长期发展计划"等作为专项规划，其目的是总结过去的经验教训，解决现有档案信息化建设中存在的问题，确保档案信息化建设协调有序地向广度和深度推进。国家档案信息化发展专项规划要研究档案信息化建设的战略定位和目标，明确实施阶段、落实任务完成的配套保障措施，做好与档案事业发展规划和国家信息化建设规划的相互衔接，把档案信息化建设的重大战略、重点项目、改革试点和政策要求纳入国家和各行业、各层面规划，并把解决档案信息化建设中突出矛盾的措施落实到具体的项目上，分清责任。

2. 加快档案信息化法规与标准体系建设

档案信息化工作要强化顶层设计的理念，加强立法，完善标准规范体系，使档案信息化工作有法可依，有章可循。档案工作肩负保存社会记忆的历史使命，在电子文件成为社会各项活动记忆的今天，需要从法律层面明确档案信息化的地位、作用与要求，明确电子文件（档案）的定义、属性、法律证据效力、体制机制、工作原则、管理内容和要求、机构及职责、权利和义务、归属和流向，解决电子文件（档案）的凭证作用不明确、电子文件的归档要求不统一、电子文件（档案）的利用及管理中存在各种风险等难点问题。与档案信息化"人法"相配套的是建立和完善档案信息化标准规范体系，包括基础标准、管理标准、业务标准、技术规范和专项标准等，使档案信息化成为技术标准清楚、质量要求准确、可操作性强的建设项目。

3. 加快"三个体系"建设

"三个体系"是指建立健全覆盖人民群众的档案资源体系、方便人民群众的档案利用体系、确保档案安全保密的档案安全体系。三者是相互联系、相互作用、相互影响的。其中，档案资源体系是基础，是根本；档案安全体系是保障，是为档案资源体系和档案利用体系服务的；档案利用体系是目的，是归宿，是档案事业发展的效益工程。"三个体系"建设既与档案信息化密切相关，又为档案信息化发展指明了方向。

档案资源体系建设是档案信息化的核心内容。针对国内档案信息资源建设发展不同步、标准不统一存在的现象，应加大建设力度，初步形成完整配套的档案信息资源体系。在加快传统档案数字化步伐的同时，加大对新生电子文件规范化的监督和控制，建立电子文件归档及电子档案接收应用系统，推进电子文件归档和电子档案的接收、保管与利用，逐步建设全国性可共享的档案目录数据库、纸质档案全文数据库、电子档案数据库和多媒体档案数据库；加大档案信息资源的整合，一方面加强各部门档案信息资源的纵向整合，另一方面加大与其他相关信息系统之间的横向整合，实现档案信息资源的共建共享。

档案利用体系建设是档案信息化的服务方向。通过建立档案信息共享通道和服务平台，拓展档案信息服务社会的渠道，强化档案信息资源共享机制，加快档案信息资源的开发利用，挖掘档案信息利用服务的社会效益和经济效益，建立高效、优质、快捷的新型档案利用服务体系。

档案安全体系建设是档案信息化的重大课题。档案部门必须始终坚持把档案信息安全与档案实体安全放在同等重要的位置，通过提高认识、强化管理、采用先进技术和各种有效措施保障档案信息安全，确保数字档案和电子档案内容真实长久可读和能被有效利用。

4. 加强档案信息化的理论体系研究

档案信息化建设发展至今，已到了强烈呼唤先进理论的时候，这是由信息化建设"技术引领需求"的特有规律所决定的。档案信息化建设之初，大家都尝试将传统档案管理基本理论运用到信息化建设实践中。随着实践不断深入、范围不断扩大，目前档案信息化建设遇到了"瓶颈"，在一定程度上是由于缺乏相应的理论指导，导致标准不配套、研究方向不明确、管理对象不明晰等问题出现。数字档案馆、电子文件中心、档案信息服务体系、档案信息利用体系、档案信息安全保障等档案信息化建设中的热点、难点问题，也需要基础理论来支撑。档案信息化理论研究要立足于档案工作实践、行业特点、专业特色探索档案信息化发展规律，构建系统的、具有中国特色的档案信息化理论体系，引领、指导档案信息化工作。

5. 推进档案信息化成果共享与交流

应本着成果资源共享的原则，有效整合政府、院校企业的智力资源，积极吸纳和采用具有全国推广价值的档案信息化技术研究成果，减少项目重复建设，节约国家投资。国家应对已经实施档案信息化建设的单位加强经验总结和理论研究，搭建一个交流平台，把取得的成果在档案业界进行推广和共享。另外，在具体项目建设过程中，要立足实践应用，合作攻关，充分吸纳先进信息技术的成果，优化建设中的各种技术方案和各种技术选型要求，解决具体的关键技术应用问题，注重使用标准规范的研究成果，引导市场，重点培育精通档案信息化建设业务的IT（Information Technology，信息技术）企业。

6. 探索档案信息化建设评估体系

档案信息化建设是一项系统工程，涉及的范围很广，它几乎涵盖了档案业务建设的所有内容。在档案信息化建设过程中若要确保建设质量，弄清建设中的短板或缺陷，就需要对档案信息化建设实施评估。评估作为一种控制手段，需要建立一套科学、合理、可行的评估体系，该体系需要从系统论的角度考虑，全面分析评估体系的各个构成要素，合理设置评估指标，综合考量档案信息化建设成效，尤其是最后的评价结论要成为推进和改进档案信息化建设的重要参考依据。

（二）档案信息化建设的主要任务

1. 档案信息化基础设施建设

基础设施是档案信息资源收集管理、开发利用的物质基础和技术条件，主要包括计算机和网络的软硬件系统数据库管理系统、网络系统以及计算机用房设施等。基础设施应当从先进性和适用性相统一的原则出发，按照档案信息化建设的规划和应用系统建设的实际需求，进行采购、配置和安装。目前，全国尚无统一的档案信息化基础设施建设规划，强调将档案信息化基础设施建设纳入本地区、本行业、本单位信息化发展总体规划，与电子政务、电子商务办公自动化等基础设施共同建设，形成统一的系统平台和设备环境，以便获得必要的资金、技术支持，相互协调发展。

2. 档案信息资源建设

档案信息资源是国民经济和社会发展的战略资源，档案信息资源建设的任务包括三个方面：一是开展档案目录和全文信息资源总库建设，满足机读目录检索和共享利用的需要。二是加快馆（室）藏档案的数字化工作，加强对珍贵档案的保护，满足档案内容网络查询利用的社会需求。三是加强电子文件归档和电子档案移交进馆，将具有档案价值的电子文件收集好、管理好和利用好。档案信息资源建设应当与数字档案馆、数字档案室，以及社会公共信息库、所属单位管理信息库的建设相结合，充分实现资源的无障碍传输、互联互通和共享利用。

3. 档案管理应用系统建设

档案管理应用系统建设是信息技术与档案工作需求相结合的产物，是实现档案信息化实用价值的关键环节。其主要任务包括：研制开发和推广应用相对统一、符合规范的档案管理软件，包括电子文件归档管理、数字档案馆、数字档案室、档案行政管理等软件；推进档案信息化与电子政务、电子商务、办公自动化的同步发展；建设档案网站，并与本地区、本系统各级各类档案门户网站建立链接；运用档案管理系统开展档案管理各项业务，并做好应用系统的维护。

4. 档案信息化标准规范建设

标准规范化是档案信息化建设的重要基础，要在充分调研的基础上，根据国际标准和通用规范，逐步推出适合我国国情的档案信息化标准规范。档案信息化标准规范体系包括管理型、业务型和技术型三种，其内容包括电子文件归档和电子档案管理，档案信息资源的标识描述、加工、存储、查询、传输、转换、管理和使用等，逐步形成具有中国特色的档案信息化的标准规范体系。形成的标准规范体系应与信息源（档案生成者）、信息用户（档案使用者）的标准规范体系兼容，使分散的档案机构、档案信息系统、档案资源库集成为有机的整体，真正在跨地区、跨行业、跨层次、跨部门的广阔空间内最大限度地实现档案信息资源的广泛共享。

5. 档案信息化人才队伍建设

坚持以人为本，始终把培养人才、建设队伍、提高人的素质放在第一位。将信息技术基础知识培训列入档案干部培训教学计划；加强档案信息化建设相关技术、技能培训课程与教材的建设；加强对档案业务人员实用技术的操作培训；更新档案人才队伍的知识结构，在内部培养人才的同时，吸纳社会信息技术人才力量，形成开放式的人才队伍，形成尊重知识、尊重人才、鼓励创新、人尽其才的良好工作氛围，营造优秀人才脱颖而出、健康成长、才尽其用的政策环境。

6. 档案信息安全保障体系建设

档案信息化安全责任重于泰山。档案信息安全保障体系建设包括：建立档案信息安全保障组织体系；健全档案信息安全管理的法规制度；加强档案管理应用系统的安全管理；采取管理和技术手段确保档案信息网络传输的安全；加强对档案信息安全的行政监管和业务指导；加强档案人员的安全教育等。

第二章　现代档案信息化管理与建设的研究

第一节　档案信息化管理与建设的理论基础

一、档案信息化管理与建设的目标

（一）加强档案信息化建设的基础工作

国家对档案信息化建设的基础工作非常重视，国内外有关电子政务的提法很多，如电子政府、虚拟政府、数字政府、政务工作信息化等，其宗旨是指各级政府部门运用现代信息技术和网络技术进行办公，实现政府组织结构和工作流程的重组优化，为社会公众和自身提供一体化的管理和服务。档案馆所收藏的档案信息历来以政府信息为主题，因此电子政务必然与档案信息化有密切的关系。从促进电子政务完善发展的角度考虑，档案信息化建设作为国家信息化建设的重要组成部分，它的目标、任务和原则应在国家信息化战略目标的要求下，结合档案部门的实际情况和工作需要来制定。

档案信息化建设的基础工作包含的内容很多，概括起来主要有以下几个方面：硬件基础设施建设。随着电子政务业务的普及和人们认识程度的不断深入，人们对电子政务建设的要求也越来越高，为了适应电子政务建设的需要，各级档案管理部门应加大力度提高计算机的普及率，加强对档案管理人员的技术培训，用现代的计算机管理代替传统的手工管理，添置各种必需的服务器和客户 PC（Personal Computer，泛指所有个人使用的计算机设备）机，各级档案管理部门还应配置保证局域网、公务网和互联网安全运行的网络设备和存储设备，购买满足档案数字化需要的配套设备。

加强数据库建设。随着电子政务的不断发展，各级档案管理部门必须根据电子政务建设的要求，建设访问用户的档案检索系统，而档案数据库是档案计算机检索系统的核心部分。各地档案管理部门应本着资源数据共享的原则，不断加强数据库建设，提供更高层次的数据库管理方式，以满足不同层次用户对信息数据的需求。

加强网络环境建设。网络环境建设是档案信息化建设基础工作的重要内容，它包括局域网、公务网和互联网建设。要在信息化的建设中实现"三网并进"的战略，就必须做到如下两个方面：首先依托局域网建设，带动档案管理各个环节的办公自动化，尤其是档案利用服务窗口建设，档案管理的局域网应纳入本地区的局域网信息管理系统，与本地区的公务网、政务网、政府网站同步。各专业、部门、企事业档案馆的网络建设要纳入本系统、本单位办公自动化和业务管理系统。依托公务网、政务网的建设实现电子目录、电子文件数据的接收和传送，依托档案网站的建设，实现档案馆之间的互联互通，从而提高档案资源的利用效率，最大限度地实现档案资源的利用价值。

（二）实现档案资源的整体规划和综合利用

档案管理部门应在"加强统筹规划，促进综合利用，避免盲目发展"的思想指导下，制订档案信息化的整体规划，最大限度地实现档案资源的综合利用。按照"统一、通用、科学、标准、共享"的原则要求，积极推进应用先进的计算机管理软件。按照国家电子政务的基本要求，加强档案计算机管理系统和办公自动化管理系统的衔接和融合，广泛应用文档一体化管理系统；进一步健全档案网站，不断丰富网站内容，有计划地开放数据库，提供网上查询和利用服务，并逐步增加交互式的网上办事功能。加快使用率高的专题数据库建设，不断增加档案信息资源的数量，加快查阅率相对较高的专题数据库建设，不断扩大数据来源和规模，最大限度实现档案资源的综合利用。

（三）实现档案信息资源的社会共享

1. 电子档案的归档

随着电子政务的不断发展，大量的电子档案和电子目录是今后档案信息的主要增长点，同时也是档案信息资源建设的源头之一。从档案信息化建设的长远考虑，各级档案管理部门必须加强对电子档案的归档、保管、利用的技术手段的管理，制定电子档案的接收标准的管理制度；可根据实际情况，实行纸质档案和电子档案"双轨制"的接收模式，并依托局域网构建电子档案的网上接收平台，开展电子档案目录和电子档案的全文接收，达到省时快捷的建档效果。电子档案目录的建立方便了档案的检索和查找，加速了档案的周转，提高了档案的利用率。

2. 电子档案的数字化管理

传统的档案管理体制下档案多以纸质档案为主，为了适应信息化建设的需要，实现档案信息资源的社会共享，就需要对纸质的档案进行数字化转换。档案信息的数字化包括两方面的内容，即档案目录信息的数字化和档案全文信息的数字化。档案目录的数字化包括全宗级目录、案卷级目录和文件级目录，各级档案馆必须在加快档案著录速度、严格规范著录标引的前提下，建设覆盖馆藏档案的全宗级目录和案卷级目录数据库，一些重要的档案将逐步实现文件级目录的机检，有条件的档案馆可实现全部文件级目录机检。档案全文信息的数字化，应围绕利用需求，以建立高质量的数据库为目标，积极地加以推进。通常是一般的馆藏照片、音视频档案应全部数字化，一些重要的全宗档案、利用率高的馆藏资料和专题文件应逐步进行全文数字化，一些条件比较好的档案馆，可建立多媒体全文数据库，形成档案全文数据中心，这样不但方便了电子文档的检索，也满足了电子文件实现社会共享的需要。

3. 电子档案共享平台的建设

网络环境下的档案信息资源建设，不仅包括自身馆藏的信息资源，还包括馆藏以外的档案信息资源。这种可供双向利用信息资源的实现模式就是建设档案目录中心。档案目录建设的实质是网络环境下各种档案信息资源的"虚拟整合"，以实现更大范围内的资源共享。各级档案馆应有计划地建设本系统的档案目录中心和目录分数据库，并通过公务网与主数据库连接，整合各种利用率较高的专题档案目录，建立机读目录的逐年搜集和送交机制。

二、档案信息化管理与建设的内容

（一）档案信息化的规范化建设

标准规范化是实施档案信息化建设的重要内容之一。在档案资源的收集过程中，资源的存在形式是多种多样的，社会对信息资源的需求形式也是多种多样并在不断地发生变化的，因此没有标准化的规范体系，数字资源很难保证其内容的长期保存、有效的操作、数据交换、永久性的保管，更难以实现信息资源的社会共享。

目前，我国档案信息化系统建设层次标准不一，各种标准的规范性、标准性、共享性较差，还不能完全适应档案信息化建设共享的社会需求。

从信息化建设的科学性要求和解决目前信息化建设中存在的各自为政、相互封闭、重复建设的问题出发，在档案信息化建设中必须总体规划，制定统一的规范化标准，这是做好信息化建设的最基本的工作，也是必须做好的首要工作。

所谓标准，是对重复性的事物和概念所做的统一规定。它以科学技术和实践经验的综合成果为基础，经有关方面协商，由主管机构批准，以特定形式发布，作为共同遵守的准则和依据。

所谓标准化是指在经济、技术、科学及管理等社会实践中，对重复性的事物和概念，通过制定、发布和实施标准，达到统一，已获得最佳之需和社会效益。

档案信息化的最终目的是实现档案资源的社会共享。档案信息化体系建设是以档案信息资源库建设为核心、以信息技术的应用为手段、以网络建设为基础的系统工程。档案信息资源体系建设涉及各种数据、网络建设和应用体系开发等各方面，档案信息标准是档案信息资源共享体系建设的重要保障。

标准统一是实现网络信息互通、信息资源共享的前提条件。标准规范体系包括管理、业务、技术三个方面。管理性的标准规范包括计算机安全法规与标准，工作人员、用户及设备管理规范，利用管理规定数字档案信息资源合法性的确认等。业务性标准规范包括术语标准以及相关电子文件和电子档案管理的标准、规范。技术性的标准规范可分为硬件、软件、数据标准等三个方面。硬件包括计算机、网络服务器、网络通信等电子设备，软件包括系统软件和应用软件数据，标准是确保档案的通用、共享与交换，确保在软硬件环境变化时档案数据的完整、安全与有效。

（二）档案信息化基础设施的建设

软硬件的基础设施建设。网络的建设是以计算机为基础的。它是用基本设施和线路，将多个计算机连接起来，再用网络的信息软件进行信息的传递，实现资源的共享。网络的建设是以计算机为基础的。网络硬件的基础设施主要包括网络的布线、交换机、路由器、配线柜、电源等设备、终端计算机、输入输出和存储以及编辑等设备形成完善的网络系统。软件系统包括网络管理软件、服务器数据管理、互联网的节点控制等。

网络的数据库建设。用现代化的管理手段代替手工管理方式，对收集来的档案信息资源进行信息化的处理和存储。数据库是档案网络化建设的重要组成部分，是重要的网络资源，要加强网络化建设，就必须加强数据库档案资源的信息化建设。

数据库管理人员的培养。数据库管理队伍的建设是档案信息化建设的重要组成部分。当前档案管理的整体素质建设与信息化建设的总体要求还有较大的差距，因此档案信息化建设必须依靠加强人才队伍的建设来提升和改造传统的档案管理和利用方式，在档案信息化建设的过程中，整个人才队伍的建设包括：一是档案信息化建设的组织领导体系。负责档案信息化建设的决策、规划、推进、指挥，为档案信息化建设提供良好的工作环境。二是具有领导能力、组织领导责任的领导人。这些人具有信息化的意识和时代的紧迫感，能够在自己的领域内，大力推进档案信息化的进程。三是数据库管理人员。他们负责档案信息化建设具体内容的实施，他们是档案信息化建设的骨干力量，现有的大部分档案管理人员缺乏信息社会应有的整体素质，所以目前人才建设的重点是立足于现有人员的培养提高，培养档案管理者的整体素质，把数据库管理人员作为重点培养的对象。

（三）档案信息资源的建设

档案信息资源的开发利用是信息化的核心工作，是信息化工作取得实效的关键。目前，我国信息资源在开发利用中还存在许多问题，信息资源的开发不足，利用效率不高，基础设施和应用系统落后，政务信息公开不快，跨部门信息共享困难等，所有这些都严重制约了我国档案信息化建设的发展。档案的信息化建设要想在信息化的社会中求得生存和发展，就必须把档案管理融入信息化的网络环境中，才能提高档案的利用率，提升档案自身的利用价值。

档案信息资源包括的主要内容：一是接收的电子文件档案。对电子文件的接收和管理是档案信息资源建设的重要内容。二是馆藏档案。馆藏档案是目前最主要的信息资源来源，是目前档案信息化建设的重点工作。三是网络信息资源的获取。档案信息化建设是我国信息化建设的组成部分，所以它的发展不可能离开整个社会信息化的大环境，档案信息化建设要想不断得到发展，就必须扩展自己的工作思路和范围，这样才能给信息化建设以更大的发展空间。四是其他资源的获取。档案信息资源还包括信息人员、信息技术、信息系统等。

档案信息资源建设的构成体系。一是数字化处理前的准备。档案信息从数字化处理角度可以分为符号信息、静态视频信息、动态视频信息和音频信息。每一种信息都有不同的处理方式，因此要对不同的信息制订不同的处理方案，最大限度地将档案实体上的信息保留下来。因此，档案信息数字化前的准备工作，对数字化档案信息的质量起着十分重要的作用。二是数字化处理子系统。这一部分是整个系统的核心部分，它利用各种设备系统对不同类型的档案信息分别进行处理，然后进入数据库，进行必要的组织和管理。它包括电子文件的处理系统、对电子文件的接收和实行统一规范的管理以及提供网上查询利用服务。三是数据存储子系统。系统可以按不同类型存储在各类数据库和文件系统中。四是档案馆藏数字化处理系统。它是对非数字化的档案采取不同的方法进行数字处理，成为统一的数字化档案信息。

（四）档案信息资源数据库的建设

档案信息资源数据库是档案信息化建设的核心部分，档案信息的数字化、网络化工作都要围绕着数据库建设进行，其工作结果都要存储在数据库中，数据的质量对于数据库的质量起着实质性的作用，其建设要以国际、国家标准为依据，为此必须做到数据的准确性，要保证存储的数据规范、准确。数据准确是对档案数据的最基本的要求，数据的规范要求档案数据库的数据著录项目符合规范要求，对于目录数据库的建设要依照事先确定好的著录标准进行数据库建设。要做到数据的有效性，要采用通用的文件格式标准记录档案数据，特别是对一些图形、图像、声音等全文信息，要采用标准和通用格式进行记录，降低未来有可能进行的数据存储格式转换和数据迁移的成本，杜绝馆藏数据无法读出的情况发生。最后是数据的稳定性，档案建设重要的数据库结构、数据著录标准确立后，不能轻易变更，以维护系统的稳定和数据规范的连续性。

三、档案信息化管理与建设的任务

（一）档案信息化数据库建设

1. 档案信息化数据库的性能指标

收录数据的准确性。数据库中收录的数据是否准确、可靠，关系到档案检索系统的检索效率。数据的任何差错，如字符的不一致、格式的不统

一、拼写的错误等，都会对计算机检索产生影响，尤其在数据型数据库中，数据的不准确通常会造成严重的后果，可能降低信息系统在用户心中的可信度，会使用户对信息的准确性产生怀疑。

数据记录的完整性是评价数据库质量的首要指标。数据库覆盖面的大小、收录数据的完备程度，关系到它是否能全面满足用户的检索需求，这是取信于用户的基本前提。

信息内容的丰富性。信息内容的丰富程度是揭示信息特征的重要指标。如对一份档案著录项目的翔实程度、有无摘要、外文、标引深度的大小。数据库的内容越充实就越有助于用户判断档案的价值及其切题程度，从而帮助用户准确、快速地找到所需的信息。

数据库的及时性。数据库的及时性主要指一份档案从形成到纳入数据库之间的时差。如果用户先看到原始档案，然后再从数据库中检索到所需的信息，就会认为数据库提供的数据不及时，数据库的及时性对于现实效益较强的科技档案尤其重要，数据库的时差越短，其价值就越大。

数据库的成本效益。建立数据库需要花费大量的人力、物力，因此经济成本是衡量与选择数据库类型的重要指标，应尽可能用最低的成本获得最大的效益。计算数据库成本的指标包括每个字段、每条记录的平均费用以及每次检索每次命中记录的平均费用等。

2．档案信息化数据库的组成和功能

数据库、数据库管理系统和数据库系统这几个概念通常混淆，其实它们是三个不同的概念。通常人们所说的数据库是指数据库系统。一个数据库系统是一个实际可行的，按照数据库方式存储、维护和向应用程序提供数据或信息支持的系统。它是存储介质、处理对象和管理系统的集合体，通常由数据库、硬件、数据库管理系统和数据库管理几部分组成。对于档案库来说，还应包括档案信息数据。

数据库就是存储信息的仓库。这些数据被存储到计算机中，使人们能快速方便地对数据库进行查询、修改，并按一定的格式输出，从而达到管理和使用这些数据库的目的。硬件机制存储数据库和运行数据库管理系统的硬件资源，包括物理存储数据库的系统和其他外部设备等。数据库管理系统是负责数据库的存取、维护和管理的软件系统。

数据库系统克服了以前数据管理方式的缺点，试图提供一种完美的更高层次的数据管理方式。它的指导思想是对所用的数据实行统一、集中、独立的管理，实现数据共享。数据库系统管理方式具有数据共享、数据结构化、数据独立性、统一数据控制功能等特点。

3. 档案信息化数据库的构成

档案信息数据库中的各类档案数据，不仅包含馆藏档案的各类信息，如纸质文献、照片和音频、视频资料，还包括政府的公开信息，从而使档案管理资源库通过计算机通信网络连接成为大规模的知识群库。离开了这些数字化信息的资源库，档案馆信息化建设就成了无源之水，无本之木。档案数据库存在的档案信息种类繁多，既有案卷级目录信息和文件级目录信息，又有全文信息数据，有专题目录数据和视频目录数据等。不同类型的档案数据库的应用，通常和不同类型的应用软件相配套使用。

（二）数字档案的收集

数字档案馆主要收集各个立档单位的电子文件以及各立档单位经过数字化处理后的传统档案，是档案馆数字档案信息的重要来源。

电子文件的收集。电子文件和纸质文件的生成背景和发挥作用的不同，造成其收集方法和要求也不相同。如"无纸化"的电子文件，不仅要收集积累，更要有严格的安全措施，因此可制作成拷贝文件，以免电子文件系统发生意外使文件信息丢失；起辅助作用或正式作用的电子文件，应及时收集与整理，并与其相应的纸质文件之间建立标识关系；草稿文件一般不予保留，如果出于对所保留电子文件重要性的考虑，则应对其进行收集和积累。在进行电子文件的收集时我们应具体问题具体分析，不能用同一种收集方式。因不同信息的电子文件，由于其技术特性不同，存储载体和记录信息的标准、压缩算法也不同，所以应分别采取措施保证其"原始性、真实性、完整性"。另外，与纸质文件不同，电子文件的读取、还原，离不开其生成的软硬件环境和元数据等，所以电子文件的收集、积累还必须包括这些内容。

电子文件的类型多种多样。按形成电子文件的性质分，有文本文件、图形文件、图像文件等；按电子文件的功能分，有各种公文、文本文件、设计文件、研究试验文件等。对电子文件的收集、积累应包括归档范围内所用的电子文件，对未列入收集归档范围的电子文件，有的也要收集，因此尤其需要对一些项目做补充归档或扩大归档。因此，归档人员需要了解一些未列入接收电子文件的形成、承办情况，有的要及时主动收集。特别是对个人电子计算机产生的电子文件的收集工作，实践性很强，错过时机，电子文件就有失散、损毁的可能。

电子文件归档的具体形式和要求。电子文件归档的形式概括起来主要有三种形式，即物理归档、文本转换归档和逻辑归档。物理归档是将带有规定标志的电子文件集中拷贝到耐久性能好的磁、光记录介质上，一式三套。一套封存保管，一套供查阅使用，一套异地保存。这种归档方式缓解了紧张的存储空间，并且延长了数字化电子文件的寿命。拷贝归档，通常采取压缩归档和备份系统归档手段。压缩归档即采取数据压缩工具，对电子计算机网络上应归档的文件，经过一段时间积累后进行压缩操作，录入磁、光记录介质上。这种方法通常对将来的电子档案管理有利。备份系统归档，即在电子计算机网络环境下，将归档的电子文件在网上进行一次备份操作，就可将归档的电子文件记录在磁、光记录介质上。为保证电子文件的真实性，在归档电子文件时也将记录日志和数据库都备份到磁、光记录介质上。

文本转换归档是将电子文件转换成纸制文件归档，并使纸制管理系统与电子管理系统建立互联关系。这种归档方式是为了适应现有的科技水平，保证电子文件的原始性和凭证价值而采取的措施，有其局限性。

逻辑归档是指电子文件的管理权从网络上转移到档案部门，在归档工作中，电子文件的存储格式和位置暂时保持不变。这种归档方式解决了许多机关"收集归档难"的问题，并使档案部门对其应予以接收的电子文件有了控制权。

目前电子文件归档分三步。首先由电子部门和文书处理部门合作，在电子文件的形成或收到的同时，对列入归档范围的文件进行逻辑归档；在有逻辑归档标识的电子文件办理完毕后，有专人对电子文件进行真实性和完整性的检验，检验无误的纸质文件与该电子文件的物理载体建立互联并一同归档；最后对有逻辑归档标识的电子文件定期进行物理归档。

加强电子文件归档管理的标准化建设。电子文件是电子政务和电子商务发展的必然产物，它必须有标准化、管理的现代化。因此，有必要对电子文件著录标准化、存储格式化和元数据标准化等电子文件标准化管理中的基本问题进行深入的研究，尽快使电子文件的管理全过程做到有章可循，保证电子文件从生成到归档管理上的连续性和规范性，为最终确定电子文件的法律效力创造必要的条件。

制定科学的电子文件归档标准是当前我国档案管理标准化工作的重点，也是加强电子文件管理的一项有力的措施和必要的途径。制定标准应充分重视以下几项任务：第一，明确当前急需攻关解决的标准，如电子文档的归档标准、电子文件著录格式标准、电子文件的储存格式标准等。第二，提倡使用统一的软件。通过统一的软件，使电子文件归档管理逐步纳入规范化的轨道上，由档案行政管理部门与专业软件公司共同技术攻关，合作开发通用软件，并逐步在各级档案部门中推广使用，将是一条切实可行的途径。第三，与计算机行业联手合作，区分档案部门内部制定的标准和档案部门与计算机行业联手制定的技术标准，尤其是后者要列入规划，最终构成完整的电子文件归档管理标准体系。

电子档案的接收和迁移。按档案存储法的有关规定，电子档案到了一定的年限就应向综合档案馆移交，其中包括目录和全文信息。综合档案馆的收集一般采用介质接收和网络接收两种形式。介质接收即用存储体传递的电子文件，如磁盘、光盘，进行卸载式离线报盘接收，一般按规定进行登记、签署，对于更改处，要填写更改单，按更改审批手续进行，并存有备份件防止出现差错。网络接收即在电子计算机网络系统上进行在线接收，系统应设计自动记录功能，记载电子文件的产生、修改、删除、责任人以及记录数据库的时间等，并在进入数据库之前，对记有档案标识的内容进行鉴定、归档和接收入库。

在数字档案的接收过程中，我们从一个网络的数据库中，将数据导出到磁、光介质，再将这些介质接到另一个网络，将数据导入其数据库，从而完成从一种技术环境到另一种技术环境的转换，使数字信息发生了迁移，在数字信息迁移过程中，要注意三个问题：一是确保档案信息内容的真实和维护使用功能。对于那些在不同操作系统之间迁移的数字信息而言，即使不可能保持原格式外观，也必须保证内容和使用功能的不变。二是降低迁移成本和风险。数字信息迁移需要考虑迁移成本和可能存在的风险，因此要考虑合适的迁移间隔时间。三是确保信息内容的原始性和完整性。

（三）馆藏档案信息数字化

1. 馆藏档案信息数字化的工作内容

馆藏档案信息数字化主要包括两项任务：一是将传统载体的档案目录

进行数字化，二是将档案内容进行数字化。

档案目录数字化的主要工作是对载体档案进行编目，并将目录信息录入到计算机中，建立档案目录数据库，利用管理信息系统实现档案目录数据的计算机管理和目录信息的资源共享。

档案内容数字化的主要工作是馆藏的纸质、录音、录像、照片等档案，通过扫描、加工、处理转变为文本、图像、图形、流媒体等数字格式信息，存储在网络服务器中，利用计算机及信息系统提供查询、检索和浏览。

档案内容数字化工作包括数字化预加工和深加工两个步骤，数字化预加工能够将纸质档案、照片档案、微缩胶片等转变为电子图像文件，不能将纸质档案上的文字信息进行完全处理；数字化的深加工则是利用技术含量较高的语言识别处理技术获取载体档案中的文字信息，方便提供全文检索。

2. 馆藏档案信息数字化的业务流程

数字化的预处理。预处理是数字化加工的第一步，其主要的工作是将馆藏的实物档案，比如纸质档案、录音、录像、照片、微缩胶片等按照数字化加工的轻重缓急原则进行筛选，然后再按照下一步数字化处理工作的具体要求做拆分、分类、整理、模数转换等处理工作。此环节中的安全风险主要来源于公共环境等人为因素，主要安全任务是防火、防抢、防盗、防泄漏以及防止因错误操作而导致档案受损的事故发生。因此，该阶段采取的安全防范措施是：按照加工工序制定严格的安全管理制度，明确各项工作的岗位职责，并严格监督执行；启动档案馆的安全监控系统，实行实时监控，一旦出现问题应立即采取措施。

数字化加工与转换。就是将传统的档案转换为数字形式标识的档案信息资源，其主要工作包括：纸质档案的扫描、录音、录像、数码拍照的数字化转换以及微缩胶片的数字化等。本阶段安全问题主要是加强对损坏程度比较严重的、纸质又很薄很难直接进行扫描或者无法采取扫描方式进行数字化的历史档案的处理。本阶段的安全重点是数字化过程中原件的保护，必须在大量实践经验的基础上，选择科学、合理的数字化加工与转换技术与指标开展工作。

信息的处理。信息处理的主要工作是将数字化后的图像文件、多媒体信息等与档案的著录信息进行关联的重要过程，也是整个数字化工作的重要内容。首先是档案资源的编目、标引等基础数据的录入和处理等工作，将图像与多媒体文件对照原始档案而进行的核对、压缩等处理工作，无论是纸质档案还是录音、录像档案，通过模拟到数字化的转换后，都可能造成一定程度的数据丢失或信息失真。因此，本阶段的安全重点是保证档案数字化后能够被存储、保存和利用，并考虑如何将失真度降到最低的问题。

信息的存储。经过处理的数据需要存储到网络环境中并提供利用，而不仅仅是存储在光盘上保存在库房做档案备份。因此，应根据数字化的存储容量及网络化的利用要求，选择网络存储设备、考虑数据库与电子文件存储和被访问的方式，这一阶段安全的重点是考虑电子文件的存储和保管的安全模式，严格按照档案管理的标准开展规范化操作。

信息的利用。这一阶段将采用计算机应用软件系统，按照档案法及本单位的管理规范，将数字信息发布到网上，并提供不同网络范围内的不同数据内容的档案利用。本阶段安全防范的重点是：系统用户权限的严格管理、对访问系统中用户身份的严格认证以及内网、外网计算机之间的访问、控制等安全问题，同时还要严格管理网络上各服务器、客户端等计算机系统，并防止应用程序受病毒的感染、网站受黑客的攻击等非安全因素的发生。

3. 馆藏档案信息数字化方案的确定

选择什么样的方式是进行馆藏信息数字化的关键。由于档案馆保存的档案数量众多，不同档案的价值信息和开放利用的时间不相同，对不同档案的保密程度也各不相同，因此在档案信息化之前，档案馆必须确定哪种信息可以数字化，哪种档案信息资源目前不需要或者暂缓数字化，哪些资源应优先数字化。最后选择何种方案，应当紧密结合馆藏的具体情况和社会利用发展趋势做出判断。目前主要有以下几种形式：全部馆藏数字化，采用此方式是将传统的档案馆全部馆藏信息数字化，建立数字档案馆，完全继承传统档案馆的全部信息资源。这是理论上最彻底的数字化方案，对使用者来说是最理想的。这种方案比较适应那些馆藏档案数量较少，开放档案占据馆藏档案绝大多数的档案馆。对于那些馆藏数量众多、利用率较低，且档案数量大、需要控制利用档案的数量较多的档案馆，从降低成本和效益的角度来考虑，不一定是最佳策略。

高利用率馆藏数字化。这种方案在一定程度上可以起到降低成本、提高效益的作用，但具体实施有一定的困难。一般来说，不同用户所需要的档案信息，在范围和重点方面有不同的特点，且对不同类型的档案信息的使用频率也不同。另外，一部分高利用率的档案具有时效性，因此档案馆向利用部门提供一份较长时间的利用反馈报告，可能会有助于对馆藏高利用率档案的合理选择。

珍贵馆藏数字化，从理论上说这是最合适的方案，其难点是对"珍贵档案"必须具有可操作性的诠释，这种可操作性应是建立在对馆藏档案资源熟悉和价值判断的基础上。一般来说，那些高龄档案，涉及某一地区重要机构、重大事件和重要任务的档案，在同类档案文献中较为稀少的档案等，都可以列入珍贵馆藏之列。一般来说，这部分档案的利用率是很高的。

即时利用数字化，即对部分档案并不数字化，只是到利用时才进行数字化。这是最具功利色彩的"用户至上"方案。所有用户不需要的馆藏均被排除在外，这是该方案最突出的优点，但也是最致命的弱点所在。用户的即时需求有很大的偶然性，过分考虑这一需求，无疑会提高档案馆数字化的经济成本。

总之，选择什么样的信息化策略应根据实际需要来定，不考虑实际需要单纯地选择某一种方案都会导致片面，如何兼顾馆藏具有永久价值的档案和用户当前的信息需求，将几种数字化的方案有机地结合起来，才是馆藏档案数字化的最佳方案。

四、档案信息化管理与建设的原则

（一）协调发展的原则

1. 同档案馆的基础工作协调发展

档案信息化建设需要进行大量的基础工作。其主要的工作在于各种档案信息的加工和集成，离开了这些基础工作，档案信息化建设就成了一句空话。因此，档案信息化建设必须贯彻同基础工作协调发展的原则。在基础工作中，档案信息的著录和输入是最基本的内容。档案信息的著录根据利用的要求可以有多种形式，通常用的是档案著录和文件级档案著录。档案案卷级著录体现着国家的有关政策，对一个案卷的内容进行著录，产生几项重要的知识性信息，从而揭示这一案卷在内容、载体方面的重要特征。

文件级著录级别较高，针对性较强，因此，在著录的过程中投入的人力、物力也相对较大。因此，对于一般的档案馆一般并不要求一定要实行档案馆藏的文件级著录，可以根据实际情况进行分步实施，可以选择一些比较重要的档案进行文件级著录。对于档案馆藏较少的档案馆，在人力、物力条件允许的情况下，则可以考虑实行所有文件级著录。信息的输入包括已经著录的文件级条目和文件级条目的输入，也包括档案信息的全文扫描输入和相应关系的建立。这些工作从技术层面上并不复杂，但由于工作的程序复杂，工作量较大，因此在信息化实施的过程中绝对不能忽视，必须与基础工作同时考虑，严防由于基础工作没有及时完成而影响了整个信息化建设的进程。

2. 同信息技术的开发利用协调发展

信息技术的综合利用是档案信息化建设的难点。信息技术的综合利用，包括各种信息软件的开发、硬件配置的集成、网络环境的构建。大量的实践证明，信息化能否取得实效，其预期的效果能否达到，系统软件的开发和利用十分重要，信息化建设的先进性就在于此。同信息技术的开发协调发展是指，要充分重视与信息化建设密切相关的系统软件开发和应用的重要性，在考虑做好丰富馆藏和加强著录信息化前期工作的同时，必须把实现效能的系统开发软件放在重要的位置，加大投入的力度，进行广泛的调研论证。

在进行系统软件开发的过程中，我们应积极采纳先进的技术成果加以利用。然而信息技术的不断发展变化，任何最新技术都是相对的，因此在新技术的应用方面，我们必须面对现实，实事求是。我们必须认识到系统软件开发完成后，其功能的不断完善还需要一个渐进的发展过程。而系统的开发者多数是对档案业务不熟悉的计算机技术人员，他们对系统软件的需求、结构和功能的认识有一个逐步深化的过程，而信息技术的实现是各种设想和技术整合后的具体体现，因此许多技术软件在当初开发时都还不十分成熟，需要在以后的实践中不断地补充、发展和完善。因此，在信息化的建设过程中，切实贯彻同信息技术的开发、利用、协调发展的原则十分必要。

3. 同馆藏信息一同协调发展

档案信息化的根本目的是实现资源的社会共享，决定档案信息的功能和作用的发挥是看资源本身给社会提供了多少有价值的信息，所有这些都取决于档案馆藏的数量和档案资源的丰富程度。如果一个档案馆的馆藏达到一定的程度，结构也比较合理，信息的种类也比较齐全，那么信息化就有了比较好的资源基础，在实施信息化的过程中不会感到在档案的门类等方面存在较大的缺憾。反之，如果一个档案馆本身的数量有限，资源的种类单一，再加上自身结构的不合理，那么信息化的发挥将会受到很大的阻碍，因此在信息化之前，档案馆自身馆藏的实际情况是一个必须考虑的基本因素。由于历史的原因，我们无法改变档案馆已有的馆藏，但我们可以扩充现有馆藏的品种和数量，可以通过征集等措施尽可能增加馆藏的数量，达到档案信息的多门类、多品种，为档案信息化建设提供较为丰富的资源基础，避免因为馆藏不足影响信息化建设进程的事情发生。

4. 同实际应用协调发展

档案信息化的目的在于利用，不是为了信息化而信息化，因此在信息化的过程中必须贯彻同档案利用工作协调发展的原则。也就是说，必须以社会对档案利用的需求为导向，来规划和调整信息化的实施步骤。一方面，要以利用率高的信息作为信息化的重点内容，使信息化有一个牢固的使用基础，充分显示其对社会的适用性；另一方面，要根据社会利用需求的发展趋势，进一步扩大档案的利用范围，充分发挥档案信息的内在潜质，对信息化建设做全面的统筹和规划。另外，档案信息化建设是一个长远发展的战略性建设，其信息化的过程也是一个动态的发展过程，因此我们必须对信息化做出一个长远的发展规划，因信息化是一个长远的动态发展过程，所以在信息化实施的过程中，必须根据社会对档案利用的需求变化，对要调整的档案门类和品种进行及时的调整，避免关起门来自己建设的封闭做法。因此信息化建设要贯彻协调发展的原则，就必须重视信息化建设同实际应用协调发展的原则。

（二）分步实施的原则

档案信息化建设是一项庞大的系统工程，因此它的建设不可能在短时期内完成，由于各地档案馆的实际情况不同，有的档案馆的信息储存量大，信息化需要投入的人力、物力较多，同时由于计算机技术的发展变化较快，实现信息化在硬件上的投入较大，也不可能一步到位。因此，信息化建设必须实行分步实施的原则。它的实施包括信息资源的分步实施和系统功能的分步实施两部分的内容。

信息资源的分步实施。档案目录信息资源的建设是信息资源建设的重要内容之一，它建设的主题内容包括本身的馆藏目录和本地区所用的档案目录建设两部分。这两部分资源覆盖的范围不同，基础条件也不同。对于建设本馆所藏的档案目录来说，需要从馆藏结构特点出发进行规划和设计，提出整体规划和设计要求，然后组织实施。对于覆盖地区范围的目录中心，由于地区方位内各档案机构的基础状况不同，目录的数据结构不同，首先对能够在同一平台上运行的目录进行整合和转换。在整合转换的过程中需要解决许多技术问题，必须以科学的态度，逐一加以解决，因此在构建目录中心时，必须根据具体情况制定具体措施，分步组织实施。对于那些基础性、专题性和全文信息的实施步骤，一般是把基础性的信息作为信息化的第一步内容；把专题性的信息作为信息化的第二步；把全文性的信息作为信息化的最后内容来处理，这也是根据信息实际操作方便的难易程度以及人力、物力的投入多少等因素综合考虑后，来实施的分步策略。

系统功能开发的分步实施。档案信息化的利用程度在很大程度上取决于系统功能软件的实现，关系到以计算机技术的应用为主题的系统功能的开发。一般的开发原则是，考虑到系统开发的费用巨大，计算机技术的迅猛发展，系统功能的开发可采用分步实施的原则，急用、利用率高的先开发，拓展性功能可以延续开发。系统功能的分步开发在经济上可以避免一次投入过大的开发经费，减轻经济上的压力，在安全性上可以防止重大失误而导致整个信息化实施的重大挫折，从系统功能的最佳实现来说，由于采用了不同的计算机技术，有利于技术的及时更新，保证系统功能与最新技术的接轨。

（三）安全的原则

档案的安全管理是信息化建设的首要前提条件。档案安全本身的重要性是由档案本身和档案管理的性质所决定的，档案信息化的建设必须充分考虑到安全问题，正确处理好方便、高效与安全管理的关系。一般来说，数字化的档案存储应该使用带自动备份功能的服务器，配置备份信息设备，如光盘库、专用网络存储设备，对备份信息还实施迁移。同时，使用安全介质定期刻录备份信息实行异地保管。

数字档案的安全保障必须建立严格的管理制度和操作规范，必须实行有效的网络安全措施，必须采取严格的授权管理系统。安全保障的原则主要包括：①密级区分原则。即对密级档案实行物理隔离并落实责任到人。②内外区分原则。将开发档案信息与内部业务运行过程的信息实行隔离。③用户区分原则。将档案管理人员和档案形成人员、内部用户和公共用户加以区分。④系统区分原则。将档案信息管理系统及其网络化归档、信息共享、辅助决策等子系统加以区分。

（四）应用性原则

档案馆在实施信息化管理与建设的过程中进行的馆藏档案的信息资源整合和集聚，建设档案信息资源共享体系时，其主要任务是将能揭示和反映档案主要内容和原形特征的目录信息、相关原始档案信息，经过现代计算机技术的应用，进行海量存储，并通过多种检索途径，顺利地实现快速的直接查阅利用。要取得这些海量档案信息利用的理想效果，涉及很多的工作环节，需经历多个阶段。一般将档案信息资源的整合和开发作为信息化的前处理工作，不管前处理工作多么复杂，其最终的目的是实现档案信息工作的有效利用。为此，档案馆在实施信息化建设的过程中，首先应该贯彻的原则是实用性原则。实用性原则的指导思想，是所有在信息化过程中被整合处理的档案信息，必须能够适应各种利用需要。也就是说，档案信息化必须以社会各方面在相当长一段时间的利用需要为原则。

获取知识的第二课堂。档案馆除了具有查考和存史的功能外，还具有传播知识的功能。档案馆蕴藏着丰富的馆藏文化以及本地区经济社会发展的档案资料，这些丰富的档案资料对于社会公民以及青少年了解本地区的文化发展来说都是不可多得的珍贵史料。

我们可以把档案馆当作是学生获取知识的第二课堂，这样既能使档案馆的信息功能得到延伸，也避免了信息资源的浪费。因此，在信息化的构成中应注意把知识性的信息放在首位，这一崭新的课题对于档案部门是一个新的挑战。因为以往的档案馆主要是供查找资料之用，所以在查找接待方面积累了丰富的经验，而将档案馆作为获取知识的场所则是一个全新的管理课题。对此档案管理者必须树立全新的管理理念，从适用于知识获取方面考虑，可以将档案信息中具有知识性的信息有限信息化，比如反映本地区社会经济发展的信息资料、反映本地著名人物的历史传记以及具有历史渊源的档案史料等，都可以作为开辟第二课堂的生动教材，这些史料对于当地居民和青少年了解当地的历史具有十分重要的学习价值。

在档案信息化建设与管理的过程中，凡是有关当地物质文明建设和人文发展历史方面的档案信息，都可以作为知识性的信息加以知识化，以适用于社会大众特别是青少年知识获取利用的需要，同时也是档案馆为当地的精神文明建设做出的积极贡献。

为领导的决策起助手和参考作用。科学的决策源自科学的管理，科学决策是科学管理的重要手段，也是各级领导组织管理实施各项大型工程或推进建设事业全面发展的先决条件，同时也是提高执政能力的重要措施。科学的决策需要有充分的科学信息，经过周密的论证最后做出科学的判断，形成科学的决策。因此，充分地获取各种信息对于领导做出科学的决策十分重要。

档案信息记录了以往历史活动的进程和结果，是前人智慧的结晶，同时也积累了丰富的经验教训，所有这些宝贵的信息资料对于领导做出科学的判断具有重要的参考价值，这些信息可以开阔领导者的眼界，借鉴前人的经验和教训，以便在前人成果的基础上进行新的突破。总之，丰富的档案信息对于各级领导进行科学的决策具有十分重要的参考和借鉴意义。因此，档案管理部门在信息化的过程中必须把适应于领导决策参考的信息放在首位，在进行信息化的过程中，应该将那些能够为领导决策提供借鉴作用的档案信息资源进行整合，在考虑和设计信息检索的途径时，应该把方便寻找和挑选有助于领导决策的信息放在重要的位置，为这些信息的检索提供方便快捷的查找方式。

为科学研究提供重要的参考。科学研究是人类社会不断发展的原动力。科学研究需要大量的信息资源，特别是社会科学的研究，其研究的主要内容多为社会的政治、经济、文化和社会发展方面的内容，更离不开档案馆的信息资源。因此，把适应于科学研究作为档案信息化必须遵守的规则，是档案馆信息化建设所要重点考虑的内容。档案信息化要适用于科学研究，就必须将那些具有研究价值或者能够提供可持续研究对象的原始材料的档案信息进行信息化。这类信息从大的方面来说，包括的内容十分丰富，它不仅包括经济发展的基础数据，也包括政治、文化以及生活各个方面的详细资料。科学研究所涉及的信息面非常广泛，因此所使用的信息更是包罗万象，但由于各个时期社会的研究会有不同的侧重点，因此我们应根据社会研究的需求采取分步实施的原则，即对于档案科学研究急需的资源应首先进行信息化，及时准确地为科学研究提供参考资源。

成为爱国主义的教育基地。随着社会的不断进步，档案馆的职能不仅仅局限在提供需要查找的历史资料，还肩负着开展爱国主义教育的重要任务。档案馆应充分挖掘自身的教育潜能，对社会特别是对青少年开展爱国主义教育、革命传统教育，把档案馆办成爱国主义的教育基地。国家档案局适应这一形势，提出了把档案馆建成"一个中心、两个基地"的要求。这两个基地其中一个就是爱国主义的教育基地。因此，档案信息化必须服从于爱国主义教育基地的建设要求，坚定不移地贯彻开展社会教育的原则。

从这一原则出发，在实施信息化建设与管理的过程中，对具有教育功能和作用的有关信息档案进行整合、处理以及建立专用的检索渠道就显得十分必要。这就需要从档案信息中挖掘具有教育意义的信息。考虑到爱国主义教育基地的建设和影响，除了文献信息外，也可将这些史料制成专题片或光盘配送到各个学校，使这些珍贵的史料更贴近生活，使青少年在潜移默化中受到爱国主义教育，增强他们的民族自豪感和自信心。

业余休闲的需要。随着社会经济的不断发展，人们的文化需求也在不断发展并呈现多元化，休闲活动正成为一种时尚开始流行。在一些发达国家，民众文化休闲已经开始从图书馆、博物馆向档案馆延伸。因此，前来档案馆利用档案必定是有专门目的的习惯正在被打破，休闲型利用已经成为一种时尚行为，读者可以在休闲的环境中得到文化熏陶和审美享受。

在国内，近年来档案界的一些有识之士也开始重视这种发生在档案馆的新的利用方式，并呼吁尽快建立相应的环境和机制，促使这种休闲型利用成长起来。为此，在档案馆实施信息化的过程中，应该看到这种虽处于萌芽状态的社会需求可能随着社会经济文化的快速发展而快速成长。休闲利用与其他利用相比有它的特殊性。由于这方面的利用目前还没有很好地开展起来，所以我们很难对这方面的需要归纳出一些规律性的东西。但我们可以从图书馆、博物馆、展览馆方面汲取营养，深入思考，进行借鉴。

休闲作为人们的一种生活方式，历史悠久，而文化性的休闲活动也必定有其自身的规律。既然是休闲，就同正规的工作完全不同，它可以没有目的，随机而来，在这里转了一圈后，得到了美的享受，精神上得到了某种启示与升华，得到的是精神上的休息与放松，也是一种收获。基于这样的认识，我们在实施信息化时，应该重视将那些具有可读性、知识性、趣味性、观赏性、珍贵性的档案信息优先予以信息化，以吸引和满足潜在的休闲利用的需要。

（五）效益原则

1. 系统功能效益

在一定程度上系统的功能状况是衡量信息化是否达到了预期效果的一个重要指标。信息化能否顺利地进行和运转，很大程度上取决于信息化功能的实现程度。信息化投入最大的经费是在系统功能的设计、开发以及硬件设备的配置上，因此信息化功能的显示不但包括系统功能覆盖的全面性，操作维护的方便性，系统运行的快捷性、安全性等，同时也包括整体功能的先进性和稳定性。一个系统如果达到了以上方面的要求，我们可以认为它是成功的、有效的，否则这个系统就是失败的。

2. 利用效益

利用效益指的是信息化系统能够进行各种专职性信息利用的程度。一般来说，满足度与针对性效益是成正比的，即满足度越高，其针对性效益也越高；反之，满足度越低，针对性效益也越低，这种满足度主要取决于信息积聚的覆盖面以及新增信息的周期性和及时性。由于社会对档案利用的专职性需求经常处于动态变化中，这就决定了信息的积聚和扩充也处于动态的变化之中，即能够把社会的有用信息增补进整个信息系统，最大程度地满足专职性、特殊性信息利用的需要，提高信息利用的针对性。

3. 成本效益

档案信息化建设管理是一项长期的系统工程，特别是网络技术的运用，使整个系统的结构更加复杂，技术含量更高，因此在对系统进行使用和管理上，除了对管理人员有技术的要求外，在经济上也需要投入相当大的成本。一般系统维护和管理的成本效益主要包括两个方面：一是系统建设必须建立在科学和可靠的基础上，即必须有比较成熟的技术做支撑，确保系统建成后日常的维护和管理能够以相对较低的费用加以维持，而不会出现系统的功能发挥还算可以，但系统维护的庞大开支却难以支撑的情况，或者是系统建设先天不足，使用中毛病百出，致使在维护和管理上不断增加投入。二是系统的建设必须考虑今后功能的扩充和设备的升级。也就是说，系统在建设的过程中必须考虑以后系统升级的兼容性。如果一个系统建设得很好，但生命周期很短，几年之后就无法扩容，原来的系统就无法使用，只能购买新的系统，那么这样的系统建设就没有贯彻效益的原则，也可以说，这样的系统是不成熟的，是不能被市场所推广和利用的。

在信息化建设管理的过程中，我们应始终贯彻效益的原则，这样可以使我们投入少量的资金，取得较好的经济效益，产生出预期的效果，从而使档案信息化建设进入良性的发展轨道，加速信息化建设持续、稳定、健康地向前发展。

（六）社会化原则

1. 建档的基础工作的社会化

建档的基础工作主要指各种原始档案信息资源的加工、整合和存储。由于档案馆的信息利用比较广泛，内容也相对较多，因此这方面的工作量也相对较大，面对比较丰富的馆藏资源要想进行信息化建设，仅仅靠档案管理人员去做是远远不够的，必须借助社会的力量来完成。比如，把档案数据录入的基本工作承包给专业公司来做，聘请有丰富经验的档案管理人员来帮助进行档案文件的著录工作等，档案馆要加强技术指导和质量的监督，把好质量关，这样大大地减少了档案馆的建档工作任务，也使档案馆的工作人员有更多的时间钻研业务，在时间上保证了档案信息化的历史进程。

2. 系统的开发社会化

由于档案馆缺乏专业的软件开发人员，因此档案信息系统的开发必须依靠社会上专业的开发公司才能完成。在这个过程中，关键是要选择社会信誉高、技术力量雄厚的开发公司作为合作伙伴，现在比较可行的方法是通过招标的形式确定合作伙伴。但并不是说档案馆就没事可做，由于系统的开发涉及专业的档案管理的应用，一些开发公司并不了解档案管理的业务，因此在借助于社会力量进行开发的过程中，应该派有经验的档案管理人员积极参与，了解整个开发过程，特别应该注意掌握和了解一些程序技术的关键点，防止在今后的使用中一出现程序问题就束手无策，同时也防止在今后的使用中被开发商牵着鼻子走的被动局面。这样也为以后本单位自己为软件升级换代打下良好的基础。

3. 系统管理的社会化

随着 IT 行业的不断发展，近年来软件公司也拓宽了服务业务，开始接受管理系统的委托服务。对于一些比较小的档案馆可以考虑采取委托管理的办法来进行信息系统的日常维护和管理。这种委托公司的做法好处是：可以节省人力，弥补单位人员不足的缺点，同时可以节省在系统维护方面的经费开支，系统出现什么问题都由托管方负责处理。从不利的方面考虑：主要是缺少了使用的自主权，在信息扩容、系统升级和更新方面不能及时进行，需要和委托方商量才能解决，在一定程度上制约了信息系统的拓展。如果寻找的软件公司人力缺少、业务繁忙或技术力量不十分强，那么整个系统的升级运作将会受到阻碍。但委托服务作为一项社会化的内容有其存在的合理性，并且今后随着第三产业的不断发展和壮大，社会监管力度的不断加强，社会服务质量的不断提高，IT 行业服务领域的拓展和完善以及档案管理人员的进一步精简，系统管理的社会化服务必将得到进一步的发展，服务行业在运行的过程中出现的一些弊端会不断得到改进，相信服务行业必将为信息化的发展起到积极的推动作用。

（七）数量和质量统一的原则

1. 基础信息数据数量和质量的统一

在档案馆信息化建设的过程中，如果整合和存储的基础性数据，如案卷级目录、文件级目录等没有达到相当的数量规模，所谓的信息化将大打折扣。如果有了数量庞大的基础性数据，这些数据的质量却有问题，将会直接影响信息检索的正确性，严重时将影响信息检索的顺利实现。就信息化功能的实现来说，基础数据的数量决定和限制了信息化的辐射面，而基础数据的质量将决定和限制使用者直接的使用效果，因此数量和质量的保证，是确保信息有效检出和利用相辅相成的两个方面，必须高度重视。为贯彻这一原则，在实现信息化的过程中，既要考虑使基础数据的整合和存储达到一定的存储规模，同时必须严把质量关，确保每一条基础数据都符合规定的质量标准，使整个信息系统的功能得到最充分的实现。

2. 系统功能与系统稳定运行的统一

人们在实施信息化建设的过程中，通常希望所建立的系统具有多方面的功能，能够满足多方面的要求，这可以说是对系统功能作用发挥的数量要求。而从信息化能够收到实效的实际经验来看，整个系统的稳定运行，确保其设计的功能能够实现也很重要，这可以说是对系统平稳运行的质量要求。而在实际过程中，系统多项功能要求的实现，同时也给系统运行本身带来很重的负担，它对系统的稳定运行是一种负担，同时也是一种威胁。所以，新系统功能的强大和系统稳定运行通常是信息化过程中一对突出的矛盾。

一个功能强大而又运行稳定的系统是人们所期待的，但实现这个愿望通常充满风险和压力。也就是说，越是功能强大的系统，要保证其稳定运行，付出的代价将更大，负担将更重。为此，需要在实际建设中正确把握好系统本身建设的数量和质量要求，既不能好高骛远，不切实际地要求系统具有多方面的功能，也不能因陋就简，在低水平上重复，既要有创造性、敢于突破，又必须扎实稳妥，注重实效，以确保系统的多功能性和稳定运行达到圆满的统一。

3. 经费投入的数量与信息化建设的质量相统一

档案管理中的信息化建设管理是一项规模宏大的工程，尤其是一项需要投入巨额经费的建设，为此必须贯彻因地制宜原则，确保投入的经费能取得理想的效果，防止过分贪大求全、不计成本、忽视效果的做法。为此，在信息化过程中需要制定严密的制度，通过信息化系列的环节，对经费投入后建设的质量进行检测和评估，对于质量达不到要求的要采取措施加以整改，以确保工作质量。同时，按照经济管理学投入产出的原理，对于信息化所做出的巨额投入，应该要求有相应的产出。

当然，由于档案信息化作用的发挥在很大程度上具有公益性，不能简单以经济收益的多少来要求和衡量其产出的效能，而应该从社会效益和经济效益两方面来综合评估所产生的效能。比较而言，档案馆所固有的特点，决定了社会效益的产出将是对档案馆信息化评估的一个重要方面。此项内容的贯彻，对于避免考虑不全所造成的浪费，防止没有经过科学规划和严密论证而盲目建设和决策失误等带来的损失都具有十分重要的意义。

第二节　档案信息化管理与建设的设施基础

一、网络基础设施

（一）服务器

服务器，承担档案信息化数据存储、管理和应用系统运行的任务，具有高速度、高可靠性、高性能、大容量存储等特点，为各用户端的访问提供各种共享服务。

服务器是网络环境中的高性能计算机。所谓高性能，是指服务器的构成虽然与一般 PC 相似，但是它在稳定性、安全性、运行速度等方面都高于 PC，因为服务器的 CPU（Central Processing Unit，中央处理器）、芯片组、内存、磁盘系统等硬件配置都优于 PC。服务器接收网络上的其他计算机终端提交的服务请求，并提供相应的服务。为此，服务器必须具有承担和保障服务的能力。档案计算机网络系统建设可根据需要提供的功能、性能、数据量等配置一台或多台服务器。

1. 服务器功能的确定

服务器按照其提供的服务可以分为文件服务器、应用服务器、数据库服务器、Web 服务器等。由于档案管理系统的目录和全文数据量庞大，一般来说，应配置数据库服务器或文件服务器；如果涉及多媒体档案管理，为了提高系统性能，可以配置多媒体数据库服务器。此外，还可配置运行档案管理应用系统的应用服务器，不同级别或地域的档案部门可根据系统的规模各自配置或集中配置应用服务器。如需实现档案数据网上查询服务的，配置 Web 服务器；如需加强档案馆安全管理的，配置数据备份服务器；为了支持办公自动化系统中大量电子邮件发送的，也可配置专用的 E-mail（Electronic Mail，电子邮件）服务器等。

2. 服务器数量的确定

根据本单位投入资金的多少、信息化应用的功能需求、数据的存储和分布要求等来考虑服务器的数量。原则上 FTP 服务器、E-mail 服务器、Web 服务器、内部业务服务器、数据服务器等都需要单独建设，但考虑到资金和安全等因素的限制，应至少建设一个支持办公管理的业务服务器、提供对外服务和内部公共服务及允许外网访问的公共服务器、支持档案管理工作运行并提供档案数据存储和管理服务的档案数据专用服务器。

3. 服务器性能的确定

不同架构、不同品牌、不同档次的服务器，其性能、质量、价格有很大的差别，选择服务器时要综合考虑档案业务的需求和资金条件，同时还要考虑选择能够提供良好服务的供应商。每个服务器的性能主要取决于

CPU、主板和服务器芯片组的性能，服务器系统的功能与可靠性取决于每台服务器的功能和服务器集群的部署与连接方式。

4. 操作系统的选择

每台服务器上安装的第一个软件就是操作系统。它是控制和管理计算机硬件与软件资源、支持计算机联网通信、提供多种应用服务的基础软件，也是各类应用程序加载、运行的软件支撑平台。

操作系统按照应用领域可分为桌面操作系统、服务器操作系统和嵌入式操作系统。一台服务器能够安装和兼容哪一类操作系统一般在出厂时就已基本确定，用户在选购服务器时也会连同操作系统一起购买。操作系统的选择同时还需要考虑用户所选用的核心业务系统，如档案管理信息系统的应用程序运行模式、所需要的操作系统与数据库管理系统的支撑环境等。

5. 服务器连接与工作方式的确定

为确保网络数据的安全存储与高效访问，网络上的服务器通常采用集群工作方式实现互联，具有灾难备份系统的还可能在异地建立镜像服务器系统，服务器之间的通信与数据交换方式根据业务系统的需要而定，可以是实时的，也可以是定时的。

（二）应用软件

系统软件的特点是通用，它并不针对某一特定应用领域。而应用软件的特点是专用，即针对特定的管理业务，并应用于某些专用领域的信息管理。如用于政府信息化的电子政务系统、用于企业信息化的电子商务系统、用于辅助行政办公和决策的办公自动化系统、用于机关档案室信息化的数字档案室系统、用于档案馆信息化的数字档案馆系统等。这里所指的应用软件具有以下特点：一是在特定的操作系统环境下，运用特定的软件工具研制而成。二是针对特定的信息处理需求和管理业务需求进行设计开发，且应用于特定的专业领域、行业、单位或辅助特定的管理业务。

DBMS（Database Management System，数据库管理系统），是操纵和管理数据库的一组软件，用于建立、使用和维护数据库。DBMS 具有以下功能：一是描述数据库，运用数据描述语言，定义数据库结构。二是管理数据库，控制用户的并发性访问，数据存储与更新，对数据进行检索、排序、统计等操作。三是维护数据库，确保数据库中数据的完整、安全和保密，数据备份和恢复，数据库性能监视等。四是数据通信，利用各种方法控制数据共享的权限，在确保数据安全的前提下广泛共享数据。

各种工具软件：软件工具是指为支持计算机软件的开发、维护、模拟、移植或管理而研制的软件系统。它是为专门目的而开发的，在软件工程范围内也就是为实现软件生存期中的各种处理活动（包括管理、开发和维护）的自动化和半自动化而开发的软件。开发软件工具的最终目的是提高软件生产率和提高软件运行的质量。

（三）终端设备

终端设备是经由通信设施向计算机输入程序、数据或接收计算机输出处理结果的设备。这里所说的终端设备主要是指用于各类用户访问服务器或进行档案信息处理工作的主机、外存储器、输入和输出设备等。其中，输入终端设备有：鼠标、键盘、手写板、麦克风、摄像头、扫描仪等；输出终端设备有：显示器、音箱、打印机、传真机等。其他类别的终端设备有：无线、路由器、网卡、U 盘、移动硬盘等。目前，档案网络终端设备的主机大多为 PC 机，又称终端机。影响终端机处理能力与速度的是主板，CPU、内存、显卡等组成计算机的核心部件，它的选择要根据各业务人员的工作要求进行。

终端机从网络应用的角度又称为"客户端"，常见的客户端分为两类：一类是胖客户端，是指主机配置较高档、数据处理能力较强的客户端。如一般工作中的 PC 机，它负责网络系统中大部分的业务逻辑处理，以减轻服务器的压力，降低对服务器性能的要求，因此对客户机的性能要求比较高；另一类是瘦客户端，是指数据处理能力比较弱的客户端，它基本上不处理业务逻辑，只专注于通过浏览器显示网络应用软件的用户界面，数据储存和逻辑处理基本上由服务器集中完成。网络终端机经历了从胖客户端到瘦客户端的发展历程。

目前，档案信息管理系统的网络终端大多为胖客户端，然而瘦客户端在档案信息化建设中的应用前景也不容忽视。瘦客户端配置的优越性：有利于档案数据的集中存储、高效管理和广泛共享利用；有利于对档案信息共享权限的集中控制和安全管理；有利于网络系统的维护、扩展和升级，通过客户端的即插即用可提高网络维护的便捷性和可靠性；有利于节约档案网络系统建设和维护的成本；有利于云计算技术在档案网络系统中的应用。此外，由于受客户端一般不配置软驱、光驱、硬盘等部件，从而杜绝病毒产生的来源，不易损坏，能显著提高系统的稳定性。

CPU 的技术指标主要由主频、总线速度、工作电压等决定，它也决定了计算机系统的技术效能和档次。一般来说，主频和总线速度越高，计算机系统运行的速度越快；工作电压越低，计算机电池续航时间提升，运行温度降低，也使 CPU 工作状态更稳定。当前各种移动终端的发展和普及就是得益于 CPU 技术的迅猛发展。

（四）网络设备

网络设备是指用于网络连接、信号传输和转换等的各类传输介质、集线器、交换机、路由器、光电转换等设备。为了正确配置网络设备，首先需要确定档案信息网络连接的范围。该范围需要根据档案工作的内容、档案数据共享范围和密集程度来确定，一般分为内网、专网、外网和物理隔离网四个区域。内网是档案馆的内部局域网，一般部署在一幢建筑物内部或相邻近的大楼之间，覆盖大楼的不同楼层和房间。专网，即档案工作专用网，一般部署在档案形成单位与档案室、档案馆之间，或档案馆与档案馆之间。外网，即与互联网相连接的提供对外服务的网络，主要是方便档案使用者查询公开上网的档案信息。物理隔离网，是由一台或多台与任何其他网络在设备和网络线路上完全隔离的终端机或服务器系统，用以存放和管理保密档案。网络体系的结构主要有三种，不同结构有不同的特点和适用范围，也有不同的网络连接设备。

总线结构。它是通过一根电缆，将各节点的计算机系统连接起来的。该结构连接简单，易于安装，传输速率较高，便于维护。缺点是任何节点的故障，都会影响整个网络的运行。这种结构适用于 10～20 个工作站的小型档案馆。

星型结构。该结构将网络中的所有节点都连接到一个集线器上，由该集线器向目标节点发送数据。因此，该结构不会因一台工作站发生故障而影响整个网络。缺点是一旦集线器发生故障将影响整个网络。这种结构适用于网络节点位置分散的大型档案馆。

环形结构。该结构连接各节点的电缆组成一个封闭的环形，结构简单，相对容易控制，但由于在环中传输的信息必须经过每一个节点，任何节点的故障，都会使这个网络受阻，因此在档案馆网络建设中很少使用。

目前，档案馆局域网中使用最多的还是以太网，其拓扑结构是总线型或星型，传输介质可以是同轴电缆或双绞线，具有建设投资小、网络性能好、安装简单、网络互操作性强、数据传输速度快等优点，其缺点是当网络信息流量较大时性能会下降。因此，以太网被广泛应用于中小型档案馆。网络连接设备分为内网连接和外网连接两类。内网即局域网，其连接设备包括网卡、集线器、中继器、交换机等。外网即互联网以及与互联网相连的广域网、城域网等，外网间连接设备包括网桥、路由器、网关等。网络设备还有用于保护档案数据、信息系统和网络平台安全的硬件设施及其他配套设备，如用于终端机和服务器等数字设备的断电保护，使数字设备在断电之后仍能正常运行，提升系统运行的稳定性、可靠性。

二、数字化设备

（一）纸质档案的数字化设备

1. 扫描仪

扫描仪是利用光电技术和数字处理技术，以扫描方式将图形或图像信息转换为数字信号的设备。扫描仪是目前纸质档案数字化的主要设备。正确选择扫描仪对于提高纸质档案数字化的效率和质量十分重要。

扫描加工是馆藏中纸质、照片、缩微品等档案转变为数字化信息的主要方法，数字扫描仪是进行数字化处理的主要工具。在选择和使用扫描仪时，需要了解扫描仪的工作原理、分类方法、技术指标等，以实现对扫描设备的正确选择和科学使用。

扫描仪基本工作原理。扫描仪通过对原稿进行光学扫描，将光学图像传送到光电转换器中变为模拟电信号，又将模拟电信号变换成为数字电信号，并通过计算机接口传送至计算机中。扫描仪的工作方式主要有反射式和透射式两种。

大多数平板扫描仪采用反射式扫描原理。在扫描仪内部，有一个步进电动机驱动的可移动拖架，拖架上有光源、反射镜片、透镜和 CCD 光电耦合元件等。扫描时，原稿固定不动，拖架移动，其上的光源随拖架移动，光线照射到正面向下的原稿上，其过程类似复印机。图片反射回来的光线通过反射镜片反射到透镜上，经过透镜的聚焦，投影到 CCD 光电耦合元件上，经过光电转换形成电信号，然后进行译码，将数字信号输出。

采用透射式扫描原理的扫描仪一般有两类，一类是专用胶片扫描仪，另一类是混合式扫描仪。专用胶片扫描仪的结构紧凑，反射镜片、透镜、CCD 和光源安装在固定架上，不能移动，可移动的是胶片原稿。扫描时，固定在移动架上的胶片原稿由步进电动机带动，进行缓慢移动，光源发出的光线透过胶片照射到反射镜片上，经过反射、聚焦，由 CCD 元件转换成电信号，最后经译码传送到主机中。混合式扫描仪是在普通平板扫描仪上增加一个带有独立光源和相应机构的配件，该扫描仪就具备了透射式扫描的特点，可扫描胶片的芯片和负片。在扫描时，胶片原稿固定不动，移动拖架在步进电动机的带动下移动，顶部的独立光源也同步地随之移动，该光源的光线穿透胶片照射到移动拖架上的反射镜片、透镜和 CCD 元件上，变成电信号，最后经过译码，把数字化图像送到主机中。

扫描仪的种类：由于广泛的社会需求，近年来，数字化扫描技术迅速发展，扫描仪的种类越来越多，用途越来越专业。目前，按扫描速度可以将扫描仪分为高速、低速两种，按工作原理可以将扫描仪分为手持式、平板式、胶片专用、滚筒式和 CIS 扫描仪等多种类型。

高速扫描仪：扫描分辨率在 50~600dpi 以内。在 200dpi 以下，黑白或灰度扫描，每分钟可扫描 90 多幅影像；彩色扫描，每分钟可扫描 60 多幅影像。扫描幅面从小卡片至 A3 纸张都适用，既可单面扫描，也可双面同时扫描。它的优点是扫描速度快，图像处理功能强。缺点是扫描时容易卡纸，损坏档案，对字迹质量较差的档案不易扫清楚，扫描后的图像处理工作量比较大。适用于纸张质量状况较好，统一 A3、A4 幅面的文书档案或尺寸较小的票据、单证等，也可扫描纸张较大的 A4 报表。

宽幅扫描仪：这是一种大型的扫描仪，最大进纸宽度可达到 54 英寸，最大扫描宽度达到 51 英寸，扫描厚度达 15 毫米。这种扫描仪分辨率在 50~800dpi 以内，有黑白、灰度、彩色等扫描模式。自带扫描和图像处理系统，具有全面支持色彩管理、快速预览、处理大型文件、改进批量扫描等功能，能有效提升扫描的效率和品质。它的优点是能扫描零号及零号以下的工程图纸，大幅的地图、字画，超长、超厚的文书档案等。缺点是扫描速度比较慢，价格比较昂贵。

零边距扫描仪：扫描分辨率在 100~1200dpi 以内，有彩色、灰度、黑白三种扫描模式，可自动适应 A3、A4 纸张大小，可自动进行页面校正。这种扫描仪外形类似平板扫描仪，不同的是有一侧无边框，由此适用于扫描原件不能拆除装订的图书、资料和珍贵的档案。缺点是扫描速度较慢，价格高于平板式扫描仪。

底片扫描仪：照片底片，又称负片或透明胶片，主要用来扫描幻灯片、摄影负片、CT（Computed Tomography，电子计算机断层扫描）片及专业胶片，高精度、层次感强，附带的软件较专业。底片扫描仪是直接对底片进行数字化处理，并将处理结果输送至计算机进行存储。目前，市场上的底片扫描仪分专业级和普通级两种。专业级底扫一般体积较小，只能扫描底片，它采用透射光源，分辨率极高。普通级底扫是在普通扫描仪上加透扫适配器，采用的是反射光源，分辨率也是主流扫描仪的指标，实质上是"带底片扫描功能的平板扫描仪"，价格与普通扫描仪相当。

手持式扫描仪：价格便宜，使用方便，光学分辨率一般在 100 ~ 600dpi 以内，大多是黑白的。

平板式扫描仪：平板式主要扫描反射稿，扫描分辨率在 100 ~ 2400dpi 以内，色彩位数从 24 位到 48 位，扫描幅面一般为 A4 或 A3 纸张。它的优点是扫描图像清晰，色彩逼真，不易损坏纸张。缺点是扫描速度比较慢，图像处理功能比较弱，适用于纸张状况较差，如纸张过薄、过厚、过软或破碎的档案。

滚筒式扫描仪：以点光源一个一个像素地进行采样，采用 RGB 分色技术，优点当然明显，真正的专业级，价格也很昂贵。

CIS 扫描仪：它是"接触式图像传感器"，不需光学成像系统，结构简单、成本低廉、轻巧实用，但是对扫描稿厚度和平整度要求严格。

扫描仪的主要性能指标。扫描分辨率、扫描精度、色彩位数、灰度级、扫描幅面、扫描速度、兼容性、接口性等都是选择和使用扫描仪时应重点考虑的技术指标，了解扫描仪的性能指标有利于正确选购适用的扫描仪设备。

扫描分辨率：主要是指扫描仪的光学分辨率，是决定扫描清晰度的主要参数指标，dpi 的数值越大，扫描的清晰度就越高，决定了扫描仪记录图像的细致度。描述分辨率的单位一般为 dpi，代表垂直及水平方向每英寸显示的点的数量。分辨率越高，图像越清晰，同时数字化图像所占有的容量也越大。光学分辨率是扫描仪的光学系统可以采集的实际信息量，即扫描仪感光元件的分辨率；最大分辨率是通过处理软件或算法可以捕获的信息量。

购买扫描仪时应当首先考虑光学分辨率指标，因为它不仅决定了扫描仪对原始图像的最大感知能力，还决定了扫描仪的价格档次。扫描的分辨率越高，扫描图像的品质越高，但这是有限度的。当分辨率大于某一特定值时，只会使图像文件增大而不易处理，并不能显著提高图像质量。所以，分辨率选择应根据用途、原件字体大小来决定。一般需兼顾显示、打印或识别的要求，适当考虑存储空间效率，过高的分辨率不仅无法显现效果，反而会放大原件的干扰信息，而且对存储空间造成浪费。

扫描速度：扫描速度是指扫描仪从预览开始到图像扫描完成的过程中光头移动的速度。在保证扫描精度的前提下，扫描速度越高越好。扫描速度主要与扫描分辨率、扫描颜色模式和扫描幅面有关，扫描分辨率越低、幅面越小、单色，扫描速度越快。扫描速度有多种表示方法，因为扫描速度与分辨率、内存容量、存取速度以及显示时间、图像大小都有关系，通常用指定的分辨率和图像尺寸下的扫描时间来表示。档案数字化工作量大，高速扫描有利于提高工作效率，缩短档案数字化的时间，但是必须在保证图像质量、不损害档案原件的前提下正确选择高速扫描仪。

色彩分辨率：色彩位数用以表明扫描仪在识别色彩方面的能力和能够描述的颜色范围，它决定了颜色还原的真实程度，色彩位数越大，扫描的效果越好、越逼真，扫描过程中的失真就越少。色彩分辨率是表示扫描仪分辨彩色或灰度细腻程度的指标。理论上，色彩位数越多，颜色越逼真。灰度级是扫描仪从纯黑到纯白之间平滑过渡的能力，灰度级位数越大，相对来说扫描结果的层次就越丰富、效果越好。

扫描幅面：扫描幅面表示扫描图稿的最大尺寸，平板扫描仪、零边距扫描仪、高速扫描仪一般可选择 A4 或 A3 幅面，宽幅扫描仪可以扫 A0 以下幅面的图纸。

接口方式：扫描仪与计算机之间的接口方式主要有 SCSI、EPP、USB 和 IEEE1394 四种类型，其中以 SCSI、USB 较常用。SCSI 接口的最大优势是它工作时占用 CPU 的空间很少。扫描仪软件接口标准已经得到广泛应用，适应 32 位、64 位的软件和驱动程序也正在开发中。

EPP 即打印机端口，其特点是使用方便，对计算机要求低，但扫描质量较差。USB 接口速度较快，安装方便，可以带电拔插。随着 USB 应用的日益广泛，USB 接口的扫描仪已成为主流。SCSI 扫描仪安装时需要在计算机中安装一块接口卡，安装较复杂，价格较高，但速度快，扫描稳定，扫描时占用系统资源少。其实，无论 EPP USB 或 SCSI 接口，都不是决定扫描仪扫描速度的主要因素，扫描速度与扫描仪本身性能息息相关，因而使用任何一种接口方式,扫描速度上并无太大差别,但从接口上看,最适宜档案馆使用的是 USB 接口。当然,如果配置 SCSI 接口卡,则扫描仪性能更佳。

SCSI 接口的扫描仪需要一块 SCSI 卡连接扫描仪与计算机,早期的扫描仪大多是 SCSI 接口,优点是传输速度较快,扫描质量高;缺点是需要开机箱安装一块 SCSI 卡,要占用一个 ISA 或 PCI 槽以及相应的中断,有可能和其他配件发生冲突。EPP 接口是采用计算机连接打印机的接口,同 SCSI 的扫描仪相比速度较慢,扫描质量稍差,但安装方便,兼容性好。大多采用 EPP 接口的扫描仪后部都有两个接口,一个接计算机,另一个接其他的接口设备。

USB 接口是采用串口方式进行连接,当前已经成为连接标准,优点是速度快,可带电插拔,即插即用,有的扫描仪可直接由 USB 口取电,无须另加电源。

IEEE1394 接口是苹果公司开发的串行标准,中文译名为火线接口。同 USB 一样,IEEE1394 也支持外设热插拔,可为外设提供电源,省去了外设自带的电源能连接多个不同设备,支持同步数据传输。作为高性能的快速通信接口,它尤其受到专业扫描仪厂商的青睐。不过,对 IEEE1394 规范,苹果公司采用收费授权的方式,也就是使用 IEEE1394 规范的产品都必须向其支付一笔使用费。IEEE1394 接口虽然是具有里程碑意义的变革,但是由于其较昂贵的价格还很难在家庭用户中普及。所以,采用 IEEE1394 接口的扫描仪的价格比使用 USB 接口扫描仪高许多。

扫描仪最新发展:高质量的镜头和 CCD 是扫描仪发展的主要突破点,"镜头技术"是指现代专业扫描仪中光学镜头的相关技术,内容包括可变焦距镜头技术和多镜头技术。扫描仪采用多个自动变焦镜头或镜片进行组合,由更为精密的电机伺服系统驱动,目的是实现更好的均匀度和锐度,使扫描原稿的边缘聚焦准确,并使扫描质量得到进一步提高。

随着扫描仪使用的广泛普及,人们对扫描仪的精度、准确度、灵敏度、速度等都提出了较高的要求,扫描仪的生产厂家也在 RGB 同步扫描技术、高速图像处理技术、色彩增强技术、智能去网技术、光学分辨率倍增技术等方面不断研究和进步。同时,为了更好地满足用户的特殊使用要求,生产厂家将各种技术、图像处理系统与扫描仪的使用相结合,开发出以人为本的功能更强、性能更好、使用更方便的零边距、无边距、无盲区、无变形、自动翻页等扫描仪。如全息无损、自动定位高速采集、超大幅面、智能化图文优化、图像文件批处理等都是一些新型产品具有的特点，大大提高了扫描加工的效率，降低了扫描加工人员的劳动强度。

2. 模数转换技术

声像档案的数字化过程与纸质档案完全不同，这是因为传统的声像都采用模拟的磁带、录音带、录像带来保存，必须通过模拟到数字转换才能实现数字化。

模数转换是将模拟输入信号转换成二进制数字信息的一种技术，主要包括采样、保持、量化和编程四个过程，实现这些过程的技术很多，并采用这些技术研制出各种转换设备和系统，在开展声像档案数字化过程中必须了解和熟练掌握这些设备的功能、性能和操作规程。模拟声像档案数字化的核心过程就是要完成声像档案的数据采集与数字化转存，实现声像档案从模拟数据向数字信息的转化。这个过程主要依靠模拟声像资料播放机数模转换线、视频采集卡、影像工作站等设备搭建的声像数模转换系统完成。声像数据的数字化转换过程是实时的，即一个小时的模拟声像资料转化为数字格式同样需要一个小时。

3. OCR 文字识别技术

档案内容数字化工作包括数字化预加工和深加工两步。预加工是通过扫描处理将纸质档案、照片档案、缩微胶片等转变为电子图像文件，不能将纸质档案上的文字信息进行完全处理；深加工则是需要获取档案内容中的文字信息，以提供档案的全文检索服务。

OCR（Optical Character Recognition，光学字符识别）就是用于从数字化档案的图像文件中以获取档案标引信息和全文信息的一种技术。档案数字化加工的主要步骤包括图文输入、预处理、单字识别及后处理。

图文输入。它是指实现档案原件的数字化，通过扫描设备或数码拍照等方式形成档案的数字化图像文件。

预处理。它是在对数字化档案的图像文件进行文字识别之前做的一些准备工作，主要包括版面分析、图像净化、二值化处理、文字切分等。这一阶段的工作非常重要，其处理效果将直接影响到识别的准确率。

单字识别。它是文字识别的核心技术，主要包括文字特征抽取和分类判别算法。人之所以能够通过大脑简单地认识文字，是由于在人的大脑中已经保存了文字的基本特征，如文字的结构、笔画等。要想让计算机识别文字，首先也要存储类似的基本信息。那么，存储什么形式的信息以及如何提取这些信息，则是一件比较复杂的事情，而且需要达到很高的识别率。通常采用的方法是根据文字的笔画、特征点、投影信息、点的区域分布等进行分析，常用的分析方法是结构分析方法和统计分析方法。

后处理。它是指对识别出的文字进行匹配，即将单字识别的结果进行分词，与词库中的词进行比较，以提高系统的识别率，减少误识率。对于文字的识别，从文字类型上划分，通常分为印刷体文字的识别和手写体文字的识别；从识别的方式划分，通常分为在线识别和脱机识别。由于印刷体和手写体的文字特征差异较大，所以其处理方法是不相同的。

4. 数码翻拍仪

随着数码影像技术的飞速发展，一种新型的数字化设备——数码翻拍仪正在悄然流行。数码翻拍仪，又称数码拍摄仪、数码缩微仪等，是一种将数码相机安置在可垂直调节高低的支架上，用以拍摄文件材料或其他实物的数字化设备。目前，市场上数码翻拍仪按照翻拍性能、翻拍对象、尺寸等分为多种。

数码翻拍仪与扫描仪相比所具有的优越性。数字化速度快，平板式扫描仪每扫描一页文件都有扫描灯管的往复移动和翻盖的过程，扫描速度较慢，若采用200dpi来扫描A4幅面真彩图像，每分钟扫描加工数量一般为1～2页，而高速扫描仪对档案的纸张质量要求较高，容易损坏档案，因此使用有一定的局限性。用数码翻拍仪拍摄文档没有机械运动的过程，只是曝光一下，速度不到1秒，扫描加工数量一般可以做到每分钟8～20页。

对档案材料损害小，平板式扫描仪扫描装订的档案时，难以做到平整扫描，扫描的图像通常会倾斜或扭曲，导致后期处理工作量增加；高速扫描仪不拆档案根本无法加工。数码拍摄可以省略档案拆装过程。应用数码翻拍仪提供的低畸变镜头和图像变形处理软件，可以解决拍摄档案倾斜线条变形等问题，这不但大大提高了数字化处理的效率，而且避免了档案在拆装过程中造成的损失。

加工对象直观。用扫描仪扫描文档，若要在扫描前浏览扫描图像的效果，一般需要选择扫描仪预览功能，这样就降低了扫描加工的速度。而数码翻拍仪的全部操作过程直观可见，即真正做到"所见即所得"。

加工对象不限于纸张，扫描仪一般只能扫描纸张材料，数码翻拍仪除了可以扫描纸张材料，还能翻拍特种载体的档案，如奖旗、奖牌，甚至奖杯等立体物。

便于调节扫描幅面，一般扫描仪只能扫 A4 幅面的纸质材料，扫大幅面图纸的扫描仪价格十分昂贵，利用率又不高，不适宜于一般机构配置。数码翻拍仪只要调节数码相机与底板的距离，就能灵活地选择拍摄不同幅面的纸质档案，这对于扫描尺寸频繁更换的档案来说具有优势。

数码翻拍仪与传统翻拍仪相比所具有的优越性。传统的翻拍仪采用传统相机进行档案拍摄和缩微，与之相比，数码翻拍仪具有以下显著优势：使用成本低。传统的翻拍仪拍摄需要胶片，拍摄后需要冲洗显影，阅览需要购置专门的缩微阅读仪，使用成本和人力成本都比较高。数码翻拍仪的翻拍与普通数码相机一样，使用不需要耗材，拍摄图像有问题时，可立即重拍。拍摄形成的照片，任何计算机系统都可以阅读。

图像处理便捷。传统的翻拍仪形成的缩微片图像很难进行处置。数码翻拍仪形成的影像电子文件可以被灵活加工处理，如纠偏、去污点、去黑边框等；应用翻拍仪自带的 OCR 软件进行字符识别，将扫描形成的图像文件识别成可编辑的 word、PDF 等格式文件，进行二次编辑与加工；应用图像处理软件，将扫描中出现的线条扭曲、图像变形等问题进行纠正，有些数码翻拍仪还自带防畸变镜头，自动纠正大幅面图纸拍摄中四周弯曲的线条。

便于计算机技术应用。传统翻拍的缩微胶片不便于查找、传递、编辑、整理，这些缺点都是数码翻拍技术的优势所在。数码翻拍仪形成的电子文件，具有采集高效、处理灵活、传播迅速、检索快捷、多媒体集成、生动直观等缩微技术难以比拟的优势。

充分整合了数码相机技术。传统的翻拍仪一般只翻拍成黑白胶片，数码翻拍仪不仅能翻拍成黑白图像，还能翻拍成彩色图像。数码翻拍仪借助高分辨数码影像技术，拍摄图像清晰逼真、色彩丰富；支持色差、亮度、对比度、饱和度、伽马值等后期图像增强功能；能通过 USB 接口直接连接电脑，将拍摄的档案文件直接在电脑中显示或通过邮件发送出去，实现档案的无障碍传播；USB 能直接给翻拍仪供电，不需要另插电源；将所有拍摄操作按钮都整合在底板上，操作十分简便；突破传统使用扫描枪扫描条形码识别的方式，用户只需鼠标轻点，即可完成条码识别，不但提高了工作效率，也省下购买扫描枪的费用；可拍摄录像，将动态的图像，如手工翻阅档案的过程记录下来，用作视频编辑的素材。

灵活使用各种数码拍摄设备。有些数码翻拍仪的活动支架可以固定数码相机、手机等各种拍摄设备，用户可以借助拍摄设备翻拍档案材料。

数码翻拍仪的应用范围。数码翻拍仪是传统的复印、扫描、投影、拍照、录影等技术的融合，由此兼有这些技术的优点，它无论是对传统的翻拍缩微还是扫描技术来说都是一场变革，受到社会各领域的普遍关注和应用。目前，该技术已经广泛用于政务领域红头文件、往来信函等文件翻拍；银行传票、合同、抵押担保、会计凭证和信用卡等文件翻拍；证券期货行业股东账户开户、买卖合同、股东身份等文件翻拍；保险行业合同、发票、身份证等文件翻拍；工商税务行业税务年检等业务文件翻拍；学校学生学籍、成绩单等档案翻拍；国土行业房地契、图纸、合同等档案翻拍；司法行业往来信函、红头文件、法律文件、卷宗等档案翻拍；医疗行业病历、处方等档案翻拍；公安部门案件档案翻拍等。

数码翻拍仪在纸质档案数字化中的应用前景。尽管数码翻拍仪已经在各政府机关、企事业单位得到广泛的应用，然而在档案信息化中使用较少。其原因之一是档案界人士对这种设备的发展现状和趋势不够了解，以为它就是传统的缩微翻拍仪。由上述分析可知，它特别适用于以下情况：一是中小型企事业单位办公室或业务部门对尺寸频繁变化的文件材料进行数字化。二是各级各类档案馆或机关档案室对纸质材料老化、不便于拆卷的档案进行数字化。三是建筑设计、制造业等企业未购置大型扫描仪，又需要对大幅面图纸档案进行数字化。四是对奖旗、奖牌等实物档案进行数字化。五是对尚无条件对纸质档案进行数字化，但在利用时临时需要对查阅的档案进行数字化，以便通过网络提供远程查档服务。鉴于数码翻拍仪具有使用成本低、拍摄精度高、速度快、操作简便，又便于做 OCR 字符识别和其他图像处理等特点，相信会吸引越来越多的用户。随着数码翻拍仪应用范围的扩大，数码翻拍仪的功能和性能将会不断改进和完善。因此，它有可能在不远的将来，部分取代扫描仪，成为纸质档案数字化的得力工具。

5. 缩微胶片扫描仪

已经对纸质档案进行了缩微复制，可以采用专用设备——缩微胶片扫描仪，对缩微胶片上的影像进行数字化转换处理。缩微影像转换技术的应用，包括对缩微胶片进行扫描，把缩微模拟影像转换成数字影像，进行存储、还原和检索输出等。

缩微胶片扫描的优缺点。与纸质档案扫描相比，缩微胶片扫描的主要优点是：扫描速度快，节约时间和成本；没有尺寸和形状的限制，可以同时对各种幅面的纸质档案进行扫描；缩微胶片可以继续留存，作为数字档案备份的一种形式；可以进行批处理，操作简便易行；便于对图像做调节亮度、对比度、拉直和裁剪等优化处理；易于对输出的图像信息进行检索、阅读、打印和传递。缩微胶片扫描的主要缺点是：所得的图像已经是第二或第三次转化，失真明显，图像虽然可以强化，但有时效果不明显；一些胶片的状况较差，出现了划痕、装订线阴影等，影响扫描影像质量；扫描仪的分辨率不足以捕捉原件所有有价值的信息。

缩微胶片扫描设备的选择。缩微胶片扫描仪相对于纸质档案扫描仪，扫描效率要高得多。目前，缩微影像转换成数字影像的技术日趋成熟。选购缩微胶片数字扫描系统，既要考虑产品的技术领先，又要考虑适用以及性价比。选购时应考虑胶片类型，如缩微平片、封套片、开窗卡片、16毫米胶卷、35毫米胶卷等；放大倍率的范围；扫描速度，即每单位分辨率，如4.5秒/400dpi；光学分辨率和输出分辨率，如300~800dpi等。

6. 纸质档案数字化的软件配置

纸质档案数字化除了必要的硬件设施外，还需要运行硬件设施所需的档案数字化工作软件。该软件有两大类：系统软件和应用软件。系统软件包括操作系统数据库管理系统等平台。应用软件是在上述软硬件平台的基础上实现数字化流程的文档扫描、图像处理和数据存储等功能的软件。这些软件可以从市场上购置，或从网络上免费下载，或随硬件设备配送获得。对于大批量纸质档案的数字化处理而言，仅仅靠上述分散的、专用的工具软件是不够的，必须采取系统集成方式将整个数字化流程集合为一个统一的制作加工系统，开发出专用的"档案数字化加工管理系统"，实现对包括档案整理、目录建库、档案扫描图像处理、图像存储、数据质检、数据挂接、数据验收、数据备份、成果管理等档案数字化加工全过程的流水作业和安全质量控制。

(二)录音档案的数字化设备

1. 录音档案数字化的硬件

传统放音设备。根据拟数字化录音档案的规格、型号配置相应的放音设备，如开盘式放音机、钢丝带放音机、盒带录音机、电唱机等。放音设备必须能将声音源以电平信号的方式，通过音频输出插孔输出，若原设备不具有音频输出插孔，应进行改装。

模数转换设备。模数转换设备是录音档案数字化的核心部件，品质好的模数转换设备有低失真、低时延、高信噪比的特点。模数转换设备主要是声卡。声卡是多媒体技术中最基本的组成部分，是实现模拟信号和数字信号相互转化的一种硬件，其基本功能是将来自磁带、光盘、话筒等的原始声音信号加以转换。它的工作原理是将获取的模拟信号通过模数转换器，将声波振幅信号采样转换成一串数字信号，存储到计算机中。重放时，这些数字信号被输送到数模转换器，以同样的采样速度还原为模拟信号。声卡的技术指标主要有：一是采样频率，采样频率越高，声音越保真。目前，声卡的采样频率一般应达到 44.1kHz 或 48kHz。二是样本大小，当前声卡以 16 位为主。8 位声卡对语音的处理也能满足需要，但播放音乐效果不是很好；16 位声卡可以达到 CD 音响水平。

内部声音混合调节器。内部声音混合调节器的主要功能是把不同输入源中输入的声音信号进行混合和音量调节，通常要求该混合器是可编程或可控制的。监听拾音设备，如监听音箱、监听耳机、话筒等。

2. 录音档案数字化的软件

数字化转换软件主要为音频制作软件。此外，Gold Wave 也是一种功能强大、占用空间少、免费共享的绿色软件，并且可以在互联网上免费下载。刻录软件也较多。

（三）录像档案的数字化设备

1. 录像档案数字化的硬件

放像设备。放像设备要按照录像档案载体的不同而做出不同的选择。受到数字设备的冲击，许多传统的放像设备已经退出市场。曾经流行的模拟录像带及其播放设备按照制式来分主要有 VHS、Beta 和 8 毫米等类型。VHS 是家用视频系统的缩写，这种录像机采用带宽为 1/2 英寸的磁带，习惯称"大 1/2 录像机"。

目前，档案馆保存的模拟录像带中绝大部分是 VHS 带。Beta 录像机采用不同于 VHS 的技术，图像质量优于 VHS 录像机，所用磁带的宽度也是

1/2 英寸，但磁带盒比 VHS 小，故又称"小 1/2 录像机"。8 毫米录像机综合了 VHS 和 Beta 录像机的优点，体积小，图像质量高，所用磁带宽度仅为 8 毫米。模拟录像机不仅有制式的不同，而且按照其信号记录方式及保真度的不同而分不同技术质量等级。不同制式、不同等级、不同品牌的录放设备及其不同性能的录像带，相互之间并不兼容，因此必须针对录像带的类型选择相应的放像设备。根据录像带规格、型号选用设备，如 WHS 放像机、3/4 放像机等。普通模拟录像机可输出清晰度在 200 多水平线的模拟录像，高清晰度模拟录像机可输出清晰度在 400 水平线的模拟录像；数码摄像机可输出清晰度在 500 水平线的数字录像。档案部门保存的录像带形式各异，主要有小 1/2 带、大 1/2 带、3/4 带等。与这些录像带匹配的可运行的放像机越来越少，档案部门应当尽快将这些珍贵的录像带做数字化处理。否则，将来这些古董放像机一旦淘汰灭绝，带中的影像就很难再现了。

视频采集设备。视频采集设备由高配置的多媒体计算机的内置或外置的视频采集压缩卡组成。录像档案数字化的一个重要工作是音像采集。所谓音像采集是指通过硬件设备把原录像带保存的模拟信号转换成数字信号采录至计算机中，以数字图像格式保存的过程。图像采集的过程是保证数字图像质量的关键环节，因此正确选择采集所使用的硬件设备——采集卡至关重要。目前，市面上的采集卡种类较多，档次功能高低不一，按照其用途从高到低可分为广播级、专业级、民用级视频采集卡，档次不同采集图像的质量不同。档案部门应采用专业级以上的视频采集卡。由于视频的数据量非常之大，因此对计算机的速度要求很高。在未压缩的情况下，采集一分钟的视频数据可能超过几百兆，如果 CPU 和硬盘跟不上要求，将无法进行采集或者采集效果较差，如画面失真、停顿、掉帧等。

2. 录像档案数字化的软件

录像档案的采集、转换和编辑除了视频卡外，还需要借助视频采集软件和视频编辑系统来实现。通过视频采集软件，在实现录像档案的数字化采集之前，可以设定所需生成的视频文件格式，设置视频文件的各项参数，如调节录像信息的亮度、视频取样标准，以确保采集信号的质量。

采集软件。视频卡配套提供的视频采集软件功能相对简单，通常无法对视频信息进行复杂的编辑和转换。因此，对采集后的视频信息，在必要的情况下，可以使用专门的视频编辑软件甚至功能强大的非线性视频编辑系统进行编辑处理。视频编辑与文本编辑类似，是将采集好的视频素材进行二次加工，如插入、剪切、复制、粘贴、拼接视频片段等，还包括字母、图形乃至不同视频、音频的叠加、合成等。通过上述处理，在不破坏真实性的前提下，可以使录像档案更加清晰、美观和生动，并对视频内容进行适当的引导、指示和标注。

编辑软件。视频编辑软件是对视频进行录制、切割、合并、重组、批量处理、格式转换等制作的软件。当前，针对各种需要产生的视频格式繁多，而流媒体格式因其在网络浏览和传输支持上的优势，越来越得到广泛的青睐。现今信息产业界已开发出许多功能强大、界面友好的视频处理软件。

第三节　档案信息化的实施方法与策略

一、档案信息化的实施原则与方法

档案信息化就是指档案部门运用现代信息技术，加强档案信息资源的收集、整理、开发和利用。其基本内涵包括档案信息利用的网络化、存储的数字化和档案信息管理的标准化。档案信息化建设就是建立档案的信息管理系统，积累、管理和利用数字档案的变革过程，是提升档案管理、流程重组的变新过程，是一个转变观念、创新思维、大胆变革的革新过程。其战略目标就是将科学的、系统的、先进的管理理念运用到档案管理的实践中去，以实现标准化收档、自动化归档、规范化管档、网络化用档，最终达到为社会、为公众提供专业化、个性化和深层次信息服务的目的。

实施就是将档案信息化战略、档案信息化规划、档案管理信息系统落实到档案工作中去，用现代化的管理理念、方法和技术来管理档案信息资源，使档案工作者能够利用现代化的管理手段实现对档案的收集、管理和利用，并为社会和公众提供信息服务。应用就是在档案工作中建立和充分发挥档案管理信息系统和软硬件的支撑平台的作用，使现代信息技术真正服务于档案业务，使档案信息资源通过计算机、网络为社会所利用。

档案信息化是一个系统的工程，信息技术的应用和网络平台的搭建是手段，数字档案资源的积累和管理是核心，档案信息的开发和利用是目的。

档案信息化建设的重要内容就是建立一个标准的、功能强大的、安全稳定的、可拓展的档案管理信息系统，在档案工作中广泛应用。

实施与应用档案管理信息系统有三个要素：方法要科学、手段要先进、实施要得当。只有当领导和档案工作者都充分理解和认识档案信息化和档案管理信息系统的必要性、重要性和有效性，且期待通过信息化来获得更大的效益时，档案管理信息系统的实施与应用才能实现。

（一）实施的原则

在档案信息系统实施的过程中，应在遵循信息化建设总体原则的基础上，采取有效的技术性原则以推动系统实施的成功。下面介绍的几项原则都是非常有效的基本原则。

1. 务实导向，重视实效

系统的实施以安全、稳定、实用、方便、易操作为主要目标，过分追求大而全、先进的软件产品，是一种不务实的做法。这主要是由于需求不一样，行业有差别，同时信息技术、软件产品的更新换代非常快，市场上会不断有新产品出现。

2. 软硬件资源共同建设

系统的实施过程中不仅需要重视硬件平台的建设、设备的购买，更要注重在人力资源和软件系统方面的投资。IT 人才、档案工作者是信息化建设的核心力量。软件系统的技术含量、现代化的管理理念更应该重视，只有硬件设施平台是无法开展信息化管理工作的，软件系统是硬件系统发挥作用的心脏，因此软件系统的开发及其升级的投资十分重视。

3. 从实际出发，重视需求

信息系统的实施需要从当前的业务需要出发，提前做好需求分析，并在一定阶段的实施过程中，锁定相对需求来开展实施工作。边研发、边实施、边改变需求的做法只能得到事倍功半的效果。而对于变化较大、新增加的需求，需要放在下一阶段进行。

4. 重视维护，升级换代

随着信息系统的不断应用，档案管理信息系统也在迅速地发展，而其中的难度也在逐渐增加，软件系统的安全、客户化定制等工作量比较大，也比较复杂，非专业人员很难做到专业维护。另外，随着应用的不断深入，这就需要加强软件系统的拓展。因此，购买软件系统的同时，需要购买相应的实施、维护服务，以开展有效工作，支持系统拓展和业务的发展。

（二）实施的方法

档案信息化系统建设有两种不同的策略和实施方法，即以组织战略为导向的战略推动类型和以实际业务需要为导向的需求驱动型。

1. 战略推动型

战略推动型的实施方法采取的是从整体到局部的实施路线，强调首先在观念、目标和方向的认识达成共识的基础上，逐步将工作分阶段实施，分阶段完成。采用战略驱动型的方法实施的前提是，整体的目标和规划不仅要从全局出发，而且更需要符合档案管理机构的实际需求，既要注重发展的前瞻性，又要注重当前的实用性。一般来说，对实施战略管理的人员要求较高，既要有行业发展的规划能力，又要有信息化体系的架构能力，需要懂管理、懂业务、懂技术的专业档案管理的复合型人才。

2. 需求驱动型

需求驱动型采取的是从局部到整体的实施路线。这种实施方法强调以当前业务需求为主，首先在观念、目标、方向和认识等方面达成共识的基础上，逐步将工作分阶段实现，分步骤完成。采取战略驱动实施方法成功的前提是战略、规划的制定不仅要从全局的高度出发，而且更需要符合档案管理过程的实际需要，既要有前瞻性、发展性，又要注重当前的使用性；要求制定战略的人员既要有行业发展的能力，又要有对信息化驾驭的能力。需要懂业务、懂管理、懂技术，在档案管理和信息化建设中有丰富经验的复合型人才。

真正意义上的"战略驱动"实施方法并不是不允许在实施过程中坚持"永恒不变"的策略，而是根据实际需要和业务变动的需求进行机制的调整和完善，因战略与规划一旦制定，落实的过程往往需要很长的时间，而信息技术在发展，档案业务也在改进，管理模式在变革。因此，实施的过程中必须根据需求的变化而有所变革。

目前，我国档案信息化建设正在走向标准化和规范化，"战略推动""需求驱动""总体规划""分步实施"成为主流实施策略。各档案管理机构应紧密结合全国档案信息化的发展战略，将档案信息化纳入本单位档案信息化的全局，制订适合本单位业务发展要求的信息化规划和信息系统的实施方案，并在实施和应用的过程中，将以"务实"为导向的自我调整的策略贯穿于信息化建设的始终。

（三）实施的策略

1．提高认识、需求驱动策略

管理信息系统是实现现代档案管理的一个重要工具和手段，它能给档案管理工作带来多少效益，一方面取决于所选择的管理信息系统是否适合本单位的实际情况并具有先进性，另一方面取决于档案管理人员采取什么样的理念来应用它。更重要的是应充分认识到网络、计算机及档案管理信息系统本身并不是万能的，它需要人们在充分认识的基础上，按照需求驱动原则结合实际工作为它的功能进行准确定位，然后才能更正确地使用它，才能真正发挥计算机的先进作用。

2．总体规划、分步实施的策略

档案管理信息系统是档案管理信息化的基础，它的应用与实施都必须围绕信息化建设的总体战略规划来进行，因此必须遵守整体规划、分步实施的原则。在实施的过程中，要有选择地挑选基础工作做得比较好的部门来进行重点建设，并将其成功的经验加以推广。

首先必须强调分步实施一定要从总体规划出发。信息化规划的目的是为信息化实施提供指南，那么规划与实施之间应是规划先行，实施紧跟其后。在选用应用软件时，就应该从整体的需要出发，避免脱离目标而陷入实际的困境；应该从业务变革出发而不是从技术变革出发，以有利于充分利用组织的现有资源来满足关键需求。不坚持这两项原则就很难实现信息资源的综合利用，也无法适应不断变化的社会需求。

另外，总体规划必须科学、务实，对分步实施才能有指导和依据作用。因此，信息化整体规划必须在设计上提供一个高度集成的、统一的、满足信息化管理整体需要的弹性应用框架，才能使分步实施有的放矢。其次是要讲究实施的策略。总体来说，长远规划、重点突破、快速推广是一种有效的策略。应该选择那些需求迫切、能较快实现业务流程整合和现阶段信息化应用较好的领域加以突破。在阶段实施的步骤上，由于数据库的建设是一项艰苦的长期工作，不能马上见效，所以可以先抓网站的形象建设，以引起领导重视，增加投入。最后是要注意分步实施的系统之间的衔接问题。时间上的分阶段实施要注意前后系统的衔接问题，空间上的分阶段实施则要注意不同单位和部门之间所开发系统的标准化问题。

3. 转变观念、与时俱进的策略

社会信息化建设的不断发展，使人们对信息化建设的认识也在不断地深入，人们只有转变陈旧的管理理念，不断地加强自身的综合素养才能跟上时代的发展步伐，这就要求档案管理部门的领导能正确认识到信息化建设的社会效益，同时多给档案管理人员提供学习机会，让更多的人认识到档案信息化的重要性，确保在实施和应用档案信息化系统时做到：领导对档案信息化建设和管理信息系统的应用有足够的理解和指导能力，业务部门的领导能够制订规划并组织实施，档案工作人员能够配合。

4. 抓住机遇、勇于探索的策略

档案信息化建设的顺利开展必须在基本条件具备的情况下才能进行，因此抓住合适的机会开展信息化建设和网络化应用是非常重要的。特别是对于那些正处于采用什么样的方案、选择什么样的软件系统入门的初级用户就更加重要。网络化应用首先是需求驱动的，并且是在档案业务管理比较规范、人员素质较高、业务流程清晰、标准规范严格、基础数据准备充分、网络及设备资源基本具备的情况下才能开展起来。因此，无论是正在开展信息化建设还是正准备开展信息化建设的档案部门，都应抓住时机积极开展，才能取得良好的效果。

看一个单位开展信息化建设的时机是否成熟，主要看它周围的环境因素是否成熟，即人、财、物等方面是否具备，而具体需要什么样的条件取决于系统实施的内容、范围、应用规模及当前业务的规范程度等。特别是建立网络化的信息系统，涉及的人员比较多，系统的功能相对比较复杂，需要购买和配置数据库的服务器以及文件服务器等，实施的过程也比较复杂，这需要根据实际情况来确定资金、人员和设备、网络资源是否具备条件，同时还要考虑本单位当前业务需要和未来的发展需要，因此制订总体规划是十分必要的，这样可以确定近期和远期的发展目标、系统功能、工作计划、实施的范围、工作的内容、搭建软硬件的环境及管理人员的培训费用，进行风险分析，来确定开展工作的策略和方法。

5. 实行安全的保障体系和专业化服务的策略

在社会信息化的今天，档案信息化建设势在必行，但采用什么样的措施才能保障档案信息在为社会提供服务的同时，保证信息的安全性呢？这里的安全性是指信息不被篡改，不流失。从讲"互联的程度"到与"因特网隔离"等信息安全策略应根据档案的密级、保管方式、加工处理及其存储方式等采取恰当的措施。为了保证安全采取"一刀切的孤岛式管理"的极端的、片面的安全管理策略是不可取的。特别是在数字化和网络化推广应用后，档案信息管理和维护工作量比较大，数字化加工的工作量更大，一些单位采取自己加工的方式，结果耗费了大量的人力、物力和财力，而且工期拖得很长，最终是得不偿失的。另外，是系统的维护问题，包括网络、硬件、操作系统及应用系统都需要专业技术人员进行统一的管理和及时的维护才能保障资源的安全性。针对这种情况，市场上出现了专业的数字化加工、信息化应用服务的新技术公司，对于一些有条件的、信息化工作量大的单位，在制定严密的安全措施和签订保密协议的基础上，委托第三方开展专业化技术服务是当前行之有效的解决办法。

6. 领导主抓的策略

档案信息化的实施与档案管理信息系统的应用几乎涉及本单位所有的工作人员，其中最难的是人的协调，而信息技术部门与业务档案部门之间能够解决的是业务上的沟通、系统上的理解和业务上的操作，但担任不同的职位、承担不同任务的人员从不同角度上对信息化的认识和系统应用是很难达到完全一致的。因此，工作上的不足、思想上的抵触、认识上的缺陷、观念上的差异等将会造成工作无法进行下去，而这些问题特别是人、资金及重要资源等问题，只有拥有权力的"一把手"管理层，真正"融入"到档案信息化的建设过程中，才能有效地解决。许多成功的案例也证明了这一点，只有坚持"一把手"工程，坚持管理层的参与和控制，才能将人力资源落实到位，才能将协调的难度降低，将 IT 资源达到最佳配置，信息技术才能真正发挥作用，应用系统才能得到深层的应用和广泛的普及。

二、档案信息化策略的实施措施

（一）需要型措施

档案信息化是社会信息化的重要组成部分，因此它与其他信息化的建设部门有许多相同的地方，为了在信息化的过程中少走弯路，减少失误，我们必须汲取成功者的经验和教训，对自己所选用的档案管理系统有比较深刻的认识，并对本单位的实际需要进行个性化的处理，这是一项行之有效的实施方法，但绝不是直接的照抄照搬。被选用的方案是在充分了解本单位情况的基础上，再借鉴其他成功单位成功与失败的经验教训，选择适合自己的管理系统，来开展本单位的信息化建设，坚决反对照抄照搬的拿来主义，或者过分强调自己的个性习惯又不符合标准，这两种做法都是脱离了实际需要的错误做法，都是不现实的、不可取的。

（二）有效化的措施

在档案信息化的实施方法上，要结合本单位的实际情况，比如人才队伍状况以及目前档案工作开展的实际情况，切不可随意倾向任何一种实施方法。在选择实施策略上应根据本单位的技术力量状况，如果本单位的技术力量比较薄弱，就选择现成的软件系统或者对外承包的实施办法，充分利用外在的专业化的资源，不仅能够在短时间内实现快速实施与应用，还可以降低实施的成本。如果本单位的技术力量较强，建议采取自主与外包相结合的实施方法。对于专业性强、功能复杂、开发周期长的系统，可以采取外包的形式，降低实施成本，提高实施效率。在开发的过程中本单位可以派人参与软件的开发和项目跟踪，了解设计的细节，为交付使用后系统的更新和维护打下良好的基础；对于专业性不强，设计的流程较为简单，开发周期短的系统可以采取自主开发的方式，这样不仅节约了购买软件的费用，而且在开发的同时培养了自己的技术人才，加强了本单位的技术力量，无形中也培养了本单位的业务骨干。

（三）过程化措施

1. **加强宣传**

以此使大家充分认识到信息化策略实施是国家信息化策略的重要组成部分，使他们充分认识信息化的目的和意义，认识到管理的规范化给社会带来的良好的经济效益，认识到落实信息化策略的实施工作不仅是当前形势发展的需要，同时也是档案信息化建设的需要。

2. **加强培训**

加强对工作人员的业务培训，比如，计算机技术的培训、档案管理软件的使用培训以及安全技术防范措施的培训。

3．规划制定过程

根据业务需求进行咨询和总体规划，其中包括信息的安全、资源的需求、系统功能等，可以了解同行业的实施情况，或通过咨询公司的规划，然后再有针对性地开展工作。

4．购买软件的过程

在充分调研的基础上，结合本单位的实际情况，选择那些售后服务信誉比较好的大公司以及比较有发展前途的、扩展性好的硬件和软件系统。

5．选择示范，以点带面

根据工作的实际需要，选择那些比较重要的部门实施，先树立一个示范的典型，然后以点带面，全面突破。在成功示范应用的基础上，根据馆内业务的发展需要，逐步把信息化建设扩展到整个单位的每一个部门。

（四）安全保障措施

档案信息化的基础是建立在网络软件和信息管理系统的基础上的，但这些也正是引发安全问题的隐患所在。造成黑客攻击、病毒蔓延、信息窃取的问题在于安全架构不科学、制度不健全、管理不规范、措施不到位，其中既有客观的因素也有主观的因素，其中最主要的原因是信息化建设之初，安全意识薄弱，技术方案不成熟，系统的安全保护性能较差。要想在今后信息化的道路上走得更远，我们必须提高安全防范意识，强调今后在实施信息化的过程中全面设计和考虑安全问题，在今后的管理过程中制订并落实安全方案，加强信息过程的安全管理，对一些机密的档案落实责任到人，并加强安全措施的技术监控，只有提高了安全意识，加强了安全管理的技术保障，才能最终保障计算机网络和信息系统的安全。

（五）应用型措施

档案信息化建设的目的是更好地利用信息资源，在实行的过程中容易出现信息化的建设与档案业务的管理脱节的现象，把信息化与业务管理分割开来，这种现象的出现主要有两种情况，一种情况是信息化的宣传归宣传，业务部门根本没有执行，仍然按照原来的工作方法和思路开展工作，为了追求上网的名声，只是把档案信息的目录录入系统，档案管理者根本不关心管理信息系统运行的情况，最多是利用查询模块查询一下档案信息。

另外一种情况是对于购买的信息软件只使用很少的一部分功能，比如基础信息和查询模块等，对于信息的整个流程化的管理过程不了解；还有一些单位信息化的热情很高，舍得花钱购买贵重的应用软件，而实际应用的部分很少，在操作时仅限于目录数据的录入，并将此部分数据导入系统，以此来满足数据上网数量检查的要求，而档案信息系统中大量的功能如流程化管理、全文管理和全文检索都没有使用，运行几年后还要面临系统的更新换代，造成了投资上的浪费和信息资源的严重流失。造成这种情况的原因是没有从本质上真正理解信息化的含义，也没有将业务管理与信息系统真正地融会贯通，而是隔离开来甚至是对立起来，其结果造成人力物力的极大浪费，不但没有感受到信息化带来的方便快捷，反而把人变成了档案的奴隶，无形中加重了管理人员的负担，在一定程度上挫伤了档案人员信息化建设的积极性，给信息化建设造成了负面的影响，因此如何应用好才是信息化建设的关键。

（六）落实型策略

档案信息系统的实施与应用过程中最易出现将信息化与业务管理分离开来，认为是两件事情，出现一些极端现象。一种是业务部门照常按照原来的方式开展工作，雇佣临时人员来录入数据，档案管理者几乎不关心管理信息系统运行的任何情况，顶多使用查询模块查一下档案的信息。另一种是，业务部门的工作人员仅仅使用很少的一部分功能，如基础信息的录入和查询模块，对于管理信息系统中流程化的管理思想全然不理解；还有些单位花费巨资购买功能强大的信息管理系统，实际操作时仅习惯使用 Excel 简单的桌面系统，只将已录入的数据导入系统中，满足所谓的数据上网条数检查的需求，而档案信息系统中大量的功能如流程化管理、全文管理和全文检索没有用起来，几年后系统又将面临拓展、更新甚至淘汰，造成了投资上的浪费和信息资源的损失。实际上应用得不深入本质上是没有将业务管理与信息系统融会贯通，而是隔离开来甚至对立起来，结果花费大量的人力和物力来维护系统和数据，使人成为档案数据的奴隶，没有真正发挥信息技术的作用，反而成为管理人员的负担。

（七）兼顾型措施

科学技术的发展使人们越来越考虑人的因素，即"以人为本"的理念越来越受到开发商的重视。随着人们需求的多样化，一些个性化的产品、个性化的界面、个性化的业务流程和功能模块充斥整个市场，这就与档案信息化管理标准的规范化相矛盾。因此，如何认识和处理个性化和标准化之间的关系也是档案管理信息系统实施过程中的一大难题。这个矛盾的解决，必须在实施的过程中找到一个既能满足个性化要求，又能满足档案管理规范化的平衡点，才能促进档案业务与信息技术的融会贯通，而选择平衡点的前提是，档案部门应制定适应时代变化的标准和规范，档案工作者也应严格遵守行业规范以开展业务管理工作。个性化则是在标准规范的基础上根据管理需要进行扩充，个人习惯如果与标准背离应彻底改变。因此，在信息化的过程中，要正确处理好标准化与规范化的关系、安全与应用之间的关系，当个性化与标准发生冲突时应首先考虑标准化的原则，即个性化适应总体化的原则，只有这样才能解决好个性化与标准化的关系，保证信息化建设的顺利进行。

三、档案信息化实施的途径与过程

（一）档案信息化的实施途径

1. 整体引进模式

这种模式是选择具有丰富经验、信誉度比较好的开发商，由其提供或统一购置档案管理商品化的软件及其软硬件设备，由专业化的实施队伍负责项目的完整实施。好的软件一般是具有丰富经验的管理专家和高级专业计算机技术人员共同开发的，软件本身蕴含了许多先进的管理思想和手段，针对档案室提供各种功能的模块，这些软件模块为档案流程的优化与重组提供了可借鉴的参考模型，能够在较高的层次上提升档案管理的水平，而且软件已经拥有相当多的用户，经过实际的考验一般都比较成熟与稳定，质量有保证，售后的维护比较有保证，又有利于档案信息系统的更新。但商品软件追求通用化，其功能无论在方位上或是在深度上常常使档案管理部门的需求得到部分满足，但系统的实用性不强，更难以形成特色。在具体的实施过程中，单纯依靠软件的提供商可能出现用户过分按照软件提供的立项模式行事，而忽视档案管理的具体实际，或软件提供商过分依从用户的所谓特色，造成软件的先进性、通用性消失。另外，这种模式由于没有源程序代码，给系统的后期维护和二次开发造成一定的困难。

2．自主开发的模式

采取自主研发模式的单位一般是本单位的技术力量较强，具备较强的软件开发实力，这种研发的模式一般是单位自己根据档案业务管理的需求进行定制开发，并随着业务的不断开展，对系统不断进行完善和改进。此模式适合业务比较特殊和有特殊需要的档案部门。这种研发模式的优点是能够充分考虑本单位的业务工作需要，针对性强，系统实施相对比较容易，可以考虑到本单位使用细节问题，其风险较小，可以培养自己的研发队伍，对于今后的系统维护和更新都能及时到位。缺点是由于大多数档案管理队伍的人员结构不合理，往往是业务人员多，技术人员少，尤其是高技术的系统开发人员更少，而技术人员不仅要开发系统，还要跟踪现代信息技术的发展，进行系统的维护，考虑系统的安全备份等问题，并且自主研发的工作量较大，开发的周期较长，相对成本比较高，并且自主开发人员不是专门的研发公司人员，在系统的开发过程中，与社会上的先进软件相比具有一定的局限性。

3．对外承包的开发模式

采取这种研发模式的单位一般是资金比较雄厚的单位。采取的方法是购买社会上开发好的现成软件，或者选择一家软件公司，按档案业务实际需求定制开发，也就是说把档案信息系统的开发工作对外承包出去。这种模式对于档案部门的工作人员要求不高，在数据的备份和系统的维护方面主要是聘用专业的技术人员来做，或是委托给专业的公司。

这种方案适用于业务比较简单的档案馆（室），它的优点是充分利用了外部主页 IT 公司的力量，开发的时间较短，降低了开发的成本；缺点是如果不注重培养自己的研发队伍，而研发单位的人员不熟悉档案业务，开发系统的实用性较差，而档案机构人员对信息技术的认识不充分，很难提出比较好的建议，难以对开发单位的需求和设计资料进行准确的评价，往往是到使用的过程中才有较为准确的需求，给实施完成后的正常的运行带来困难，同时也浪费了资金。为了解决好开发与使用之间的矛盾，档案部门在选择开发机构时应选择开展档案信息化解决方案的专业开发商，注重考察该公司的咨询和售后开发能力，要求他们不仅有咨询能力，还要有一定的培训能力，促进档案管理人员尽快理解和掌握系统的管理思想和应用模式，还需要提供长久的系统更新能力和良好的售后服务能力。

4．外包与自主开发相结合的模式

这种模式也称为混合型模式，即信息化的项目在档案机构立项，委托第三方公司在其商品化软件的基础上，针对本单位的档案业务现状和业务发展需要进行客户化的定制和开发。采用此类模式的档案部门一般来说是基础条件较好的，相对来说资金比较充足，这种模式也是目前档案管理采用较多的一种方式。这种模式的优势在于由开发商解决技术难点，对开发过程进行科学的安排和严格的控制，这样既解决了档案机构开发队伍经验少、技术力量薄弱的问题，又为档案部门培养了懂业务、懂技术、懂管理的复合型人才。同时，档案管理机构还可以拥有信息系统的知识产权，更重要的是软件的开发切合用户的实际要求，系统未来的运行和维护也有保障。目前规模较大的一些综合档案管理机构大多采用此种模式，使用的事实证明这种混合性的实施模式还是目前比较理想的运行模式。

（二）档案信息化实施的过程

实施过程是在国家信息化政策的总体规划下，按照信息化建设的整体要求，来确定档案信息化建设的战略目标、总体规划，在人员、技术、资金、环境等各类资源已经具备的情况下，来开展档案信息化建设与档案信息管理系统的应用。

1．正确理解国家信息化战略与档案信息化之间的关系

要正确理解国家信息化战略与档案信息化建设的关系。国家档案信息化战略是档案信息化目标、远景以及职能的拓展、业务流程的转变的完整融合，它描述了档案信息化的目标与方向、信息体系结构、技术路线、操作方法、信息化过程的内部操作标准、软件系统的评估方法和考核的指标体系等众多"软性"的规划和策略。

要正确理解档案信息化规划与信息系统规划之间的关系。信息化工作实际上是信息化战略的执行过程，它所研究的内容与信息化的战略有非常大的相关性，在战略体系下的具体软硬件系统设计过程，是在信息化战略的指导下，分解总体目标，针对不同的业务内容、工作流程提出功能模式，做出系统建设的成本预算，制订系统的实施计划，确定系统的组织、管理、选型方案、评估标准和过程控制方法。

总之，系统实施是信息化建设的重要内容，是完成系统建设并投入使

用的关键业务过程。其成功实施标志着信息化战略与规划决策的正确性，也标志着信息化进入实质性的运行阶段。

2. 从思想上充分认识档案信息化建设的艰巨性和复杂性

档案信息化建设是一项历时较长、涉及面广、内容复杂的系统工程，而档案管理信息系统的实施与应用，是以档案业务为核心，以计算机技术、网络技术、信息技术为手段，以现代管理为指导，以提高档案的利用率和利用价值为宗旨而开展的一项划时代的业务革命，其最终目的是提高档案的信息化管理水平，挖掘档案的社会价值，提高全民族的文化素养，推动社会进步，改变经济增长模式，适应信息社会发展的需要。档案信息化的实施与应用是涵盖计算机工程学、项目管理学、档案管理学、信息技术等多学科知识在内的系统化应用工程，在应用和实施的过程中严格遵循软件项目管理的先进理念，并将多学科知识融会贯通到档案管理信息系统实施与应用的每一个环节，这就要求参与档案管理的所有人员，特别是信息化项目的主要责任人必须从思想上认识到信息化建设的艰巨性和复杂性，在思想上、认识上和行动上做好迎接挑战的准备。

第一，要从思想上充分认识到信息化是一项具有划时代意义的新型工作，其最终的目的是提高档案的现代化管理水平，挖掘档案的价值，提高全民族的素养，推动社会进步和改变经济增长的模式，适应信息社会发展的需要。充分认识到档案信息化带来巨大的社会效益和经济效益的同时，也给各级领导和基层的工作人员带来工作上的方便性和灵活性，使每个从事档案工作的人员都真正成为信息化的受益者，从而达到统一思想、统一认识的目的，确保档案信息化工作的顺利开展。

第二，加强档案管理业务的学习。信息系统的应用是实现档案信息化的基本手段，其一切活动的开展必须服从档案业务的全过程和未来信息发展的需要，信息系统的应用要求档案工作者必须是懂业务、懂技术的复合型的人才。如果说信息专业技术人员将软件系统设计完成后，仍然对档案业务及其知识一无所知，对档案管理流程含糊不清，那么他所设计的系统一定无法使用。因此，档案技术人员在开展信息系统的基础工作时，必须加强对档案管理业务的学习，在了解、熟悉、分析和发展档案业务和档案学基础知识的基础上，综合运用档案学、信息技术、计算机技术、网络技术等知识，加强对档案管理的理论、原则、策略、方法等内容的进一步探讨与研究。

第三，加强网络信息技术的培训。在信息化的今天，档案管理人员必须加强网络技术知识的学习，来提高自身的管理水平。档案信息化是一个复杂的系统工程，其过程包括可行性的论证、系统的规划、详细的设计、编码、实施、应用和持续性的维护等多个阶段，每个阶段都涉及多方面的技术知识的渗透、融合与综合利用。同时，整个信息化的建设过程也是一个不断完善和逐步发展的过程，所有参与人员无论是管理人员、操作人员、系统设计、系统开发和应用实施人员都必须了解和清楚各个环节的紧密关系和各个业务功能模块的来龙去脉，重点掌握自己业务范围内和所操作的系统功能模块的基础知识，才能使整个系统顺利运行并不断得到应用和完善。

第四，加强档案信息资源的建设工作。档案信息化建设涉及的内容非常广泛，而且这些内容会随着社会时代的不断进步发展而得到不断的丰富，档案信息化建设面临的任务很艰巨，困难也很多，因此我们要有重点地突破，把信息资源的建设当作核心工作来抓，实现重点带面的良好局面。在信息已成为重要的社会资源的今天，档案信息作为一种原生信息，正发挥着越来越重要的作用，把国家的档案资源建设好是档案工作的中心任务。

这项工作主要包括三方面的内容：①要加快现有档案馆藏文件级目录数据库和全文数据库的建设，以满足快速检索的需要。要加快现有档案目录的整理、著录和建库工作。②有条件的档案部门，要积极推进那些重要的、容易受损的、利用频率高的档案数字化进程，加强重要档案的保护，提高档案的利用率。③对新产生的电子文档，要采取科学的管理方法和利用现代技术手段，收集好、管理好。随着信息技术和电子政务的不断发展，电子文件将是未来数字档案信息新的主要来源。管理好、利用好电子文件将是档案工作在信息化时代的一项至关重要的任务和面临的重要课题。各级档案部门要积极介入本地区、本部门电子文件的产生过程，加强对电子文件的积累、鉴定、著录、归档等环节的监督、指导，保证归档电子文件的真实、完整、有效。

第五，不断地提高档案信息化的服务水平。档案管理工作是一项服务性的工作，它的根本任务是为国家建设和社会的发展提供可靠的信息服务，在信息资源共享成为社会发展趋势的背景下，档案信息资源因其独特的价值而日益受到社会的关注，档案信息资源的社会共享已成为国家档案事业适应社会信息化发展潮流所亟待研究的重大课题之一。随着社会经济的不断发展，社会信息意识不断增强，为信息资源的社会共享提供了良好的发展空间。新时期档案工作应做到：经济建设发展到哪里，档案工作就延伸到哪里；政治建设发展到什么阶段，档案工作就服务到什么阶段；文化建设发展到什么水平，档案工作就服务到什么水平；党的建设对档案工作提出什么要求，档案工作就提供什么服务。为了更好地实现档案信息化建设的目标，我们应根据社会信息化的客观趋势，在不断优化传统的档案服务方式的基础上，与时俱进地促进档案工作的创新。要实现档案服务方式的创新就必须更新服务理念，整合档案资源，兼顾需要与可能创新档案服务模式，实现档案服务工作质的飞跃，使档案信息资源的社会化共享逐渐由理想变为现实。

第六，安全保障体系的建设。档案作为人类历史的记忆和现实工作的支撑，其信息的安全性至关重要。因此，在管理信息系统实施与应用的过程中，应保证档案信息不流失到非保管单位和个人，应确保档案信息安全并可读取，应确保档案信息分权限管理和分权限查询、浏览及检索利用。这不仅仅需要对档案管理信息系统提出安全保障要求，更重要的是实施单位的安全管理措施和安全管理方法要得当。

安全保障体系的建设是档案信息化建设的重要内容之一，各级档案部门在开发利用档案信息资源和网络系统建设工作中，必须提高信息安全意识，防止失密、泄密以及档案丢失现象的发生。要保证信息的安全首先要加强安全保密技术的应用。依靠先进的技术手段，在档案网络技术建设中，必须充分应用信息安全保密技术，解决好档案信息传输与存储安全保密问题。其次是要建立完善的保密制度。各级档案部门在信息化建设的过程中必须制定针对性强、操作性好的信息安全保密规定，确保档案信息的安全。最后是要建立严格的管理制度。各级档案管理部门要加强档案著录标引、数字化转换、档案网络信息公布等过程中的安全管理，实行安全责任制。非公开的档案信息一律不准在网上提供，已公开的档案目录或全文查询服务，要认真采取安全防护措施，实行严格的授权管理体系，确保档案信息和系统的安全。

我们要把档案安全问题提到议事日程上来，任何时候都不能有丝毫懈怠，越是在信息化程度日益提高的情况下，越要全面兼顾档案的实体安全和信息安全。要严格执行档案安全保管的责任制度，杜绝一切事故的隐患。严把档案利用审查关，不该提供的档案坚决不能提供；要严格执行"三网"隔离制度，采取可靠的防范技术和措施，确保档案部门的网络信息安全，对于面向公众的网上信息进行严格的审查，确保上网信息的安全性。

3．加强资源建设

（1）人才资源建设。档案信息化管理系统改变了传统的手工操作方法，因此对档案管理人员的整体要求比传统的管理要高，因为它的应用要涉及许多方面的知识，需要有变革的管理思路。这就要求档案管理机构转变管理理念，档案管理信息系统本身就蕴含着现代管理思想，比如归档流程的自动化、信息著录标准化以及信息著录的一致性、系统集成等现代管理理念。它的成功应用是在对其进行深刻理解的基础上才能见到的明显效果，这不仅要求决策者而且要求业务人员能够接受和理解。其次是在认识上的转变。档案管理者在充分认识到网络化应用带来方便的同时也带来一些新的问题，认识到提高档案管理信息系统是提高业务服务效率与质量的手段，认识到资源共享的重要性，认识到需要不断地学习新的知识，认识到有了档案管理系统做助手，档案业务人员才能将工作的重心转移到钻研业务、深层次管理开发利用上。总之是要建立一支既熟悉档案业务又懂信息技术的人才队伍，不断提高档案部门的人员素质。一方面应通过实施各种培训、提供各种学习条件使档案管理工作人员能够很快熟悉掌握信息技术的理念、方法和思路。另一方面应大胆引进信息技术、网络技术等方面的人才，信息技术融入档案业务管理中，真正做到业务技术双精通，做到各尽其用。

（2）信息资源建设。网络环境的核心资源是档案的数据和信息，它们是网络环境的基础资源，离开了这些基础资源，网络信息化就成了无源之水。在实际运行的过程中，不是所有的档案部门都能重视这些基本资源的建设，有一些单位在规划实施甚至已经购买了设备和软件后，还未将档案的目录进行整理，系统就被淘汰了，更不用说电子文件的管理了。因此，各单位在建设网络环境之前，必须将基础数据录入到档案专用服务器中，建立分类数据库，为以后应用网络管理系统打下良好的基础。在数据信息录入的过程中必须遵循标准化、规范化的原则，这也是国家对档案信息化建设的基本要求，并不是所有的信息化单位都能够做到，在一些使用单机版的单位，其档案数据在遵循标准和规范方面离国家规定的档案管理目标还有很大的差距。因此，在进行网络化管理信息系统时，必须提前做好录入数据的规范性工作。

数据的整合也是网络化之前必须要做的工作之一。数据的整合就是按照标准、规范以及网络化资源共享的要求，将同类和相关数据进行整合，将数据字段整理出来，进行合理的分类，也就是将原来一个个独立存在的数据进行分类整合，并抽取其中规范的数据字段以方便统计，这项工作也是档案信息资源建设的基础工作。

（3）安全资源建设。一个安全、稳定、可靠的信息系统，是顺利开展工作的可靠保证。网络版的档案管理信息系统必定需要支持网络化应用的数据库管理系统，目前有的解决方案只将档案目录信息存储在关系性数据库中，而将电子文件全文存储在文件服务器中，这样又多了一层数据管理，这些数据一旦出问题，系统也就失去了存在的意义，因此必须制定相应的档案管理信息系统的安全保障措施，才能保证档案信息的安全和信息系统的安全，才能保证信息化战略的顺利实施。

（4）设备资源建设。网络是信息化的基础设施，拥有一套可靠、稳定、安全的网络设备是档案信息化的基本保证。由于使用单位的情况各不相同，因此在建立本单位的网络体系时应根据实际需求状况和本单位的发展需要，构建适合自己的网络运行环境，这样既能保证目前的正常使用，又能为将来的网络扩展创造条件。

一般来说，网络布线、端口设计、设备摆放等网络基础设施的建设，在设计建楼时已经考虑到并予以实施，但在使用的过程中也会随着需求的不断变化而逐步调整。对于网络设备的购买，最主要是结合本单位的实际需要来购买，在购买的过程中一定要严把质量关，确保购买的设备是先进的、合格的产品，绝不能为了贪图便宜以次充好，结果造成工作过程中故障频出，那样就得不偿失了。最后是警钟长鸣的安全问题。一般来说，网关、防火墙、入侵检测等安全产品是网络安全保证的基本需要，如果将本单位的计算机接入 Internet 而没有采取任何的保障措施，那是非常危险的做法，也是违背安全保证工作条例的。

四、档案信息化系统实施的步骤

（一）与信息系统实施有关的基本要素

1. 项目组织

项目组织与团队建设是项目启动工作的重要内容，也是决定整个项目能否成功的关键因素，每一个项目的实施，都涉及多方面的组织或个人的参与。为了确保项目的进度，把好项目的质量关，控制项目的资金投入，监理方通常被聘请来全面监督项目的执行，因此项目的实施至少会涉及建设方、用户方和监理三方的利益。

（1）建设方。承担信息系统建设的集成商或软件系统的开发商，其职责是提供商品化产品，为客户提供信息化解决方案，根据需要进行客户化定制、实施、操作等工作，以及实施软件系统并开展必要的咨询和培训等工作。

（2）用户方。客户是项目承担的主要对象，是档案信息系统实施与使用的最终机构。其主要的职责是，根据自己的需要设立项目，并选择供应商、开发商及软硬件产品。客户是项目的出资方，也是项目成果的使用商，是最终的项目受益者。

（3）监理方。客户出资聘请的项目实施顾问和项目建设质量监督方对客户负责。其主要的职责是监督和控制整个系统的进度、成本、质量等风险的综合要素，维护用户的权益，降低系统建设的成本和风险，提高系统实施的成功率。

总之，项目的成功开发，需要协调这些利益相关者之间的关系，选择平衡点，最大限度地调动所有参与者的积极性，减少项目实施过程中的阻力和影响。

2. 项目团队

项目的开发需要人才，这就需要建立一个强有力的工作团队，并有组织地展开建设。项目团队涉及的面很广，几乎包括了所有的项目相关者，在项目实施的每个阶段也将组织相关的团体。在项目启动前成立项目委员会来分析项目的可行性，而在项目的执行过程中，项目经理就起着举足轻重的作用。

当前，在我国开展档案的信息化建设基本形成了两套体系：一套是开展信息化建设和运行维护的信息管理组织体系。另一套是当前已经存在的行政及业务管理组织体系。其主要原因是业务管理和信息化应用没有真正融为一体，在业务管理和信息化的应用上存在着观念和认识上的差异。立项的管理模式是二者合二为一，这就要求档案管理的领导者是既懂档案业务又懂信息化业务的现代管理的复合型人才，要求信息化管理机构中的每一个员工都要把档案业务和信息化管理结合起来开展工作。

3. 项目资源

资源包括的内容很广，它包括自然资源、内部资源、外部资源、有形资源和无形资源。这里所强调的资源不仅包括支持项目开发的人力资源、资金资源、技术资源、环境资源，也包括档案信息化建设过程中将不断产生的 IT 资源，如网络、服务器等硬件设备，操作系统、应用系统等软件资源，同时还包括档案信息资源。因此，要求我们不但要管好、用好能看得见的设备资源，也要学会管好、用好软资源。项目开发的不同阶段，资源的需求在不断地变化，有些资源用完要及时追加，任何资源积压、滞留或短缺都会给项目带来损失，各类资源的合理、高效使用对项目管理尤为重要。

4. 项目的进展

项目的进展情况需要根据项目的目标要求来进行制定，然后才能具体落实和实施。这些计划的制订对供应商、开发商以及档案管理人员的工作进度都有明确的要求。事实上，在档案信息化建设的过程中，由于档案机构内部人员的不配合、工作繁忙、需求变化等影响项目进度的情况比较常见。因此，项目在实施的过程中，要求每一个参与此项工作的人员都要明确自己的职责、进度要求，只有这样才能保证项目的顺利进行。

5. 项目的质量

质量在信息系统的管理中起着举足轻重的作用，它的好坏直接关系着档案管理机构的根本利益，同时也影响着供应商和开发商的声誉，应该说参与项目的每一个成员都希望获得高质量的实施效果。在信息化的过程中，要想保证产品的质量，就必须严把质量关，严格过程的质量监控，落实阶段目标，只有保证了每个阶段的质量，才有可能保证最终的项目质量。另外，由于参与项目的多方机构和人员对信息化项目的认知程度很难达到完全统一，质量的标准也不完全一样，即使用户在当前满意，也可能在短时间内满意度就会改变。因此，加强开发商与用户的沟通、交流、达成共识仍然是保证项目质量的有效方法。

（二）系统规划

系统规划是项目工作的前瞻性、全局性和关键性的第一步，档案信息化建设的高层行政管理人员和高层信息管理人员是系统规划的主要成员，其主要任务是确定系统实施的目标、系统的体系结构、系统实施方案和实施过程的资源计划。因此，参与系统规划的人员对档案业务、现代化管理和信息技术的掌握程度以及他们的创新精神和务实态度是有效开展系统规划的基础。

系统规划阶段所做的主要工作有：工作团队的组织、系统实施的进程计划、信息系统部署方案的确定以及资金的分配使用方案，还包括人力资源、行政管理、技术支持的协同以及对项目实施过程的风险评估。

（三）系统的开发

系统开发是信息系统建设工作的核心，这一阶段的工作是由承担信息化建设的软件供应商来完成的，档案馆工作者的主要任务是提出目标阶段的需求，档案馆的技术支持人员则在业务工作者和开发人员之间起到沟通桥梁的作用，并解决系统开发过程中的问题。

分析市场的需要是项目开发的最终目的。因此，项目开发的基本任务是要了解市场需要什么样的软件系统；该软件系统具有什么样的功能，这些功能的优缺点是什么等等。尽管项目在启动时已经确立了系统的目标，但这个目标相对来说是宏观的，具体一些细节的内容并不明确，因此明确需要将会对目标系统提出完整、准确、具体的要求。需要分析阶段主要涉及三类人员，即档案业务的管理人员、管理信息系统的研发人员、系统的实施人员，这一阶段的主要任务是加强沟通和交流。这一阶段对档案管理人员的要求是能够准确描述当前及未来业务的发展需要，系统分析并能够准确理解、认识业务的需求，必要时可以借助自身的工作经验对客户进行启发和诱导，让他们说出自身更深层次的业务需要，从而指导今后的开发工作。需求阶段的工作内容主要包括以下几个方面：

1. 组织结构的调研与分析

了解用户单位当前的机构设置与管理模式，充分分析其利用的合理性、完整性及运作的有效性，用以确定信息系统的体系结构，包括系统的运行结构、功能框架结构和系统的总体部署方案。

2. 对实际需要的调研分析

以用户的需要为出发点，充分考虑用户对软件的实际需要，编写可满足用户需求的规格说明书以及用户手册，表述对目标系统外部行为的完整描述，需求验证的标准，用户对系统的性能、质量、可维护性等方面的要求以及用户界面描述和目标系统的使用方法等。

3．信息化现状的调研分析

在充分调研的基础上，了解归档单位与档案馆目前的硬件和软件运行环境、当前应用系统的使用情况、当前的数据格式和数据规范性、数据处理的方式等，分析需求开发的继承接口系统的内容和功能、数据迁移和数据导入导出的需求，确定进行二次开发或进行系统实施过程中的具体工作和任务以及软硬件系统的需求。

4．对需求的检验过程系统分析

人员需要在档案管理人员和系统软件的实现人员的配合下对自己生成的需求进行检验，保证软件需求的全面性、准确性和可行性，获得档案管理人员的认同，并对需求规格和用户手册的理解达成共识，达成对目标系统理解的一致性。

我们所做的需求信息的获取、需求的分析以及编写需求规格、需求说明等工作是相互渗透、增量并行和连续反复的，其工作的过程主要包括以下几个方面：首先是系统分析员和档案业务管理员开展的面对面的交流，记录用户提供的信息，即开展信息的获取活动。其次是系统分析人员对获得的信息进行分析归类，并把客户的需求同可能的软件需求相联系，也就是开展需求分析活动。再次是系统分析人员对档案业务需求信息进行结构化的分解，编写成文档和示意图，形成需求规格的说明书。最后是组织档案管理业务的代表评审文档并纠正其错误，完成需求的验证工作。以上这几个过程是由浅入深、循环往复并渗透到客户业务系统的各个环节，贯穿于客户业务系统的各个环节，并贯穿于需求分析的整个工作过程，直到双方对目标系统的功能、流程、接口、数据、操作等多方面达成共识后，需求分析阶段的任务就结束了。并不是说业务需求就不可再发生任何的变动，这只是需求的"相对锁定"。

（四）系统的设计

系统的设计是基于对需求分析的工作成果，对于系统做深层次的功能分析实现流程设计，分析总结出行之有效的系统实施方案，使整个项目在逻辑上和物理上得到良好的实现，从而实现对最终目标系统的准确架构。

1．系统的设计

软件系统设计的首要任务是体系结构的设计，在此设计的基础上逐步完成详细的设计工作，把设计的风险降低到最低程度。虽然一个良好的软件结构不一定能产生令人满意的软件，但一个非常差的软件结构设计，一定会导致软件项目的失败。因此，我们应高度重视软件的设计工作。

2. 软件的编码

编码就是软件系统实例化的具体过程。在完成系统分析和设计工作之后，信息系统运行结构、模块结构和数据组成已基本确定，下面的工作就是把系统设计的结果翻译成某种程序设计的语言编写的程序以及信息系统代码编写的具体工作。这一阶段的任务是将需求分析和系统设计的结果与内容转换为用户需要的实际应用过程。

3. 系统的自测

软件的测试是系统开发过程中非常重要的环节，是系统实施阶段的一项重要工作，开发人员进行系统自测试的目的是尽可能地发现和修改系统设计和系统编码中的错误，开发人员自测试阶段发现的问题越多，交付的目标系统的质量就越高，后期纠错型的维护工作就越少。在实施和应用档案管理信息系统时，软件开发的执行人因项目的开展方式不同而有所区别，如果是自主研发的，则是本单位内部技术人员在开展系统设计、软件的编码和测试工作；如果采用购买商品化的软件实施方案，则一般的供应商已经根据档案业务的共性和标准流程开发出管理信息系统的原型产品，本阶段的主要工作是用户在熟悉和使用商家产品，更多的是按照自己的需求对系统进行功能、性能等方面的测试，最终确定商家的产品是否满足目标系统的要求；如果采用自主开发和商品化应用相结合的方式，也同样执行以上三个环节的内容，并对商家提供的产品原型进行改造，来适应本单位业务管理的需要。

（五）系统的实施

系统实施的主要任务就是软件系统的客户化定制过程，这一时期的主要任务是建立能满足需要的软件系统。其工作的内容主要包括客户化的定制、系统的测试、系统的试运行等内容，另外还包括数据的导入与客户的培训等工作。系统实施阶段主要包括以下三方面的任务。

1. 对软件系统的针对性定制

主要包括四项内容：一是框架定义，即根据用户的业务需求建立系统总体框架结构，比如按照档案的门类进行系统分类，或者按照信息分类方式，或者按照用户自己的管理方式进行分类定制。二是数据库结构定义，即按照每一个档案门类确定逐字段的属性、操作方式等。三是业务流程的定义，即按照用户对档案业务流程定义系统的功能。四是用户模型定义，即按照实施单位用户操作系统的功能和数据权限建立用户模型并授予其操作权限。

2. 数据的整合

在系统的使用过程中，数据的迁移、载入等工作是需要软件的供应商来帮助完成的，而用户单位的主要工作是定制数据的管理规则，严把实施过程关，并建立严格的档案保密措施，保证档案信息的安全。这一内容是实施过程中工作量较大的部分，是最容易被忽略的部分，同时也是最容易出现问题的部分。档案管理部门应充分认识到这一点，并在实际工作中引起足够的重视。如果原有的数据不能安装到系统中，新系统的实施工作就等于失败了。

3. 系统的检测试用

当客户定制了新的软件系统，并把原有的数据迁移、装载完成后，一个新的应用系统就算建立起来了。在这一工作完成的过程中，首先由供应商或软件开发人员对系统的原形进行全面的测试，测试的过程中一定要按照软件的要求严格测试，由建立单位严格把关，并从专家的角度提出测试意见和改进意见，最后由用户单位的档案管理人员根据最初双方形成的分析报告中规定的系统功能进行测试，如果测试没有问题则进入试运行阶段。对用户来说，试用和测试新软件的过程非常重要，它不但是检验软件系统的过程，同时也是对一个系统的学习、理解和接受先进管理理念的过程，要求所有的用户积极地参与并提出合理的建议，以便软件开发商对软件中不合理的部分及时改进，通过不断地升级更新，试运行一段时间后确定一个用户系统运行的版本，达到最终满足用户需要的目的。

（六）系统的应用和培训

1. 对管理人员的培训

根据档案管理系统对各类管理人员的要求，结合用户对计算机操作系统、网络知识、数据库知识的掌握程度，根据信息系统管理人员的工作内容进行分期的培训，以适应新系统对档案用户的要求。

2．系统的操作培训

结合档案信息化的用户操作手册，对用户进行针对性的培训，确保每个用户都能够在自己的权限范围内完成正常的系统与业务操作。在对业务人员的培训完成后要进行上岗前的考试，其目的是督促其掌握培训内容。在系统各级操作人员对应掌握的内容都掌握后，用备份的数据库文件替换用户培训时使用的数据库文件，使系统投入试运行。

3．系统信息的归档

一是整理此次系统实施的架构模型，特别是基础数据表、工作流程，形成本单位独有的系统运行模式，并将本单位的数据库结构进行拷贝，进行归档，以备未来使用。二是建立客户信息档案，将其基本信息实施情况、使用系统版本情况等进行归档，同时将数据库结构一同刻录成光盘进行归档，为以后系统的升级维护奠定基础。

4．系统切换

当用户得到一个可以真正接受的系统后，就可以实施系统的正式切换，也就是说可以正式利用新系统开展工作。为了保证数据的准确性以及防止数据的流失，在应用新系统开始工作时不要急于毁掉原有的系统，应在使用新系统后继续保留一段时间，在确保未丢失数据后再彻底停止对原有数据的使用。系统切换的构成中，一定要将系统试运行阶段的部分数据及时装载到新系统中。

（七）系统的检测和验收

档案信息系统项目的验收标志着该系统已经得到用户的认可，同时也标志着实施工作将要结束。在这一阶段项目实施单位的工作内容：在此项目实施的过程中一些特殊性的信息资料，如增加了新的档案类型的数据库模板、增加了新的功能模块等，要及时进行整理，以便归档。整理可以作为项目验收依据的相关资料，比如使用说明书、变更登记、用户手册等。另一项工作是编写项目验收的文档，结合项目合同和需求说明书的内容，整理出验收的内容以及目前的运行情况及验收的标准。这一阶段客户方的主要工作内容：成立项目机构，其主要职责是按照验收申请报告、项目的合同、系统试运行报告、需求说明书等材料，结合系统现场使用的情况和递交给用户的资料情况，检查实施工作是否达到了合同中规定的要求。另一项工作是进行项目的验收。由项目验收机构对系统实施的现场进行实地考察，检查各项实施工作。如果各项工作都已达到了合同中规定的要求，即可以验收通过；对于不符合要求的项目要提出改进和完善的建议。

（八）对实施系统的评价

档案信息系统投入使用并运行一段时间后，用户和开发商可根据双方的合作协议及共同认可的需求分析报告、系统设计方案及相关要求，对系统进行综合分析与评价。评价的内容主要从实用与适用的程度，分析较之以前手工管理方式效率是否有明显的改善，目前已解决了哪些问题，使用是否方便，是否达到了预期的效果。如果与最初设定的目标相差甚远，尽管满足了一些实用功能的要求，也不能算是有效地实施。

当然在最初设定阶段目标时，也应该采取比较现实灵活的态度，采取由小及大的方法，不断扩大成果的应用范围。一般情况下，衡量管理信息系统是否成功主要有五种情况。

第一，档案信息系统实施完全成功，即指项目的各项指标都已经完全实现或超过了预期设定的目标。

第二，档案信息系统的实施是成功的，即项目的大部分目标已经实现，基本上达到了预期的要求。

第三，档案信息系统的实施只有部分成功，即项目实施实现了原定的部分指标，没有达到预期的目的。

第四，档案信息系统的实施是不成功的，即项目实现的目标非常有限，根本没有达到预期的目标。

第五，档案信息系统的实施是失败的，即项目的目标没有实现，必须终止项目。总之，对档案信息系统的评价结论是档案工作者应该十分重视的工作之一，应当从评价信息中获得档案管理信息系统实施过程中的经验和教训，以提高今后系统建设的成功率，从而提升档案管理信息系统的时效性。

第三章 现代档案信息化的体系建设

第一节 档案信息化标准体系建设

一、档案信息化标准体系建设的目标和原则

（一）档案信息化标准体系建设目标

1. 目标内涵

　　档案信息化标准建设应该用明确的目标来指引。如同档案信息化建设，由于涉及信息技术、档案管理、法律等诸多领域，也由于信息技术的快速发展变化，档案信息化标准建设也会是一个长期的动态发展的过程，在相当长的时期内，档案信息化标准的修订不会停止，因此，不能把某一静止状态确定为档案信息化标准建设的目标。但在一定时机条件下，用几年时间，通过对档案信息化标准建设战略、体系框架整体方面的系统研究，通过完善档案信息化标准建设机制，通过制定实施一定数量的档案信息化核心标准，就会形成这样一个档案信息化标准体系。尽管不完备，但由于是立足于系统研究与规划，它会是相对合理的；又由于有完善的建设机制，它会随着信息技术等环境因素的变化而动态发展，始终与环境相适应，因此，不妨把我国档案信息化标准建设的目标归结为一定建设机制下动态的合理的档案信息化标准体系。该目标具体含义如下。

　　（1）完成系统研究与整体规划。纵观成功的信息化标准建设领域，无不注重整体规划与系统研究，以确保标准建设得合理、有序，档案信息化标准建设也应该以发展战略、体系框架、实施指南等为指导，这种发展战略、体系框架和实施指南应该有充实具体的内容而不能是简单和笼统的。

　　（2）形成完善的建设机制。档案信息化标准的广泛联系性和动态发展性要求与之相适应的开放、灵活的建设机制，尽管我国传统的档案标准建设机制已比较完善，但仍不能完全适应档案信息化标准建设的要求。只有进一步形成完善的建设机制，才能立足于系统研究与整体规划，在较短时间内建成相对合理的档案信息化标准体系，才能使其具备动态发展与持续

自我改善的能力。

（3）制定一定数量的档案信息化标准。少量的标准无法成为体系，只有档案信息化标准达到了一定数量，能够用来规范档案信息化建设的主要方面，才能说是大体形成了档案信息化标准体系。受制于信息技术的发展变化、成熟程度等环境因素，要在较短时间内制定出完备合理的档案信息化标准也是不可能的，但在具备相对成熟的技术与实践环境的条件下，应该制定出以电子文件管理、资源共享、数字化等为核心的系列标准。

2．目标可行性

对档案信息化标准建设进行全面系统研究与整体规划，进而全面推进，是需要一定的时机条件的。在档案信息化的初始阶段，如 20 世纪 90 年代前期和中期，技术方面，现代信息技术远不够成熟稳定，计算机性能不断得到质的提升，网络技术及其应用更是初露端倪；档案信息化实践方面，主要还是档案管理系统的单机应用，以档案数据库目录建设为主，属于档案库存管理信息化阶段。这种情况下，把握档案信息化的方向尚有困难，就更不用说对档案信息化标准建设的具有实践意义的整体规划了。然而，今天，在信息技术及档案信息化建设实践又经历了 21 世纪的近 20 年发展后，应该说，设定上述目标全面推进档案信息化标准建设的时机已经到来。

尽管，信息技术、电子政务、电子商务等档案信息化建设的环境仍会发展变化，但这种变化是在具备了一定形态后的变化，因而，具有相对的稳定性。而且，设定的上述档案信息化标准建设目标也并非一个静止不变的标准列表，而是适应一定程度环境变化的、能自我调整的、相对稳定的动态集合。具体来说，这种时机条件的具备体现在以下几方面。

（1）信息技术具备了相对稳定的形态档案信息化。是档案管理与信息技术的有机结合，信息技术也就成为对档案信息化建设影响最大的环境因素，档案信息化标准体系建设的时机考虑中，信息技术的稳定性至关重要。一项标准的出台要经过立项、制定、初审、终审、批准、试行、实施等环节，少则一到两年，多则三五年或更久，而标准的修订一般为标准实施后五年，如果某项信息技术从相对成熟到衰退及至被淘汰的时间只有五年左右或更短，那么可想而知，这种标准的真正价值期又有几何。经国家档案局发布，于 1996 年 10 月 1 日实施的《磁性载体档案管理与保护规范》中关于软磁盘的相关规定就是一例。当前，信息技术发展的脚步不会停息，但信息技术具有相对稳定性，即具备了一定时期内可把握的形态，如在较长时期内，计算机的基本原理无法突破冯·诺依曼机原理，信息内容编码的标准不会改变，XML（Extensible Markup Language，可扩展标记语言）作为信息组织的有效形式被广泛认可等。因此，尽管无法就档案与信息技术结合的各个方面制定标准，但却可以就信息技术的相对稳定层次，制定档案信息化的重要核心标准的大部分，构建虽不完备但却合理的档案信息化标准体系。

（2）相关领域的信息化标准体系。相对稳定或初具形态的档案信息化只是社会信息化大系统的一部分，档案信息化不可避免地要与其他领域的信息化发生关系。电子档案，无论是文书档案、科技档案、工程档案、会计档案，还是其他民间档案，皆来源于档案部门之外的政府部门、企事业单位和社会团体，如果说传统档案管理中，这种领域与领域的界限尚可以档案交接来确定，那么信息化环境下的电子档案则使这种领域界限异常模糊。为保证电子文件的真实、完整与有效而必须实施的前端控制、全程管理使得档案来源部门的信息化中对作为档案前身的文件的管理会直接影响到档案部门对电子档案的管理。目前，与档案信息化关系最为密切的电子政务领域的标准体系已相对稳定，电子商务领域标准体系也初具形态，这为档案信息化标准体系的建设提供了有利条件。另外，作为虽不存在直接业务关系但却有最多相似业务的图书情报领域，传统图书管理的信息化早已成熟，数字图书馆标准体系建设也已在系统规范研究的基础上步入快车道，这就为档案信息化标准建设提供了参照。

（3）档案信息化标准建设的国际环境。在信息化、全球化环境下，档案信息化标准建设必须放眼国际环境。档案标准趋同是大趋势，档案信息化国际标准和档案信息化建设先进国家的标准，都应该成为我国档案信息化标准建设采纳或借鉴的对象。只有与国际标准环境相适应，档案信息化标准体系才会有持久生命力。相对稳定的国际标准环境，是我国档案信息化标准体系建设的有利条件。进入 21 世纪以来，国际标准化组织 ISO 及档案国际组织国际档案理事会、国际文件管理者联合会等相继发布了大量档案信息化标准。许多国家也在此期间，加速了档案信息化标准建设，形成了自己的档案信息化标准体系。

总之，当前条件下，在系统研究与规划的基础上，通过完善档案信息化标准建设机制，用一定时间，构建合理的动态、能自我调整的档案信息化标准体系的目标是能够实现的。

（二）档案信息化标准体系建设原则

1. 系统性原则

系统性应该是我国档案信息化标准建设的重要原则，其他原则从某种程度上说皆是建立在其基础上的。我国档案信息化标准建设的系统性原则应体现在以下几方面。

（1）研究与规划的系统性。合理的档案信息化标准体系的建设必须建立在系统研究与整体规划的基础上，所谓系统研究与整体规划，就是不能仅着眼于档案信息化标准自身，也不能仅仅着眼于眼前，而应该建立在广泛调研的基础上，调研内容应包括但不限于以下方面。

第一，我国档案信息化的实践。第二，我国档案标准建设历程，包括传统档案标准建设历程、档案信息化标准建设历程以及我国档案信息化标准建设机制。第三，相关领域信息化建设及信息化标准建设的历史、现状及发展方向。第四，国际领域档案信息化标准建设的历史、现状及方向。

在此基础上，结合我国信息化及标准化战略制定档案信息化标准建设战略、体系框架、实施指南等，确定档案信息化建设的近期目标、中期目标、长期目标和实施步骤等，以建设国家层面的合理的档案信息化标准体系。

（2）标准体系的系统性。档案信息化标准体系应该是能够尽量不重复、不遗漏地覆盖档案信息化必要方面的各个标准文件内容相互联系与结合的有机体，而不应只是标准文件的堆砌；标准体系的系统性要求各个标准文件在具体内容规定上应保持连续一致性，而不能相互冲突；标准文件间的逻辑关系应该清晰明确，而不能模糊不清。

（3）与环境的协调适应性。档案信息化只是社会信息化的一部分，档案信息化标准也只能是社会信息化标准的一部分，标准建设的系统性也要求，档案信息化标准体系无论从整体还是从部分来说，都应充分考虑与相关领域标准、国际标准等环境因素的协调性、适应性。

2. 开放性原则

档案信息化标准建设涉及档案管理、信息技术、法律法规等多个方面，与电子政务、电子商务、图书情报等领域也存在不同程度的密切关系，而且也无法与国际档案信息化标准建设的大环境相割裂，处在这样一个开放环境中的档案信息化标准建设，必须遵循开放性原则，具体体现在以下几方面。

（1）建设主体的开放性。建设主体不应只局限于档案领域的档案局、档案馆、档案室、档案学术机构，而也应该吸纳其他社会领域和其他专业领域的研究力量，重视与信息技术领域、电子政务领域的合作，强调企业、其他社会团体乃至个人的参与。比如，档案标准的征求意见程序只是在国家的档案部门内部进行的，而若同时在网上向社会征求意见也应是可行的。

（2）建设机制与建设过程的透明性。无论从档案信息化标准建设开放性原则的内在要求来说，还是从政务信息公开的角度来说，国家层面的档案信息化标准建设机制与建设过程都必须向社会完全公开，保持充分的透明性。不仅如此，从社会信息化中各领域相互关联的角度说，让其他社会领域了解档案信息化标准建设状况、借鉴和利用其研究成果，特别是让相关领域的标准化能更好地与档案领域结合，既是档案领域的责任，也是系统性的本质要求。

建设机制与建设过程的透明性要求，应该明确说明档案信息化标准建设具体领导机构、组织机构和其他相关机构的组成、相互关系及其运作方式；及时发布有关档案信息化标准建设的具体活动和详细进展信息，包括相关政策的酝酿、出台，具体标准的立项、审批、批准、实施及相关研究项目的立项、研究进展等；特别是应及时向社会公开相关研究成果，公开最新制定的标准文件的详细内容，以保持研究的开放性、透明性。从获取信息的便利性角度出发，最好以官方网站或官方网站专题形式建立档案信息化标准建设的权威门户，以全面及时地发布档案信息化标准建设相关信息。

3．国际性原则

这是当今信息化、全球化环境的客观要求。国际性原则要求，档案信息化标准建设必须关注国际档案信息化标准建设的大环境，密切跟踪其发展，充分借鉴其经验，保持与国际先进标准的协调性。具体体现在以下几方面。

（1）应充分吸纳国际标准中的先进内容、国际标准。如 ISO 及国际档案理事会制定的档案信息化相关标准，通常综合了各国的先进经验，推荐了国际认可的最优管理方法，反映了国际流行的最佳实践模式，是促进信息化环境下档案管理全球化的有力武器，充分吸纳国际标准中体现的先进经验、方法、模式，会有力地促进我国的档案信息化标准建设。

（2）具体标准条款应考虑与国际先进标准的协调性。国际标准由领域内外研究专家和咨询专家制定且有严格的制定与发布程序，具有较强的互操作性、前瞻性和实用性，因此，我国的档案信息化标准制定中，虽不要求其具体内容与国际标准完全相同，但却应充分考虑其协调性。

（3）国际标准的本土化在现有档案信息化标准中的应用。尚未有标准是从国际标准转化而来的。而事实上，通过开展国际标准本土化应用与对策专项研究，制定国际标准本土化应用的认证与测评体系，适时将特定国际标准或其一部分转化为档案信息化的国家或行业标准，不失为标准建设的有效途径。

二、档案信息化标准体系框架的构建

（一）相关领域标准体系研究状况

1．电子政务领域

（1）工作概况。电子政务是我国社会信息化中具有影响力与代表性的领域之一，基于统筹规划、系统建设及标准先行的思想，早在 21 世纪初，我国即正式成立电子政务标准化总体组，负责我国电子政务标准建设的总体研究与规划工作。到目前为止，该工作组卓有成效地开展了一系列工作，取得了丰硕成果，有力推动了我国的电子政务标准化建设。

（2）体系框架。根据我国电子政务标准化总体组 2002 年主持研究制定的《电子政务标准体系》，电子政务标准体系框架由电子政务总体标准、电子政务应用标准、电子政务应用支撑标准、网络基础设施标准、信息安全标准、电子政务管理标准构成。电子政务总体标准包括电子政务总体性、框架性、基础性的标准和规范。电子政务应用标准包括各种电子政务应用方面的标准，主要有数据元、代码、电子公文格式和流程控制等方面的标准。

电子政务应用支撑标准包括为各种电子政务应用提供支撑和服务的标准，主要有信息交换平台、电子公文交换、电子记录管理、日志管理和数据库等方面的标准；信息安全标准包括为电子政务提供安全服务所需的各类标准，主要有安全级别管理、身份鉴定、访问控制管理、加密算法、数字签名和公共基础设施等方面的标准；网络基础设施标准包括为电子政务提供基础通信平台的标准，主要有基础通信平台工程建设、网络互联互通等方面的标准；电子政务管理标准包括为确保电子政务工程建设质量所需的有关标准，主要有电子政务工程验收和信息化工程监理等工程建设管理方面的标准。

（3）与档案领域关系。电子政务与档案信息化二者之间存在密切联系。其一，我国各级政府部门档案室和事业性档案馆的档案信息资源的主要来源是政府部门及其下属事业单位，出于维护数字档案真实、完整、有效的考虑，档案信息化建设中，必须将档案管理的前端延伸至作为档案信息资源产生地的政府及其相关部门。其二，各级政府部门档案室和事业性档案馆也是档案信息化的主体，通常情况下，其本身也会被纳入当地电子政务建设的统筹规划范围内。其三，电子政务建设与档案信息化建设皆为社会信息化的组成部分，在应用信息技术进行流程再造方面会有相似之处。由此可见，电子政务建设与档案信息化建设二者的关系，除了都是建立在相同的信息基础上外，还有业务上的交融交叉。反映到标准体系建设上，档案信息化标准体系建设可以：第一，借鉴电子政务标准体系建设的组织形式。第二，借鉴电子政务标准体系框架研究的方法。第三，与电子政务标准建设互动以确保标准体系的协调兼容。

2. 电子商务领域

（1）体系框架。我国电子商务的标准体系框架首先是建立在对电子商务业务与技术体系结构分析的基础上的。从应用和相关支撑技术角度看，电子商务总体架构包括五个"层面"和两个"立柱"。五个"层面"从上至下分别为电子商务应用层、电子商务应用平台层、电子商务支付体系层、电子商务安全基础体系层、网络基础设施层。两个"立柱"分别为电子商务法律法规和电子商务在该总体框架的基础上又提出了电子商务标准参考模型，该模型将任一电子商务业务交易涉及的标准化工作视作业务操作视图和功能服务视图两大方面。业务操作视图侧重在业务交易的业务方面，包括各种业务交易和相关数据交换中的业务数据的语义、语法、交换格式和业务过程。后者侧重在业务交易的信息技术方面，包括支撑各种业务交易和相关数据交换所需的信息基础设施，旨在为电子商务数据交换提供各种所需的信息技术服务，保障电子商务的有效实施，实现互联互通、安全保密。

（2）与档案领域关系。类似于电子政务领域，电子商务与档案信息化之间也有着较为密切的关系。一方面，二者都是建立在现代信息技术应用上的，尤其在数据安全与保密方面更为接近；另一方面，企业电子商务活动记录是信息化环境下企业档案管理的对象，因此，企业电子商务建设与企业档案信息化二者之间有交叉关系。就标准体系建设而言，电子商务标准体系建设方面的宗旨、原则、管理体制等均可为档案信息化标准体系建设所借鉴。特别是电子商务标准体系框架研究中所体现的从总体架构到参考模型再到标准体系框架的研究思路，对档案信息化标准体系框架研究很有借鉴意义。

3. 数字图书馆领域

（1）体系框架。由于我国数字图书馆标准规范项目旨在制定数字图书馆核心标准规范体系，故其确立的标准规范框架也只是以数字资源建设为核心的框架，而并非涵盖数字图书馆的全部领域。我国数字图书馆标准规范建设项目是基于数字资源生命周期，并参考了信息系统互操作框架结构，按照数字资源的产生与建立、内容对象的描述、数字资源的集合组织、数字资源的利用服务、数字资源系统及其服务的管理、数字资源长期保存的流程，建立了基本的数字图书馆标准规范总体框架。

（2）与档案领域的关系。图书、情报与档案是三位一体的关系，其研究和管理的对象均为信息资源。特别是网络环境下，用户信息需求趋向便捷化、多样化，信息服务集成是大势所趋，图书、情报、档案的一体化管理也在研究和探索中。因此，数字图书馆与档案信息化二者在标准建设方面的共同和相似之处就远不止信息技术方面。具体而言，数字图书馆标准规范建设对档案信息化标准体系建设还有以下参照意义。

在数字资源标准框架方面，可以参照数字图书馆标准的框架结构。在数字资源标准内容方面，可以引用、参照和借鉴数字图书馆的标准框架内容描述乃至具体标准内容。数字图书馆标准规范的开放建设机制及其整体研究方法可以借鉴。当然，图书馆领域和档案领域的信息化只是相似而非完全相同，特别是在业务流程和管理体制上。因此，并不能把数字图书馆标准建设的研究成果直接用于指导档案信息化标准建设。档案领域在充分借鉴和吸纳图书情报领域研究成果的同时，还必须依据档案管理的本质要求和业务流程特点来独立构建档案信息化标准体系。

（二）档案信息化标准体系框架的构建

1. 档案信息化标准体系环境分析

档案信息化是社会信息化的一部分，档案信息化处在社会信息化的大环境中，必然会与作为其环境因素的社会信息化其他部分相交互；同样，档案信息化标准建设也是处在社会信息化标准的大环境中，必然会受到电子政务、电子商务、信息技术等其他领域标准化的影响。之所以存在这种关系，主要是因为，档案信息化是档案管理与信息技术的结合，而档案管理不仅存在于综合性档案馆内，还存于各行各业内，由于不同行业对档案管理的要求不尽相同，档案管理信息化的行业特色部分也就成为行业信息化的一部分。

2. 档案信息化标准体系的三维框架模型

档案信息化标准体系的构建是一个系统性的任务，其框架的构造应当采用系统的视角和方法。在 1969 年，一个具有方法论意义的三维结构被提出，该结构通过三个互相垂直的坐标轴构成了一个方法论空间，它们分别代表了时间、逻辑和知识三个核心要素。这种三维结构作为一种方法论，能为我们进行标准化建设提供有益的指导，但它并不直接用于构建标准体系的框架。

我们参考了标准体系表的三维结构理念，并融入了档案信息化的独特性，同时借鉴了国内其他行业在标准体系框架研究方面的成果，提出了以下的档案信息化标准体系模型。

（1）信息技术维。信息技术涉及范围很广，从数据编码到文件格式，从数据库到应用系统，从网络设施到操作系统，十分庞杂。因此，在信息技术维，不能对信息技术进行简单罗列，而应着眼于其在档案管理中的应用，分成简明的几个层次。在 2002 年国家档案局印发的《全国档案信息化建设实施纲要》中，将档案信息化建设分为档案信息化基础设施建设、档案信息资源建设、档案管理应用系统建设、档案信息化标准规范建设、档案信息安全保障体系建设、档案信息化人才队伍建设六个方面，其中档案信息资源建设、档案管理应用系统建设、档案信息化基础设施建设和档案信息安全保障体系建设四个方面与信息技术和标准应用联系密切。由此，根据与档案资源内容结合的紧密程度，可以把信息技术由内向外，分为信息资源、软件应用系统、信息安全、基础设施等方面。

（2）档案管理维。档案管理维的细分，就是要根据一定标准，将档案管理分成若干方面。与图书馆领域相比，由于档案资源的重要价值之一的凭证作用，在于档案管理机构的可信性，而归根结底，在于其档案管理流程的可信性，因此，档案管理的流程与环节具有更为重要的意义。另外，由于档案管理流程也是基于对作为信息资源的文件的运动规律（文件连续体理论、文件生命周期理论等）的认识，而我国现有档案管理流程是与文件生命周期理论相一致的，故对档案管理的细分，无论是基于信息化环境下的档案管理业务流程，还是基于文件生命周期，从本质上说都是一致的。故档案管理维，总体上适合按档案管理流程进行细分。

显然，这里所指的档案管理是指信息化环境下的档案管理，而非传统的档案管理。基于全程控制的思想，信息化环境下的档案管理不是始自档案交接，而是必须延伸到档案前身——文件的生成。我国传统档案管理的业务流程包括著录、分类（标引）保管、检索利用、归档、鉴定、销毁等环节，其业务起点是档案接收，这显然已不适应信息化环境下电子文件和电子档案管理的要求。

2002 年国家标准化管理委员会发布的《电子文件归档与管理规范》中，则基于全程管理的思想，将整体业务流程分为收集和积累、归档、整理、移交、接收、保管等部分。另外，文件管理国际标准 ISO 15489 中所列的文件管理全过程包括确定文件系统需捕获的文件、确定文件保存时间、捕获、登记、分类（数字及编码配置、词汇控制）、存储和保管、利用、跟踪、处置、记录文件管理过程等部分。

（3）层次领域维。任何领域的标准都有层次之分，档案领域也不例外。信息化环境下，档案标准与其他领域标准存在更多的互操作，领域差异造成的档案管理差异要求，在关注基础标准、通用标准建设的同时，也要更加关注专业标准。基础标准、通用标准和专业标准由内向外，构成层次领域维。

在层次领域维，基础标准元素与信息技术维和档案管理维的整体相结合，构成基础标准面，基础标准面作为一个整体沿层次领域维向外辐射，作用于通用标准面和所有的专业标准面。类似基础标准，通用标准也作为层次领域维的一个元素，与信息技术维和档案管理维构成一个面。不过，在该面上的具体标准可由信息技术维和档案管理维上的具体元素来确定。通用标准面沿层次领域维向外辐射，作用于所有专业标准面。专业标准在层次领域维上体现为若干呈并列关系的点，每一个点又与信息技术维和档案管理维确立一个专业标准面，若干平行面共同构成档案信息化专业标准的集合。

档案信息化标准的范围是由三维确定的立体空间，但需要特别说明的是，三维模型只是用来协助描述档案信息化标准内容范围，并不是直接用来确定档案信息化所应制定的具体标准的。尤其是不能认为，三维中各取一点所确立的立体空间的一个具体点就必须对应一个具体标准。实际上，欲制定的具体标准在三维空间中对应的可以是一个点，也可能是一条线段，甚至一个平面区域。另外，实际中不同具体标准在空间上还可能会有交叉，但这种交叉并非模型的致命缺陷；恰恰相反，若交叉不可避免，那么，当交叉情况通过模型得以清晰反映后，就可以尽量保持交叉部分的一致，从而保持档案信息化标准体系的整体协调性。

三维框架模型中，尽管各维度都有逻辑方向，但逻辑方向并不一定代表标准制定的时间顺序。三维中，信息技术维的方向体现了信息技术与档案管理内容结合的紧密程度，信息资源在内层，表明信息资源相关的信息技术，如数字档案信息资源编码、格式、元数据等，与档案管理的核心结合紧密，在档案信息化标准体系建设中的地位也较重要。而位于外层的网络、操作系统等相关的基础设施则距离档案管理的核心远，与档案管理的结合较为松散，故其相关标准虽为档案信息化不可或缺，但就档案信息化标准建设而言，此方面主要是现有标准的采用，尤其是核心技术标准和基础标准方面。需要档案领域制定的只是少数近似管理标准的应用层次的标准，主要着眼于设施的适用够用。

可见，信息技术维的方向在某种程度上表示了标准在体系建设中的地位和优先级，但并不一定与标准制定的时间顺序一致。在档案管理维，维度方向只是代表档案业务的一般流程，不代表档案管理业务的重要程度，更无从体现标准制定的时间顺序。在层次领域维度，尽管按从基础到通用再到专业的先后顺序制定标准可以更好地保证标准的协调一致性，但这只能是一种理想状况。现实中，由于基础标准、通用标准要有足够的概括性，需要对各个具体专业领域的个性充分认识把握加以概括，因此，并非所有基础标准和通用标准都能先于专业标准制定出来。

第二节　档案信息化安全体系建设

一、档案信息化与档案信息化安全体系概述

现代信息技术的不断发展使其不断深入到社会生活的各个方面中，信

息化不仅成为社会和技术发展的方向，而且也遵循社会和技术发展的客观规律。作为记载人类真实活动原始记录的档案，随着现代信息技术的发展，在记载形式、存储形式、传递形式及其利用形式等方面都发生了本质变化。

因此，档案信息化不仅是适应社会信息化的必然趋势，也是全面提升档案管理工作，并不断丰富为社会服务的手段。档案信息化建设是计算机技术、信息存储技术、多媒体技术、数据库技术、网络通信技术、安全技术等许多高新技术在档案学领域的应用过程。除了技术因素外，档案信息化还需要基础设施的支持，管理制度、标准规范和法规制度的建设、信息化人才的培养和信息化环境的塑造等。每一个环节的失误都会导致档案信息安全风险，因此，档案信息化安全体系建设就着重解决这一问题。这里对档案信息化的特点，档案信息化安全体系的内涵、目标、原则及面临的主要问题等进行探讨。

（一）档案信息化及其特征

信息技术的发展使档案管理工作向三个方向发展，即电子档案逐步替代传统档案、几何倍数的信息增长量使信息检索方式发生变化和档案管理向档案信息化方向发展。新型的档案载体形式——电子档案的产生不仅顺应时代的发展，也是历史潮流的发展方向。对传统的纸质档案的数字化（也就是形成电子档案），不仅可以使档案信息不受孤本的限制，提供信息资源共享，而且还可以提高档案部门的办事效率，增加档案的利用率以及有效保护原始档案。

现代信息技术的发展使档案工作的服务方式、服务内容以及服务手段都发生了重要改变。在服务方式上，传统的档案信息服务是一种封闭的服务模式，只是使用者通过上门查询或阅读方式提供服务。随着中华人民共和国国务院 2019 年修订的《中华人民共和国政府信息公开条例》的实施，以及由中国邮电电信总局和国家经贸委经济信息中心等 40 多家部委（办、局）信息主管部门在 1999 年联合策划的"政府信息上网工程"的发起，通过政府信息上网，档案部门可以方便地向使用者提供档案信息服务。在服务内容上，传统的档案大多是以纸质档案形式存在。随着电子文件和电子档案的大量产生，纸质文件和电子文件将成为档案馆主要信息资源，也使档案馆的服务内容不断扩大和创新。在服务手段上，依靠手工劳动的传统档案服务手段不仅效率低下，而且服务质量得不到保证。

现代化的档案服务手段实现手工检索向计算机检索的全面过渡，通过信息系统对档案进行日常管理、分类和查询，提高了服务效率和质量。从服务手段、服务方式以及服务内容上来看，档案管理现代化的改变，离不开档案信息化的支持。档案信息化的实质是对档案信息资源进行整合，利用现代信息技术为用户提供档案信息服务。档案信息化不仅可以使档案机构由实体保管职能向提供信息服务职能转变，实现信息资源的合理配置和科学管理（也就是说档案信息化使档案管理由面向实体保管向实体管理转变，重心由档案实体向档案信息转变），而且可以打破档案部门长期封闭和半封闭的状态，适应社会信息化对信息的需求。档案信息化的目的正是为了促使档案工作与社会发展同步，使档案机构在信息社会里承担起自己的角色。

1. 档案信息化概念的界定

档案信息化可理解为以现代信息技术在档案工作领域的实际运用为基础，以档案信息的资源化为主导，以实现资源共享为目的，推动档案工作发展的进步过程。档案信息化涉及档案信息的整合过程、档案信息的技术应用过程以及档案信息的发展过程三个方面。对于档案信息化含义的理解主要有两种观点：一是纯技术理论的档案信息化。二是包括信息技术在内的信息环境意识、管理因素等的档案信息化，作者赞同后一种观点。根据对档案信息化的描述，档案信息化包括三个过程：一是以现代信息技术在档案工作领域广泛而实际的有效利用为技术应用过程。二是将档案信息化中的信息通过各种方法、手段进行整合、开发，使之资源化并为社会广泛使用的转化过程。三是将档案信息化逐步纳入整个社会信息化之中的发展过程中。档案信息化的内涵由于侧重点和出发角度不同，理解也有所不同。

但是，档案信息化的内涵可以从两个方面来理解。一是档案信息化是整个社会信息化进程的折射。档案信息化是档案工作发展到信息社会的产物。档案信息作为一种信息资源，档案信息化的目的是更好地为社会提供信息服务，因此，档案信息化的开展必然要作用于整个社会。二是档案信息化是一个不断发展和完善的过程。档案信息化要依靠现代信息技术的发展和推动，现代信息技术是一个不断发展和进步的过程。因此，从技术角度上，档案信息化是一个不断发展、完善的过程。另外，档案信息化需要国家信息化战略、国民信息素养等更多力量的支持。

2．档案信息化的特点

档案现代化建设和档案信息化战略的实施与现代信息技术的发展，促使档案管理由传统的纸质载体形式向档案资源电子化形式发展，档案信息管理也由纸质管理方式向信息化管理发展。要应用档案信息化安全体系，就必须了解档案信息化的特征，这里从三方面阐述了档案信息化的特征，涉及档案信息化信息内容与载体形式、档案信息化服务方式与共享形式以及档案信息资源标准与开发利用三方面。

（1）档案信息化信息内容与载体形式。计算机技术及相关技术的发展，使档案信息电子化、数字化变得非常容易。传统信息技术环境下，档案信息采集与存储的成本过高。与传统信息技术环境相比，现代信息技术环境下，档案信息采集的内容呈现急速增加趋势，而以电子化、多媒体化存储的信息形式成本比较低廉，也占据了很少的空间。因此，档案信息化管理主要是便于加工利用电子信息，实现电子信息传输。新型档案载体形式和存储形式将成为未来计算机界和档案界共同关注的问题，但信息的无限膨胀也成为制约档案信息化发展的主要问题。

（2）档案信息化服务方式与共享形式。档案信息化依托计算机技术和通信技术，实现档案信息资源及时获取与便捷的服务。传统信息环境下，档案信息提供服务的方式包括使用者进馆查阅、档案馆开展活动等形式，而现代信息技术下，档案归档形式受互联网的发展也发生改变，支持在线归档等技术可以提供更多的档案信息图。档案信息通过档案信息管理系统、数字档案馆信息系统以及档案信息上网系统提供给使用者。档案信息化不仅使档案信息及时更新、浏览与快捷地下载，使用者不用进馆就能获取想要的档案信息，而且也使人们打破传统的信息化思维，进入广域的档案信息化思维中。

（3）档案信息资源标准与开发利用。档案信息资源的标准化、规范化的快速建设就必然要求利用新型技术进行档案信息资源的开发和利用。档案信息化实现的前提是各类电子资源标准化、电子化与规范化。为加大档案资源的开发利用，档案管理部门可以利用先进的数据仓库技术和挖掘技术，运用不同方法提供有价值的推断和分析报告，以满足不同部门和行业的实际需求。利用数据仓库和数据挖掘技术进行的档案信息资源决策必然使档案信息化资源开发进入崭新的阶段。

(二) 档案信息化安全体系内涵

　　档案信息化建设是在计算机网络技术、数字技术和多媒体技术不断发展的过程中衍生的一种新事物。随着国家信息化战略的发展，档案信息化建设也在不断被应用于社会的各行各业中。不断膨胀的信息量以及档案信息丢失、泄密等现象的频发，都使人们感受到建立档案信息化安全体系的迫切性与务实性。档案信息化安全体系涉及多方面的因素，不仅需要完善的技术措施，而且也需要严格的管理制度，甚至包括信息化环境的建设等。建立和完善档案信息化安全体系，对于确保档案信息安全、提高档案信息服务的水平以及保持档案信息化建设的可持续发展等，都具有极其重要的意义。

1. 档案信息化安全体系的含义

　　档案信息化安全体系就是国家和档案部门针对档案信息化发展过程中的安全风险现状，依照相关国家法律法规和相关标准执行的有关各项管理活动的总和，它包括的内容非常广泛，涉及基础设施建设、信息资源建设、应用系统建设、标准规范建设、人才队伍建设和信息环境建设六要素，是一个动态的变化过程，所以建立档案信息化安全体系也是一项复杂而庞大的系统工程。档案信息化安全体系主要由六个方面的内容组成：基础设施建设安全体系、信息资源建设安全体系、应用系统安全体系、信息标准规范建设安全体系、人才队伍安全体系与信息环境安全体系。

　　前四者是整个安全体系的主体部分，基础设施建设安全体系是档案信息化安全体系的物理基础，信息资源建设安全体系是档案信息化安全体系的核心，应用系统安全体系是档案信息化安全体系的技术基础，信息标准规范建设安全体系是档案信息化安全体系的基础，人才队伍安全体系是档案信息化安全体系的支撑和智力支持，信息环境安全体系是档案信息化安全体系的外部环境基础。这六个方面相辅相成，构成了档案信息化安全体系的主体结构。

2. 档案信息化安全体系建设的意义

　　档案信息化不仅是社会信息化的结果，而且也是社会信息化的重要基础性工作。档案信息化涉及人、信息与技术等多种因素，因此，档案信息化是一项庞大的系统工程，涉及面广，技术要求高，工程比较大。另外，档案信息化还受当时的技术条件、管理经验等多种条件限制，因此，档案信息化安全体系也是一个不断发展的过程。档案信息化安全体系的构建，不仅有利于整体档案信息意识的增强，而且可以用最低的成本，达到可接受的信息安全水平，从根本上保障档案信息业务的连续性。

（1）提高档案信息化信息意识，增强抵御风险能力。信息技术的发展使信息安全上升到国家层次，构建信息安全体系已经成为国家的重要任务。档案信息作为国家重要信息资源，档案部门应该顺应时代潮流，构建具有档案特色的档案信息安全体系。随着国家信息化的发展，档案信息化也处在不断的发展和建设之中。档案信息化安全体系包括技术层次方面、管理层次方面、标准建设方面以及信息意识方面。因此，档案信息安全已经融入档案信息安全体系中。档案信息化安全体系建设直接目的是增强档案信息化抵御风险能力，这里将从技术、管理、信息意识等多个方面来进行构建，分析档案信息化安全因素，制定防范安全因素策略，从而抵御档案信息化安全风险。档案信息化的间接目的是提高档案信息化信息意识。目前，档案信息化安全体系的构建不仅可以规范档案信息化的管理行为，提高档案机构和档案人员的信息意识，而且可以带动整个社会档案信息意识的增强。

（2）提高档案安全风险管控能力与档案管理的科学化。随着档案信息化的开展，档案信息化安全体系建设将成为档案信息化建设中的重要工作。档案信息化安全体系建设的目的在于不断探索有效的构建方法，运用先进的技术和手段，并加以科学的管理方法，保障档案信息化信息安全。随着信息技术的发展，档案信息的载体与管理方式也在发生变化。档案信息化是适应时代发展的产物，也是档案信息管理现代化建设的关键。档案信息化建设过程中不仅面临管理风险，而且也面临技术风险。一是档案信息化安全体系建设是用来防范档案信息化安全风险的。档案信息化建设是多种因素的结合体，面临多种风险，而且每一种风险都会造成直接的影响。所以，档案信息化安全体系建设采用科学的方法和手段，可以有效地防范档案信息安全风险因素，提高档案信息安全风险管控能力。二是档案信息化安全体系是在档案信息化的基础上，分析档案信息化安全风险因素，运用先进的手段和方法，对档案信息化安全体系各因素进行分析，探讨有效的控制和管理手段，从而能有效地控制和防范档案信息化安全风险的产生，提高档案管理的科学化。

（3）提高档案信息管理的标准化，加快与国际接轨档案信息化安全体系的建设。一方面是控制安全风险的产生，另一方面也是标准与政策的标准化建设。随着现代信息技术的发展，新型载体以及管理方式也在不断发生变化。档案信息化安全体系建设不仅需要国家政策与法规的支持，而且也需要技术标准与管理标准等建设。随着档案信息化的开展，先进的技术和管理手段也将不断融入其中，档案信息化安全体系也必然要借助于此先进的技术和管理手段。另外，国际档案界的交流、技术的发展与运用相结合使档案信息管理标准化也向国际化发展。档案信息化安全体系建设正是从规范档案信息管理标准入手，开展档案信息化建设，从而向国际标准靠拢，与国际接轨。

（三）档案信息化安全体系建设的目标、任务和原则

1. 档案信息化安全体系建设的目标

档案信息化安全体系建设的基本目标是在配合完善的档案信息化法律、法规以及相应的数字档案信息安全标准下，利用相关的技术措施，通过相应的国家宏观管理以及档案信息部门的内部微观管理，有效地遏制内部和外部的档案信息安全风险，增强档案信息防护能力和发现档案信息安全风险的能力，确保档案信息安全，达到档案信息化建设的顺利进行。

2. 档案信息化安全体系建设的任务

档案信息化安全体系建设的主要任务就是确保档案信息化建设中档案信息内容安全、过程安全以及存储安全，同时健全档案信息化安全体系的法治建设，规范档案信息化安全标准，完善内外管理制度，加大引入档案信息化人才队伍和职工档案信息化的培训工作力度，形成一个良好的档案信息化信息环境。

3. 档案信息化安全体系建设的原则

档案事业是社会的一个分支，档案信息化建设是社会信息化的重要基础性工作和有机组成部分，档案信息化安全体系建设必须与国家信息化体系六要素相一致。档案信息化安全体系建设是一项庞大的系统工程，其建设目的在于可以有效地防范档案信息安全风险，而且也在于规范档案信息管理行为和规范档案信息管理标准。所以，档案信息化安全体系建设必须遵循一定的原则，从而构建档案信息化安全体系。

（1）系统性原则。档案信息化建设是一个复杂的系统，因此，档案信息化安全体系建设应该遵照系统性原则。在档案信息化安全体系的构建过程中，对于安全指标的选择、安全因素的选择与风险的防范都应该能够反映档案信息化建设的综合体系，注意档案信息化安全体系指标、安全因素之间的逻辑关系。

（2）可延续性原则。档案信息化是先进信息技术与管理手段等多种因素的结合体，不仅适应现代科技的发展需求，也是档案信息现代化管理的需求。随着现代信息技术的发展，档案信息化也处于一个不断发展的过程中，某一个阶段起重要作用的因素可能在下一个阶段就失去重要地位。所以档案信息化安全体系建设应该考虑到其拓展性原则，在内容上要具有可延续性原则，保障档案信息化安全体系的继承和发展。

（3）可操作性原则。档案信息化安全体系构建是为了更好地促进档案信息化的开展，以避免安全风险的产生。在档案信息化安全体系的构建过程中，一是要考虑到指标或具体措施的可实施性，不能使理论与实践相脱离。二是要尽可能使用与现行档案管理制度和统计制度提供的数据和方法，以便能够准确地获得相关的数据，保障档案信息安全体系的可行性，在实践过程中具有实际可操作性。

（4）可比性原则。档案信息化安全体系构建选取的标准、角度等不同，构建的档案信息化安全体系内容也有所不同，因此，档案信息化安全体系建设要具有可比性。在档案信息化安全体系构建中，对于选取的标准和指标等，要有统一的口径和方法，使该安全体系不仅能够横向反映不同档案馆之间安全体系的差异，也可以纵向反映档案信息化安全体系建设的历史进程。

二、档案信息化安全体系的构建

档案信息化是信息技术的应用过程。随着信息技术的发展与应用，信息安全的内涵在不断扩展，从最初的信息保密性发展到信息的完整性、可用性、可控性和不可否认性，进而又发展为"攻（攻击）、防（防范）、测（检测）、控（控制）、管（管理）、评（评估）"等多方面的基础理论和实施技术上。受信息技术的发展，档案信息化安全体系的内涵也在不断发生变化，具体表现为从最初的完整性、可控性到现在攻、防等多方面的理论与实施技术。档案信息化安全体系的建设也受当时的技术、管理等多种条件限制。

档案信息化是社会信息化的重要基础性工作和有机组成部分。档案信息化安全体系建设不仅要符合国家信息化指标体系，也要符合档案管理的规律和现状。档案事业有其鲜明的特色，对档案信息化安全体系建设不能用现成的信息安全理论来套用。所以，在传统的信息安全体系的基础上，结合档案信息化安全风险的特色，加以分析和研究，建设具有档案事业特色的档案信息化安全体系。这里从国家档案信息化实施纲要的六要素出发，分析档案信息化面临的安全因素，从而构建档案信息化安全体系。

（一）基础设施安全体系

1. 基础设施建设与物理安全

档案信息化基础设施建设是档案信息传输、交换和共享的物理环境，是档案信息化建设的基础，包括硬件基础、网络环境和系统软件。因此，档案信息化基础设施安全隐患主要来自物理因素的安全风险，包括硬件设备因素、网络环境因素、系统软件缺陷和应用软件的兼容性四个方面。

（1）硬件设备因素。档案信息化基础设施建设制约着档案信息化发展水平，信息技术使硬件设备不断更新换代，硬件设备容量以及性能不断提高，但也存在着较大的安全风险。一是所有自然界任何非确定性因素的破坏都有可能破坏硬件存储设备，从而间接地破坏档案信息；除此之外，硬件设备需要良好的设备环境（适宜的温度、防灾能力、干扰能力以及防尘措施等），还要注意防盗以及超负荷运作等。任何一个方面不是直接造成档案信息丢失，就是减少设备的寿命，间接地破坏档案信息。二是计算机设备由于电源、系统等造成死机使档案信息丢失或破坏。另外，网络设备在网络线路、视频辐射以及电磁泄漏方面出现的漏洞，容易使档案信息泄露。三是计算机硬件设备的不断更新使设备老化现象严重，使原有设备的数据不能正常读取，从而使档案信息处于不可用状态。

（2）网络环境因素。网络所具有的开放性、互联性和共享性等特征使网上信息安全存在着隐患，加上系统软件中的安全漏洞以及所欠缺的严格管理，致使网络易受黑客攻击和病毒的破坏。档案信息化不仅是对档案信息的数字化过程，而且也是通过档案信息上网以实现档案信息网络传输过程，因此，档案信息网络环境因素对防范档案信息安全起着非常重要的作用。档案信息管理软件主要依托现代通信技术、数据库技术以及现代网络技术等，网络通信的顺畅程度与档案信息资源的访问控制、计算机网络病毒的入侵等都对档案信息安全造成影响。

（3）系统软件缺陷。档案信息化要借助系统软件来进行辅助管理，因此，系统软件的选择不仅影响档案信息化建设，而且也间接影响档案信息安全。一是系统软件资源没有优化配置而造成的系统故障，不仅使系统性能降低，而且会引发不必要的安全风险。二是系统软件是一个不断完善和发展的过程。系统软件漏洞越多，档案信息安全隐患就越大。计算机病毒、黑客等入侵技术就是利用系统软件的漏洞，从而窃取或破坏档案信息资源。由此可见，无论选择怎样的系统软件，系统软件本身的缺陷都是档案信息化不可回避的问题。

（4）应用软件的兼容性。档案信息化不仅需要系统软件来辅助管理，更直接的表现便是应用软件的使用。由于档案信息化的应用软件属于不同公司开发和设计，因此在数据格式的使用和保存过程等方面存在差别。由于不同公司文件格式的兼容性差，造成档案信息无法传输和及时利用。因此，不同应用软件厂商的数据兼容性问题也是档案信息化要考虑的问题。

2. 基础设施安全体系的构建

档案信息化基础设施建设是档案信息化的基础和前提，也是档案信息资源开发利用和信息技术应用的前提和基础，并制约着档案信息化建设的发展水平。与档案信息化建设一样，档案信息化安全体系建设也应从基础设施安全体系建设入手。这里从硬件基础安全体系建设、网络环境安全体系建设、系统软件安全体系建设和应用软件安全体系四个方面来阐述档案信息化基础设施安全体系建设。

（1）硬件基础安全体系建设。档案信息化硬件基础可以用信息化经费投入总量占档案馆经费比例、人均计算机拥有量、数字化设备的数量、存储设备的数量、数据迁移和备份设备的数量等指标来衡量。档案信息化硬件设施安全主要体现在通信线路的安全、物理设备的安全与容灾能力、抗干扰能力与设备的运行环境等方面。因此，构建档案信息化硬件设施安全体系要从上述安全因素出发，主要包括以下两个方面。

自然破坏属于不可抗力，只可预防不可阻止。信息化时代导致微电子网络设备和硬件设备得到普遍应用，也容易遭受雷击影响，所以，档案馆或机构应具有综合布雷方案，以备不时之需。综合布雷方案包括直击雷的防护和感应雷的防护，以防止潜在风险。除此之外，电子文件安全防护设备除具有调温、调湿、防水、防盗、防光、防虫等功能外，还应具备防磁、防磨损等能力，以确保档案信息化信息安全。

（2）网络环境安全体系建设。档案信息化网络环境指标可以用馆内计算机上网比例、网络性能、网络建设水平、政务网建设水平和公众网建设水平等指标来衡量。档案信息化网络环境安全体系建设主要体现在网络安全通信、网络资源的访问控制、数据加密、远程接入的安全、路由系统的安全、侦测非法入侵和网络设施防病毒等。结合档案信息化网络安全体系安全因素，档案信息化网络环境安全体系建设包括以下三个方面。

①全网数据安全备份体系。对数据进行备份是为了保证数据的安全，消除系统使用者和操作者的后顾之忧。信息技术的发展促使档案信息化的发展，也导致档案数据业务量的增加。数据备份体系一直是预防灾难、保证档案信息化信息安全的一种手段。档案信息化中信息不仅包括主服务器上的信息，而且包括网络节点上的信息，所以，数据备份不仅要备份主服务器上的数据，而且也要备份节点上的信息，建立全网数据安全备份体系就成为档案信息化安全体系建设的重要数据保障体系。我国浙江省舟山市档案馆在馆内建立病毒入侵防御系统、双机热备与灾难备份系统以确保这些原生性档案数据安全与使用就是数据备份的例证。

②网络设备安全体系。信息技术的发展由传统的信息保密性向信息完整性、可用性、可控性等多方面发展。档案信息化也由信息保密性向其他方面发展。除了在传统信息技术注重系统本身防范外，还应在网络出口配备防火墙设备。防火墙通常设置于某一台作为网间连接器的服务器上，在内部网与其他网络之间建立起一个安全网关，使访问者无法直接存取内部网络的资源，保护网络资源免遭其他网络使用者的占用或侵入。档案管理部门可以在信息传输和存储方面采用加密技术和身份认证技术等方式，对不断变化的网络安全做出及时的反应，以构建网络设备安全体系。

③建立病毒防护体系。信息技术的发展促进了档案信息化的发展，也滋生了计算机病毒和木马程序。计算机病毒不仅具备了破坏能力和黑客能力，而且可以通过系统漏洞，绕过计算机系统检测，建立相应的有害服务，导致整个网络系统瘫痪，从而影响档案信息化整个进程。安装防病毒软件，可以有效地防御和清除计算机和网络上已知的各种病毒。传统的杀毒软件

不能满足现实需求，对抗新的网络病毒我们必须采用更加主动的办法，建立更加安全的防护措施。档案信息化建设防病毒体系不仅要提供灵活的安全方式，多层次和强有力的保护，而且要适应复杂的网络环境，提供简单、易用的病毒解决方案，为档案信息化渐进式发展提供病毒防护体系。

（3）系统软件安全体系建设。档案信息化系统软件指标可以用系统软件指标来衡量。档案信息化系统软件安全体系建设主要包括系统软件本身缺陷因素和安全配置因素，因此，档案信息化系统软件安全体系建设包括以下两个方面。

①系统软件漏洞扫描机制。漏洞扫描不仅可以用来自动检测主机安全漏洞，而且也是增强档案信息化信息安全的重要措施。系统软件漏洞扫描机制能够有效地对潜在的档案信息系统安全问题做出预测，有利于发现潜在的安全风险，及时地做出补救措施。

②系统软件安全配置机制。档案信息化建设要借助系统软件来完成。因此，系统软件安全配置可以从软件角度保证档案信息化安全。系统软件中安全设置可以分为初级设置、中级设置和高级设置，通过不同的权限和身份认证等措施（权限设置、密码设置、关闭不必要服务、不必要的端口和开启审核策略与密码策略等），保证档案信息化系统安全和档案信息化建设的安全进行。

（4）应用软件安全体系建设。档案信息化应用软件安全体系建设主要是针对不同软件厂商的兼容性问题。针对这一问题，作者建议不同的软件厂商要具有不同的文件格式的接口或转换功能，以目前市场上流行的格式为依据，软件厂商需要建设相应文件格式转换的接口，以保障档案信息数据的安全和可靠。

（二）信息资源安全体系

1. 信息资源与信息内容安全

档案信息是档案信息化建设的主体，也是档案信息化安全因素的重点。档案信息化信息资源建设包括丰富的馆藏资源、档案信息数字化以及专门数据库的建设。档案信息内容安全是信息交流的主体和核心，除了要求信息内容不被泄露以外，还必须保证信息内容的完整性和可用性，即信息内容不被有选择地修改、删除、添加、伪造和重排，甚至毁坏。因此，档案信息化信息资源建设信息安全涉及维护数字档案信息的真实与完整、数字信息的长期保护与读取两个方面。

（1）数据库技术的发展与档案信息存储安全。档案信息资源的安全是档案信息化顺利开展的保证。数据库技术的发展，尤其是多媒体数据库的发展虽然为档案信息数字化提供了存储介质，但是数据库存在的安全风险也是档案信息化过程中值得考虑的问题。一是由于人为的失误操作导致的数据库信息丢失，不仅造成工作的重复，甚至会丢失重要的档案信息。二是在网络环境下，系统故障、线路故障以及网络病毒的入侵和感染等，不仅威胁着档案信息的完整性，也对档案信息安全造成威胁。三是电子文件保存格式的选择决定了电子文件信息的可读性。随着信息技术不断更新换代，原有的文件格式不能与现有的文件系统相兼容，造成文件不可读或"死文件"状态。因此，在电子文件保管中，以何种格式保存电子文件是多媒体档案数据库发展的瓶颈。

（2）电子文件自身特征与档案信息内容安全。档案信息内容与载体的一致性，是档案信息真实性的体现。电子文件的易复制性和易消失性等特征是造成电子文件不完善的主要因素。

①电子文件修改的移动性与不留痕迹性是文件传输的障碍。在电子环境下，电子文件由于其内容与载体的相分离性使内容和格式都很容易被改动，不留任何痕迹。这样就不仅会使数据内容的可靠性大打折扣，还会使文件的格式等外在形式都失去了原件的原始特征，影响了档案信息的真实性与原始性。

②电子文件的易复制性使电子文件传输的不一致性倍增。信息具有可重复性的特点。电子文件可以迅速地复制到其他介质上。网络技术的发展，使信息的复制性程度和扩散程度呈现几何倍数的增长。同时，电子文件风险的存在使大部分机构在电子文件的使用过程中都实行"双套制"或多备份制度，备份的不一致性影响了电子文件的传输和电子文件原始性、真实性。

③电子文件的易消失性是电子文件传输中保管环节的重要因素。电子文件的载体形式存储在光—磁介质中，数据是一种以数字代码形式存在的观念型非直读性信息，它必须完全依靠存储介质和相关的计算机软硬件系统才具有生命力。一方面，电脑病毒和网络黑客的侵扰，都会给电子文件带来灾难性的后果；另一方面，数据载体的物理损伤以及外围设备出现技术障碍可能危及电子文件的安全和正常运用。

2. 信息资源安全体系的构建

档案信息化信息资源建设是档案信息化的基础和核心，主要包括馆藏数据库建设、传统纸质档案数字化建设以及专门数据库建设。由此可见，档案信息化信息资源的开发和利用不仅是档案信息化的核心任务，也是档案信息化取得明显进步的重要标志。档案信息化信息资源安全体系可以从传统信息技术下档案信息资源安全体系建设、现代信息技术环境下电子信息资源安全体系建设和档案信息化信息资源开发和利用安全体系建设三个方面来阐述。

（1）传统信息技术下档案信息资源安全体系建设。传统信息技术条件下的档案信息资源包括纸质档案和声像档案两类，可以用人均纸质档案拥有量与声像档案拥有量、馆藏纸质档案总量和声像档案总量指标来反映。纸质档案和声像档案是档案信息化、数字化进程中重要的信息来源，因此，传统档案信息资源安全体系建设要结合其特性而对其进行保管。这里以纸质档案和声像档案为分类标准来建立各自不同的安全防护体系。

①纸质档案安全防护体系。纸质档案载体由碳、氢、氧三部分组成，会因不同环境因素而发生变化，因此纸质档案安全防护体系必须控制好档案库房的环境，最大限度地保障纸质档案的寿命，档案库房的温度要控制在 14℃ ~ 24℃，湿度要控制在 45% ~ 60%，库房的构建要避免阳光直射和有害气体的侵入，还要注意防霉、防虫等措施。另外，对于其具有特殊意义的档案，要做好多种备份措施和登记制度。

②声像档案安全防护体系。声像档案的载体是由磁性材料组成，与纸质档案一样，声像材料也应该根据其特性而采取保护措施。声像档案库房温度要控制在 18℃ ~ 24℃，湿度要控制在 35% ~ 45%，并且要避开奥斯特的磁场。

（2）现代信息技术环境下电子信息资源安全体系建设。信息技术促进信息载体的多样发展，也促使档案载体的不断发展。新型载体形式的出现，虽然促进了档案信息化建设，为档案信息化、现代化管理提供实体支持，但也造成了一定的安全隐患。现代信息技术条件下电子资源建设可以用人均电子文件拥有量、建立档案网站的网页数、馆藏纸质档案数字化率、馆藏声像档案的数字化率、人均数据库中记录条数、文件级目录录入率、全文数据库的数量、多媒体数据库的数量等指标来衡量。因此，我们可以从电子信息资源数据备份体系、网络信息资源安全保护体系、传统档案信息数字化安全体系三个方面来阐述电子档案信息资源保护体系。

①电子信息资源数据备份体系。现代信息技术的应用加快了办公速度，也加大了操作失误导致的风险。档案信息具有原始性和凭证性的作用，一旦失误就有可能引起严重的后果。另外，受系统软件因素、网络环境因素等影响，也可能导致数据丢失或损坏。因此，建立电子信息资源数据备份体系就显得非常重要。

②网络信息资源安全保护体系。随着政府办公自动化和政府上网工程的开展，档案信息利用模式由传统的手工查询转为网络查询，但由于档案信息上网环境非安全因素的存在使档案信息资源面临风险。对于网络信息资源安全体系建设可以从网络数据备份、网络数据隔离技术和网络档案信息数据加密技术三个方面来考虑。网络数据备份与电子信息资源备份一样，不仅要定期备份，也要定时对备份数据进行校验。对于网络数据隔离，我们可以运用防火墙技术，采取过滤技术和代理服务的手段对数据进行有效保护。对于网络档案信息加密技术，我们则可以采用三种不同的加密算法（对称型加密算法、不对称型加密算法和不可逆加密算法）或数据认证技术（数字签名、报文认证、水印技术）来对网络档案信息进行处理，以达到保护档案信息资源的目的。

③传统档案信息数字化安全体系。档案信息数字化是档案信息化的一项重要内容，其数字档案馆正是在利用现代信息技术对馆藏信息资源数字化基础上建立的，从而达到档案信息资源以数字化、网络化形式达到信息资源共享。档案信息资源数字化并不是简单地对传统信息资源进行数字处理，涉及数字标准、长期保存等众多问题。传统档案信息数字化安全体系要从人为因素和非人为因素、长期存取技术以及安全管理三个方面来构建。人为因素和非人为因素可以制定相关的法律制度和规章制度来约束。数字资源长期存取技术一直是档案界（甚至是信息界）关注的话题，建立统一的存取格式和存取体系是解决问题的根本。档案信息数字化过程中涉及的保密信息可以通过建立传统档案信息化工作档案来实现，不仅可以起凭证作用，也可以促进档案信息数字化工作。

（3）档案信息化信息资源开发和利用安全体系建设。档案信息资源的最终目的是为社会提供信息服务，档案信息资源的开发和利用在整个档案信息化建设中起着关键作用。档案信息资源的开发和利用可以用年均查档案数量及人数、人均档案内部编研产品、人均档案总印张和公众网站档案信息的丰富量等指标来衡量。档案信息化发展导致档案信息资源开发和利用大多以电子形式和网络形式提供服务。档案信息资源属重要信息资源，具有保密性特征。档案信息化信息资源开发和利用安全体系建设主要涉及档案信息公布利用的限制。电子信息资源载体特征以及易复制性、易消失性都会使信息资源在开发和利用过程中越权使用和非法使用，对档案信息资源的公布要有明确的限制，档案管理部门可采用身份认证以及访问限制等方法来保证档案信息资源开发和利用安全。

（三）应用系统安全体系

1. 应用系统与信息过程安全

档案信息化应用系统建设主要是针对档案信息的生成、流转以及保存等，尤其是在电子文件下，电子文件的识别与读取、存储等更是离不开档案信息化应用系统建设。因此，档案信息化应用系统建设更多体现着档案信息的生命周期，每一个生命周期的安全隐患都有可能对档案信息在整个信息过程中造成不可挽回的损失。目前，大多数的档案信息系统除了日常进行杀毒软件升级和数据备份外，基本没有进行其他的保护措施调整，造成安全保护不能长久持续。信息过程包括信息的获取、存储、显示、变换、传递和处理等。

信息过程安全包括机密信息和敏感信息的安全传送，即信息加密问题；信息的安全获取、存贮和处理问题，即信息访问控制问题，在信息传递和变换的过程中防止合法用户的位置、身份、账号、密码等机密信息的暴露问题。此外，在信息的发送端和接收端因信息显示的电磁泄漏引起的安全问题等。这里从档案信息化应用系统建设中的档案信息的生成、流转和保存三个阶段中来阐述其存在的安全隐患。

（1）档案信息生成安全。档案信息化中档案信息的来源主要包括来自电子文件系统直接生成的电子档案信息和对传统档案进行数字化后的电子档案信息。档案信息化应用系统建设中档案信息生成安全隐患主要来自三个方面。

①档案信息生成的不真实与不完整造成的安全风险。这类风险主要包括内部用户或外部用户非法进入档案信息系统生成或篡改的档案信息，其真实性引发人们怀疑，档案信息数字化过程中产生的电子档案信息与传统的档案信息不一致导致档案信息不准确；档案信息丢失、档案部分信息丢

失以及档案信息不可读造成利用意义上的丢失等。

②档案信息生成的不可读与不可用造成的安全风险。这类风险主要包括档案信息文件在压缩、加密和迁移后产生的电子文件不可读以及档案信息生成过程中突然丢失造成的档案信息不可读，档案信息不完整、不准确以及不真实导致档案信息文件不可读，使档案信息文件发挥作用的期望值远远低于用户的期望等。

③档案信息生成的不及时以及数据的不一致导致资源浪费。档案信息生成的不及时以及数据的不一致导致资源浪费也间接地导致档案信息安全风险。这类风险主要包括档案信息生成的不及时以及档案信息化应用系统建设中的查找时滞，导致用户对应用化系统软件的满意度降低，同一种文件的备份文件的不一致以及不同载体的备份文件的不一致，使人们难以判断其原始文件等。

（2）档案信息流转安全。档案信息化应用系统建设中信息流转是指档案信息的加工和处理过程。档案信息在加工和处理过程中，技术的"双刃剑"使档案信息在整个流转过程面临着安全隐患，主要表现在四个方面。

①档案信息传输过程。档案信息传输过程中信息丢失与信息窃取、篡改等导致的档案信息不真实与不完整。档案管理信息系统的变化、系统平台的变化以及存储位置的变化，就需要对档案信息进行迁移、转存以及载体转换。档案信息化过程中，排除人为因素外，档案信息内容安全风险包括档案信息内容的部分改动会导致档案信息不真实，信息技术带来的负面影响也使档案信息在传输过程中受窃取技术、木马技术等冲击，也使档案信息内容发生改变，导致档案信息内容不真实。

②档案信息传输过程中档案信息不可读与不可用。在档案信息传输过程中，不法人员利用窃取技术可以改变传输的档案信息，使传输后的信息不是不能打开，就是信息内容与原始内容不一致，导致档案信息不可用或不可读；档案信息系统的更新换代也使档案信息文件格式发生变化，现代信息技术发展促使系统软件与应用软件改变，也使文件的读取格式发生改变，会造成文件的过时性与不可读性。

③档案信息上网工程与涉密档案信息安全风险。档案信息的原始性与保密性使档案信息上网过程中的安全问题变得非常突出。档案信息上网工程中涉密档案信息的泄露、涉密档案信息遭到非法窃取等都对档案信息安全造成影响。

④档案信息化应用系统与现代认证技术的不成功导致的档案信息安全隐患。档案信息数据库需要身份认证技术，然而受现代技术的限制，身份认证技术还面临很多难题。因此，身份认证的不成功也使档案信息安全在未来面临风险。

（3）档案信息保存安全。档案信息化应用系统建设中的档案信息保存一方面可以节约信息载体资源；另一方面为档案信息的方便、快捷的服务提供智力支持与信息支持。档案信息保存涉及的安全隐患不仅包括由生成、流转时的安全风险而带来的保存阶段的安全隐患，而且还包括自身所带来的安全风险。

①档案信息保存阶段的档案信息不完整与不真实。档案信息在信息生成、流转中已经产生不真实、不完整风险，到档案保存阶段其不完整、不真实现象依然存在；档案信息在保存阶段内用户伪造或篡改信息内容而造成的档案信息不真实与不准确，都会对档案信息安全造成影响。

②档案信息保存阶段的文件不关联以及格式的选择造成的档案信息安全。档案信息保存不仅需要保存其生成文件，而且也要保存其生成的背景文件以及文件之间的关联性，关联文件的缺失与元数据文件的丢失间接造成档案信息文件的安全风险；档案信息产生的文件格式多种多样，在保存格式上各国在保存标准上没有统一的标准，格式的选择也在一定程度上影响档案信息安全。

③档案信息保存阶段产生的不可读和不可用。档案信息生成阶段不可读、不可用风险造成的档案信息保存阶段不可读与不可用；文件密级的划分、公布与共享的因素也可造成保存阶段档案信息不可用。

④档案信息保存的不及时性与涉密档案失密带来的档案信息安全问题。档案信息保存阶段文件归档的时间与涉密文件的公开、利用的时期都会给档案信息安全带来风险。

2. 应用系统安全体系的构建

档案信息化应用系统建设是信息技术在档案信息化中的直接体现。档案信息化应用系统建设包括数字档案馆应用系统建设、现有档案馆的业务管理系统建设以及档案信息上网信息系统建设。确保信息的完整性、可用性和保密性是档案信息系统的中心任务，其主旨就是防止非法侵入和篡改计算机系统数据，维护档案数据的完整和安全，保持系统持续正常运行，不因系统问题导致档案泄密和档案管理工作中止。档案信息化应用系统建设包括电子文件生成、流转以及保存等过程，因此电子文件在档案信息化应用系统中面临的风险就不可预知，档案信息泄密和丢失的可能性就大大增强。对于档案信息化应用系统安全体系建设，这里将从数字档案馆应用系统安全体系建设、档案馆业务管理系统安全体系建设以及档案信息上网信息系统安全体系建设三个方面来构建档案信息化应用系统安全体系。

（1）数字档案馆应用系统安全体系建设。数字档案馆应用系统建设可以用功能的完善性、开放性、标准性和安全性四个标准来衡量。网络技术、数字化技术的快速发展使档案信息数字化得到发展，也延长了档案信息的寿命，同时也引发了数字档案馆应用系统安全风险。对于数字档案馆应用系统安全体系建设，这里从档案信息内容访问控制机制、应用系统用户访问控制机制、应用系统日志管理机制和应用系统档案信息存储机制四个方面来阐述数字档案馆应用系统安全体系建设。

①档案信息内容访问控制机制。数字档案馆信息资源一方面来源于由传统档案信息数字化形成的电子档案信息，另一方面来源于电子文件归档造成的电子档案信息。因此，数字档案馆信息内容访问控制不仅要保证电子文件信息的真实性与完整性，而且包括电子文件的可读性。数字档案馆应用系统的信息内容访问控制机制在于能够提供任何格式的电子文件信息，为社会提供及时的信息服务。

②应用系统用户访问控制机制。档案信息是一种特殊的信息资源，数字档案馆应用系统建设应该提供用户访问控制机制。数字档案馆应用系统应该包括用户身份认证、用户权限控制等机制来保证档案信息资源，通过身份认证技术来验证用户的合法性，通过用户权限控制来约束用户的行为，以保证数字档案信息的安全属性。

③应用系统日志管理机制。数字档案馆应用系统除了满足日常的业务需求外，还要提供系统日志管理机制。系统日志管理可以为系统管理员提供安全管理的文档记录，其目的不仅在于可以记录系统的日常业务记录和系统的使用记录，而且可以使系统管理员对潜在的系统入侵或破坏等做出记录和预测，通过对系统日志文件的分析，可以有效地分析安全风险，以便及时做出相应的对策，来维护应用系统的安全，从而保证档案信息安全。

④应用系统档案信息存储机制。目前电子档案信息资源大多以数据库形式存储于磁性材料中，数字档案馆应用系统的信息资源也不例外。因此，

数字档案馆应用系统建设中档案信息存储安全至关重要，其档案信息存储机制除了硬件设备安全外，还应注意信息加密技术、数字水印技术等在信息存储与访问中的应用，来保证档案信息安全。

（2）档案馆业务管理系统安全体系建设。档案业务管理系统可以用功能、速度和友好的指标来衡量。其中功能需求可以用数据管理、整理编目、检索功能、辅助实体管理、安全保密、系统维护等指标来衡量。随着档案信息化的发展，档案业务管理系统也朝着网络化的方向发展，网络环境下档案馆业务管理系统安全风险就显得非常突出。这里从网络技术安全控制、档案业务管理系统安全体系、档案业务管理系统防病毒安全体系三个方面来阐述档案馆业务管理系统安全体系建设。

①网络技术安全控制。随着档案信息化的开展，档案信息管理系统也必将朝着网络化方向发展，保障档案信息网络传输的正确性、完整性以及可用性将是网络版的档案信息系统软件面临的重要课题。因此，用网络技术手段来控制档案信息安全就显得非常重要。档案业务管理系统网络技术安全控制可以采用如下策略：对于网络接入管理在接入网络业务系统时进行安全认证，对于网络出口管理可以在档案业务内网与外网之间采用防火墙技术来制定安全策略，必要时可以采用 VLAN（Virtual Local Area Network，虚拟局域网）技术来对网络流量进行控制，避免整个网络系统的瘫痪，还可以通过不同的子网划分采用不同的安全策略来及时发现安全隐患等防止档案业务系统的安全风险。

②档案业务管理系统安全体系。档案业务管理系统不仅实现档案数据建立、修改、删除，而且在数据建立的基础上，提供档案编目与检索等功能。随着档案信息化的开展，档案业务管理系统将打破局域网的界限，进而向广域网等形式发展。所以，档案业务管理系统安全体系建设必须从根本上保障档案信息安全。对于档案业务管理系统安全体系建设，除了上述中提到的硬件环境安全建设外，我们还应从人为、技术、管理、政策等多方面来构建安全体系。

③档案业务管理系统防病毒安全体系。计算机病毒、木马程序已经成为危害信息系统安全的重要因素，同样也适用于档案业务管理系统，所以建设合适的档案业务管理系统防病毒安全体系是非常重要的。在建立档案业务管理系统防病毒体系中，档案管理部门根据不同的应用需求，选择不同的防病毒产品，采取不同的查、杀和防御策略，对服务器、重要的系统

安全要采取以保护系统安全、数据安全的防御策略；而对于其他终端设备，要采取不能因它而造成威胁整个业务应用系统安全的策略。

（3）档案信息上网信息系统安全体系建设。随着网络技术的发展，档案信息网站的快速发展促使档案信息上网信息系统建设。档案信息网站建设可以用信息的丰富性、检索功能、交流功能、更新速度和友情链接等指标来衡量。档案信息网络的安全保密问题一直是档案人员担心的问题，建立档案信息上网信息系统安全体系将是有效保护网络信息安全的主要措施。在 20 世纪末，我国能够查到的档案网站约有 20 个。其中省级档案机构有网站的有北京、安徽、海南、四川、河北、天津、吉林、山东等省、市。它们从网页制作到内容结构等都各不相同。其中较有特色的有北京、安徽、海南、四川、河北，而设有主页的只有北京市档案馆、安徽省档案馆。其余，大多数档案部门还没有上网或没有主页。究其原因，除了资金困难等原因外，许多人对档案信息网站持慎重态度，主要是担心档案信息上网可能会危及其安全保密问题。这里从网络防火墙接口技术、信息数据加密技术、网络档案信息备份技术和网络信息防病毒体系四个方面来阐述。

①网络防火墙接口技术。防火墙技术可以用来防止外来信息侵入到本地网络系统中。档案信息上网信息系统包括不同的网络体系，即外部网络和内部网络。为了防止外来的不法入侵与攻击，档案信息上网信息系统安全体系可以用防火墙技术来控制网络档案信息安全。为了防止内部攻击，档案管理机构甚至可架设第二道防火墙来提高安全级别。

②信息数据加密技术。档案信息上网系统加大了网络档案信息的传输频率，也使网络信息泄密与截取的可能性加强，因此，网络档案信息数据可以采取不同的加密算法以及水印技术的使用，以防止在整个档案信息上网的过程中档案信息传输的正确性、完整性和可用性。

③网络档案信息备份技术。档案信息上网以及档案网站的建设，使得网络档案载体形式呈现多样化特征。网络档案信息备份内容包括网络信息数据库、电子文件、邮件等。与电子信息资源一样，网络档案信息备份不仅需要定期对备份信息进行校验，而且也需要定期对备份信息与档案信息原件进行核对后，使其得到充分利用。

④网络信息防病毒体系。在整个档案信息上网过程中，服务器端和网络端都面临着病毒的侵害，因此，建立全网络防病毒体系是非常必要的。档案管理机构通过架设病毒防治中心服务器，终端安装防病毒软件，通过

实时扫描网络终端，各种服务器、电子邮件等网络协议，及时查杀已知的各类病毒，防止档案信息上网安全。

（四）标准规范安全体系

1. 标准规范与信息政策安全

信息政策是一个国家为开发信息资源、发展信息产业、协调信息利用而采取的措施和战略。正确、有效的国家信息政策有助于档案信息化建设。档案信息化法规是国家为推动档案信息化工作而制定的法律、法规、规章与规范性文件，是国家对档案信息化活动进行管理的重要手段，体现着国家档案信息化发展的战略与政策。档案信息化借助现代信息技术与通信技术为用户提供相应的信息服务，档案信息或文件的标准化建设对档案信息的长期保存与管理起着关键性作用。随着国家信息化在各行各业的深入开展，档案信息化中的标准建设一部分借鉴其他行业或国家的信息化法治建设与标准建设，部分法规具有档案信息化的特征。档案信息化标准规范建设属于国家信息政策范畴，国家信息政策安全将对档案信息化标准规范建设起到推动作用。

（1）国家档案信息化法规建设与档案信息安全。档案信息化需要一个合理与健全的管理制度与机制。人为因素在信息安全事件中占据了不可忽视的地位，因此，加强国家档案信息化法规建设，对于确保档案信息安全具有至关重要的意义。档案信息安全在档案信息化法规建设中主要体现在以下两方面。

①国家档案信息化法规建设的完善程度与宏观把握程度。国家信息化法规建设大多是从宏观角度来把握国家的信息化进程与建设，制定的法律法规具有指导性、普遍性的作用。因此，国家宏观政策对信息安全的重视程度，将对档案信息安全产生间接的影响。

②内部档案信息安全制度。内部信息安全制度则是从微观的角度制定信息安全策略，具有具体性、个性化的特征。

（2）数据保存格式标准与档案信息长期保存。档案是国家机构、个人等在社会生活中形成的具有保存意义的原始记录。档案信息具有原始特征与凭证作用，因此，档案信息长期保存已经成为关注的话题。一是档案信息化过程中的档案信息来自不同的行业与不同的领域，形成的文件格式也不尽相同。另外，不同的档案信息软件开发商具有针对性，很少考虑档案信息的长期保存。因此，就需要制定相应的数据格式标准来保存档案信息资源，我国国家质量技术监督局 1999 年批准的《CAD 电子文件光盘存储、归档与档案管理要求》就是很好的例证。二是随着设备环境更新与系统软件更新，档案管理部门需要定期地对档案信息文件进行兼容性的评估，对电子信息档案进行载体转换，以达到档案信息资源的长期保存。

（3）软件开发商的商业行为与档案信息安全。目前，我国绝大多数的档案管理信息系统大多是商业行为，对档案信息安全考虑不周。软件开发商的商业行为滞后于档案信息化过程。

①行业软件标准与档案信息安全。档案信息化最主要的是档案信息化应用系统建设。我国档案信息管理系统主要通过信息技术外包形式来获取，具体分为购买供应商开发的即买即用的应用软件包、购买供应商开发的应用软件包，同时要求供应商根据本单位的要求进行某些修改，要求供应商为本单位开发一个完整的能满足其业务需求的全新的电子文件管理系统。我国国家档案局 2001 年发布的《档案管理软件功能要求暂行规定》中对档案管理软件的功能需求做出规定，但是对其数据标准和数据安全等没有具体说明。因此，档案信息化行业软件标准不规范直接对档案信息管理软件产生影响，间接地造成档案信息安全风险。

②档案信息上网工程与网络数据标准。政府信息上网工程是适应信息化时代的要求，相比较传统方式，网络风险要大得多，制定网络信息发布、保存标准有利于档案信息上网工程的开展。目前，档案信息上网的信息发布、保存标准的缺失导致档案信息安全风险的产生。

2．标准规范安全体系的构建

档案信息化标准规范建设是档案信息化业务、技术应用和应用系统建设的规范，也是其核心能力与竞争力的体现。统一的标准规范建设不仅有利于档案信息化的过程，而且有利于数字资源的长期保存与管理。档案信息化标准规范建设不仅要对已经颁布的档案信息化标准规范进行监督和指导，同时要制定符合档案信息化标准规范的安全体系。档案信息化标准规范建设可以用档案信息化的政策支持力度、现有的档案信息化标准、规范的应用和所制定档案信息化标准规范总数及有效度来衡量。这里从档案信息化标准规范的管理性、业务性和技术性三方面建立档案信息化标准规范安全体系。

（1）管理标准规范安全体系。档案信息化法律、法规应覆盖档案信息化建设整个活动范围，其管理标准规范主要体现在国家或地方机构对档案信息化的政策支持力度。针对我国目前档案信息化法规现状，档案信息化管理标准安全体系建设主要从以下几方面考虑。

国家的综合性法律或档案信息化管理法规，应结合当时的信息技术发展水平以及档案信息化发展水平，及时对法律、法规做出相应的修正或修改；地方性法规应结合国家方针、政策，根据地方档案管理特色以及地方档案信息化现状，对当地的档案信息化法规做出有益的补充与修正，以达到保护档案信息资源的目的。

（2）业务标准规范安全体系。档案信息化的最终目的是提高档案工作的效率，其业务标准规范主要体现在国家或地方机构对档案工作的专门性法规上。结合我国档案信息化法规现状，档案信息化业务标准规范安全体系建设应包括以下几个方面：档案信息化法规应该是档案信息化活动的法律保障，档案信息化法规应覆盖档案信息化活动的六个方面，因此，档案信息化法规应具体、详细地制定档案信息化六方面具体的建设标准，并制定相应的信息安全标准，从法律上约束档案信息化的信息行为；档案管理部门应制定档案信息化工作专门规范，提高档案信息化法律的专指度和可操作性，否则，不同的工作模式和不同的标准就会导致档案信息的通用性不强，不仅导致工作效率低下，也会对档案信息安全造成不同程度的影响。

（3）技术标准规范安全体系。档案信息化是信息技术在档案领域的应用。信息技术的应用使档案信息载体形式、提供服务形式以及保管形式都发生变化，相应的技术标准规范约束有利于档案信息化开展。

信息技术是一个不断变化发展的过程，信息技术在档案学的应用也是一个不断变化的过程。档案信息化技术标准规范安全体系建设应根据当时的信息技术条件，实时制定相应的档案信息化技术标准规范；档案信息化技术标准不仅要结合信息技术行业标准，而且也要结合档案信息化自身特征。

三、档案信息化安全体系的实施策略

档案信息化安全体系随着档案信息化的发展而发展，安全体系的内容不是固定不变的。这里所构建的安全体系只是结合目前的信息发展水平而构建的。在具体的应用过程中，应根据档案机构或部门自身特征，适当地加以调整，以达到其应用性和可操作性的目的。

（一）档案信息化安全体系特征

信息安全是人们永远关注的问题，随着信息技术的发展，信息安全问题显得尤为突出。建立安全体系的目的在于防范档案信息安全风险，使风险造成的损失降到最低。档案信息作为一种社会重要信息资源，又有其自身的特征，因此档案信息化安全体系建立必须符合档案信息化的特征，又不能脱离信息安全体系的范畴。经过对档案信息化安全各要素分析以及各要素之间的探讨，建立一套档案信息化安全体系。该安全体系涉及档案信息化各方面的因素，这里从以下几方面探讨其特征。

1. 内容完全符合国家档案信息化要求

通过在对档案信息化六要素安全风险分析的基础上，对其进行剖析，为档案信息安全体系构建提供了素材。该安全体系不仅涉及技术因素造成的安全风险，还涉及硬件设施、资源建设、人才建设、标准建设以及信息环境建设等因素造成的安全风险。运用管理学、计算机、数学等多种学科的知识，完成档案信息化安全体系的构建。在内容上，该档案信息化安全体系不仅能够反映国家档案信息化的要求，而且也与社会信息化要求相吻合。

2. 策略基本反映档案信息化安全需求

信息安全体系所制定的安全策略应基本反映信息安全需求，档案信息化安全体系也是如此。这里所建立的档案信息化安全体系从现实需求出发，在每个安全体系中又分为小的安全体系，对其进行分析探讨，制定具体的实施策略，供档案管理部门参考。档案信息安全体系与信息安全体系建设一样，都将随信息技术的变化而发生变化，具体策略的制定应与当时的档案信息环境以及信息技术环境有关，所以，这里所制定的策略只是当时信息技术条件下的反映，所以，实施策略不仅要符合当时档案信息化的技术水平，也反映了当时档案信息化的安全需求。

3. 操作反映档案工作人员的操作能力

可操作性是信息安全体系的特征之一，也是评价信息安全体系的主要指标。所建立的档案信息化安全体系完全考虑档案部门人员的构成要素以及实际操控能力；涉及档案信息化六要素安全体系，每项安全体系下，又包括具体的实施战略与分类方法。通过对具体的实施战略与分类方法的阐述与解释，试图寻找一种简洁、方便、易操作的形式来构建其安全体系。所以，这里所构建的档案信息化安全体系基本体现了档案人员的现实水平，反映了档案工作人员的操作能力。

（二）档案信息化安全体系应用策略

档案信息化安全体系具有整体性与系统性，不是简单的技术堆积。档案信息化安全体系依靠技术、管理有机结合。档案管理人员必须以预防安全风险为主，综合管理、人员防范和技术防范相结合，分步骤地建立具有防控一体化的档案信息化安全体系。这里所制定的档案信息化安全体系针对的是档案馆普遍存在的安全风险现状，在应用过程中，各级档案馆可以根据自身特征以及档案特色，适当地加以调整，以便构建基于本档案馆的档案信息化安全体系。

技术应用，电子档案是信息技术的产物，电子档案的特征使档案信息化信息资源安全问题日益突出。电子档案信息安全关系整个档案信息化进程的成败。这里在阐述档案信息化安全体系中，介绍多种技术保障设施。在具体应用过程中，档案管理部门应结合其他方面来完善档案信息化安全体系中的技术应用。

档案信息化需要多部门的通力合作，需要加强档案管理部门、档案研究部门以及高校的交流合作，以开放式的理念做好档案信息化安全体系建设；充分发挥技术在档案信息化安全体系中的作用。档案管理部门要充分认识到档案信息化安全体系与安全技术的关系，以寻求共同提高；加强档案信息化安全体系技术人才的培养，档案管理部门要加强与高校的合作，大力培养高层次人才和专门技术人才，保障档案信息化安全体系人才队伍素质。

第四章　档案资料管理的基本流程

第一节　档案收集与整理

按照档案形成的规律把分散的材料接收、征集、集中起来，并对收集来的档案分门别类、组成有序体系是档案管理中的一项基础工作，这就是档案的收集与整理。通过这两项工作，档案管理人员可以把分散在各机关、部门、个人手中和散失在社会上的档案集中到机关档案室和国家档案馆进行科学管理，从而建立档案实体的管理秩序，为档案鉴定、保管、检索、利用、编研等工作奠定基础。

一、档案收集与整理工作概论

（一）档案的收集工作

1. 档案收集工作的内容

档案收集是一种按照党和国家的规定，通过例行的方式和制度接收、征集有关档案和文献的活动。这种活动可以将散落在各机关、组织、个人手中的相关档案统一收集到有关的档案室或档案馆，以便实现对相关档案的科学管理。

具体来看，档案收集工作涉及以下几方面的内容：

第一，机关单位、事业单位和企业单位的档案室对本单位所要归档的档案的接收。

第二，档案馆对辖区内现行机关单位、事业单位、企业单位和撤销单位的具有长期保存价值的档案的接收。

第三，对中华人民共和国成立以前各个历史时期所形成的档案的接收与征集。

在这里需要注意的是，档案收集工作并非一项简单的事务性工作，而是一项会受国家政策影响并且具有很强业务性特征的工作。这主要体现在两方面：一方面，档案室和档案馆在收集档案时需要根据国家政策规定以及档案的特性进行选择。另一方面，档案收集工作受档案形成者的档案意识水平、价值观以及档案馆（室）保管条件等多种因素的制约，需要综合研究、统筹规划，提高档案收集工作的质量。

2. 档案收集工作的地位

在整个档案整理工作中，档案收集处于一个十分特殊的地位，这一地位主要体现在以下几方面：首先，档案收集工作是档案馆（室）积累档案的一种重要手段，也是档案馆（室）开展档案工作的业务对象和业务起点。其次，档案收集工作是档案馆（室）对档案进行有组织、有目的、有纪律、有规划地管理的一项具体措施。再次，档案收集工作质量的好坏，会直接影响档案馆（室）其他工作的开展和实施。最后，档案收集工作是档案馆（室）和外界发生联系的重要环节之一，是以国家相关政策为依据与社会进行广泛接触，且需要工作人员具有较强的业务能力的工作。

3. 档案收集工作的特点

（1）预见性与计划性。作为人类各种社会活动的伴生物，档案的形成具有很强的分散性特点，即档案是散布于社会各个方面的。档案室和档案馆要进行档案收集，只有对其进行认真调查，科学地分析和预测档案形成、使用、管理的规律和特点，才有助于从分散的档案中做好收集工作。

同时，档案馆和档案室在进行档案收集时，还必须充分、全面地了解和把握本馆（室）主要档案用户的利用动向、特点和规律，以便结合档案用户的长远需要收集能为他们所用的档案，真正发挥档案收集的作用。这意味着档案馆和档案室需要提前制订好档案收集工作计划，以便有计划、主动地开展档案收集工作。

（2）完整性与系统性。档案收集的一个重要要求就是收集到的档案必须在种类、内容方面符合齐全、完整的特点，档案之间也能构成一个有机整体。这就使档案收集工作也表现出完整性和系统性的特点。档案收集工作的完整性和系统性特点要求档案收集工作人员在收集档案时，必须考虑档案在当前以及未来在生产、生活中能起到的积极作用，以便真正实现档案收集工作的价值。

（3）针对性与及时性。档案收集工作必须根据各级各类档案馆（室）收集档案的范围来进行，不能违反国家规定，擅自收集不属于本馆（室）收集工作范围的档案，以保证收集工作能够有目的、有重点地进行。档案收集工作还具有及时性的特点。它要求档案工作人员必须有明确的时间意识，将应当接收或征集的档案及时收集进馆（室）；档案部门应当尽最大的努力避免拖延，在掌握有关信息线索的前提下，采取相应的方式尽快将档案收集起来。

（二）档案的整理工作

1. 档案整理工作的内容

一般情况下，档案整理工作的内容主要包括区分全宗、在全宗内建立档案分类、立卷并进行案卷编号、编制案卷目录。因为实际工作状况存在差异，所以具体的档案整理工作内容也会有所差异。从实际情况来看，目前我国的档案整理工作按内容范围大致可以分为以下三种情况：

第一，在正规的工作条件下，档案室所接收的文件大多数是由文书部门和业务部门按照本室档案归档工作的要求立好的案卷，而档案馆接收的档案则是根据本馆档案要求整理好的需移交的案卷。正因为这样，档案室和档案馆的档案整理工作主要是对接收的档案进行更大范围的系统整理，如全宗和案卷的排列、案卷目录的加工等。

第二，对一些已经入馆、入室保管的档案文件，档案馆或档案室在整理时可能发现其中存在一些不符合本馆、本室档案工作要求的问题，这就需要档案馆和档案室根据本馆、本室档案工作要求对其进行重新加工、整理，以提高档案整理工作的质量。同时，还有一些保存时间较长、档案自身和整理体系已经发生变化的档案，档案室和档案馆也需要对其进行重新整理。

第三，在有些情况下，档案室和档案馆也会接收一些零散的档案文件，这就需要工作人员对其进行全过程的整理和加工。其工作内容与一般档案整理工作内容相同，即区分全宗、在全宗内建立档案分类、立卷并进行案卷编号、编制案卷目录。

在实践中，我国档案室和档案馆对档案的整理主要属于第一种情况，但后两种情况也经常出现。因此，档案工作人员需要熟悉整个档案整理工作的程序，具备相应的业务能力。

2. 档案整理工作的程序

（1）系统排列和编目。在正常情况下，档案室接收的是文书部门和业务部门按照归档要求整理好的文件材料，而档案馆接收的是各个单位档案室按照进馆规范系统整理的档案。因此，对于档案室和档案馆来讲，档案整理工作只是在更大范围内对接收进来的档案做进一步整理。

（2）局部调整。档案馆（室）在日常管理工作中要定期对所藏档案进行检查，如果发现明显不符合要求、确实影响保管和利用的档案，档案馆（室）有责任对不合理的整理状况进行局部调整。

（3）全过程整理。档案馆（室）在收集档案的过程中，由于种种原因，其中有些档案没有经过系统的整理而处于凌乱状态。面对这种情况，就必须进行全宗划分、组合、排列和编目等全过程整理工作。

3. 档案整理工作的原则

（1）注意保持档案之间的有机联系。可以说，档案整理的任务就是要"自然地"按照档案文件"固有的次序"去排列、组合档案文件实体并固定它们相互间的位置，使其保持内在的、客观的有机联系，形成具有合理、有序结构的统一体。

档案之所以会对各种类型的、有着不同需求的用户有用，就是因为它记录了一定的人类活动过程。这种活动过程是与各种事物相联系的，因此后来的使用者才会从这一活动过程与自己查考事物的关系的角度出发来利用相关档案。也就是说，从各种角度、方面出发所产生的对档案的利用要求，实际上是档案所反映的活动过程本身所引发的，是由这种活动本身的存在而派生出来的。因此，档案分类只能依据形成档案的活动过程本身所具有的运动规律和科学程序来进行，即应以保持文件中与这种过程、规律或程序相吻合的本质的有机联系为原则。

在这里需要注意的是，档案之间的有机联系并不是绝对的，而是相对的。在同样类型的活动过程中，事物之间的各种矛盾和联系也是多种多样的。哪种主要、哪种次要是随客观条件的变化而变化的，所以对待文件间的有机联系必须具体问题具体分析，绝不能机械地认为保持某种联系最重要，因而顽固地坚持非采用某种分类方法不可。相反从实际出发变换我们的方法，力求保持文件间最紧密的联系才是唯一正确的做法。

（2）充分利用原有的整理基础。档案是历史的产物，在入藏以前，有的档案可能存有文件作者或经办人员保管、利用它们的痕迹，有的则可能经过历代档案工作人员的整理。因而在档案整理过程中应注意发现上述痕迹并加以利用，即充分利用原有的整理基础，这也是科学组织档案分类工作的一条原则。

档案中存在的经过初步保管、整理的状况或成果，在某些情况下可能会存在一定的合理成分。如文书处理人员为便于承办和利用，常把同一事件的请示与批复放在一起，形成了档案文件间一种自然的排列次序；而过去的档案工作人员在整理文件时，更是出于当时的某种需要或某种考虑，把具有某种共同特征（如同一问题、作者、时间或形式等）的文件组合在一起。正因如此，档案工作人员应该从实际出发，充分认识并利用原有的基础来确定档案整理的任务与方式，不轻易打乱重整。也就是说，在整理档案之前，应对档案的现状进行调查研究。

首先，如果发现档案已初步经过整理、原基础较好，一般就不必打乱重整。这种原有的基础，按现在的标准衡量，可能在保持有机联系的问题上有这样或那样的缺陷。但是整序档案作为实体控制的手段，其目标无非是使档案按一定的规则或规律排列起来，确定其存放的位置，以便于检索。只要这些档案有规可循、有目可查，一般就应尽量保持其原有的整理体系。

其次，即使原基础很不理想，根本未经整理或必须重整，也应仔细研究存在于档案中的每一条线索，不轻易打乱、破坏文件产生过程中形成的自然顺序或前人的整理成果。也就是说，要注意吸取原基础中的合理成分，即使对某些极简单的保存与清理工作的痕迹，也应注意分析其是否有参考价值。只有在全面掌握原基础情况以后，才能拟订切实可行的计划，动手整理档案或仅仅做局部调整。

（3）便于保管和利用。整理档案时应充分利用档案原有的基础，尽量保持档案之间的有机联系。但在具体的整理实践中，有些文件之间有机联系的保持又容易与档案保管的便利性产生冲突。例如，某次会议产生的文件有纸质的，也有视频、音频形式的，还有可公开的、必须保密的。如果单纯只强调文件之间的有机联系，将它们混合起来进行整理，很显然会对保管的便利性产生不利影响。因此，在整理档案时，如果档案之间的有机联系与档案保管的便利性产生冲突，不能只重视文件之间的有机联系，还要充分考虑档案保管与利用的便利性。对于不同种类、不同载体、不同机密程度、不同保管价值的档案，应根据具体情况具体处理、恰当组合，以便在一定范围内保持档案的最优化联系。

在这里需要注意的是，档案整理必须便于保管和利用，但并非通过它就能完全满足从多角度检索档案文件的一切需求。便于保管和利用既是档案整理的出发点，更是整个档案管理工作的出发点，不能要求在实体控制阶段就"毕其功于一役"。应该看到，档案整理工作的任务是按一种规则排列档案实体并使之形成有序结构，从而为档案的更好保管和进一步利用奠定必要的基础。至于使档案信息能从多角度检索、满足一切查询要求，那是智能控制的任务，不能强求由档案的实体整理工作去完成；否则就只能今天按这种方法整理，明天又按那种方法排序，反而使档案实体易于损毁、不便利用。

二、档案室与档案馆的收集工作

（一）档案室的收集工作

档案室的收集工作包括接收本单位归档的文件和收集未及时归档的平时文件两个方面的内容。其中，将文件归档是档案室收集档案的主渠道，对平时文件的收集则是一种补充。

1. 文件归档

各单位在工作活动中产生的文件材料办理完毕后，不得由承办部门或个人分散保存，必须由文书部门或业务部门系统整理，定期移交给本单位档案室集中管理，这就是归档。在我国，归档是党和国家明文规定的一项制度，并且以法律的形式固定下来，这就是通常所说的归档制度。归档制度是档案室收集工作的重要内容和最基础的工作，建立、健全归档制度能够确保档案室档案来源的连续性，为国家积累档案财富提供重要保障。

（1）归档范围。归档范围是指办理完毕的档案文件应该归档还是不应该归档的范围。决定文件是否应该归档的主要因素是档案文件本身的保存价值。根据国家档案局 2006 年制定的《机关文件材料归档范围和文书档案保管期限规定》，以下几种档案文件都属于归档范围：

（一）反映本机关主要职能活动和基本历史面貌的，对本机关工作、国家建设和历史研究具有利用价值的文件材料；

（二）机关工作活动中形成的在维护国家、集体和公民权益等方面具有凭证价值的文件材料；

（三）本机关需要贯彻执行的上级机关、同级机关的文件材料；下级机关报送的重要文件材料；

（四）其他对本机关工作具有查考价值的文件材料。

不属于归档范围的文件材料主要包括以下几种：

（一）上级机关的文件材料中，普发性不需本机关办理的文件材料，任免、奖惩非本机关工作人员的文件材料，供工作参考的抄件等；

（二）本机关文件材料中的重份文件，无查考利用价值的事务性、临时性文件，一般性文件的历次修改稿、各次校对稿，无特殊保存价值的信封，不需办理的一般性人民来信、电话记录，机关内部互相抄送的文件材料，本机关负责人兼任外单位职务形成的与本机关无关的文件材料，有关工作参考的文件材料；

（三）同级机关的文件材料中，不需贯彻执行的文件材料，不需办理的抄送文件材料；

（四）下级机关的文件材料中，供参阅的简报、情况反映，抄报或越级抄报的文件材料。

总之，确定归档范围的一般原则是：归档文件必须具有一定的保存价值，必须符合各机关文件材料的实际状况。各机关单位应根据国家的统一规定和要求来确定本机关归档和不归档文件材料的范围。

（2）归档时间。归档时间是指文书部门或业务部门将需要归档的文件材料向档案室移交的时间。中共中央办公厅、国务院办公厅 1983 年印发的《机关档案工作条例》规定：机关文书部门或业务部门一般应在第二年上半年向档案部门移交档案，交接双方根据移交目录清点核对，并履行签字手续。国家档案局 2009 年发布、2010 年实施的《企业档案工作规范》规定：企业在经营管理工作、生产技术管理工作、行政管理工作、党群工作中形成的文件，一般应在办理完毕后的第二年第一季度归档。

某些具有一定专业性的文件可以另行规定合适的归档时间，如会计档案在会计年度终了后，可暂由会计机构保管一年，期满后应当由会计机构编制移交清册，移交本单位档案机构统一保管；学校档案应当在次学年 6 月底前归档；磁带、照片及底片、胶片、实物等特殊载体则应在工作结束后及时归档，或和相应内容的纸质载体同步归档等。在这些文件中，科技文件的归档比较特殊，它没有固定的归档时间，主要根据科技文件材料的不同类型和特点、不同的形成规律和利用需求来确定合适的归档时间。一般来说，有定期归档和实时归档两种。定期归档可分为按项目结束时间归档、按子项目结束时间归档、按工作阶段归档、按年度归档四种，实时归档适用于机密性强的科技文件材料和外来材料（如外购设备的随机图纸、文字说明，委托外单位设计的文件材料等）。

（3）归档文件的质量要求。应该从下列几个方面检查归档文件的质量。

第一，归档的文件应齐全、完整，每份文件不缺张少页。

第二，遵循文件的形成规律，保持文件之间的有机联系，区分不同文件的价值，便于保管和利用。

第三，卷内文件经过系统整理和编目。

第四，案卷封面填写清楚，案卷标题准确，案卷排列合理，编号无误。

第五，编制了完整的案卷目录和相关的文件。

第六，对已破损的文件应予以修整，对字迹模糊或文件载体存在质量隐患的文件应予以复制。

第七，归档文件所使用的书写材料、装订材料等应符合档案保护要求。

第八，在进行文书档案文件组卷时，一般应将文件按年度分开，不同年度形成的文件一般不可放在一起组卷。但是，跨年度的请示与批复应放在批复年度立卷；没有批复的放在请示年立卷。

第九，录音带、录像带、影片、照片等特殊载体的文件，应同纸质文件进行统一整理、编目。但要分别存放，在案卷目录上要注明互见号，以保持文件间的历史联系，便于查找利用。

第十，绝密文件和绝密电报应该单独立卷（少量普通文电如与绝密文电有密切联系，也随同绝密文电一起立卷）。

第十一，对于具有不同保存价值的文件，应当分开组卷，以便日后向档案馆移交，防止拆卷重组问题的产生。

2. 平时文件的收集

平时文件收集是指档案室在执行归档制度之外对零散文件的收集。

（1）"账外"文件的收集。"账外"文件是指未经单位文书部门登记入账，在收、发文登记簿上无"账"可查的文件。"账外"文件主要有：本单位召开的各种会议上的文件材料；本单位领导人和业务人员外出开会或在参观、学习、考察等活动中获取的文件材料；外单位直接寄发给领导人"亲启"的文件或直接发给部门和有关人员的文件材料；本单位内部各种规章制度、统计数字材料等。

（2）专业文件的收集。专业文件是指在各项专业活动中形成的文件和特殊载体的文件材料。档案室在重视对文书档案、科技档案进行收集的同时，还应重视对各种专业文件的收集；在重视对纸质文件进行收集的同时，还应健全归档制度，重视对音像等其他载体文件的收集，确保档案室保存的文件门类齐全。

（3）零散文件的收集。零散文件的形成原因主要有两个方面：一是某些单位由于归档制度未建立或归档制度执行不严格，致使文件材料分散保存在内部机构、领导人或业务人员手中，特别是未经收发室登记的文件和某些内部文件。二是由于机构调整、人员变动或发生搬迁、灾害等特殊情况，使归档文件不齐全、不完整。

（二）档案馆的收集工作

档案馆作为党和国家的文化事业机构，是集中保管党和国家重要档案的基地，是社会各方面利用档案信息资源的中心。因此，它必须以拥有丰富、优质的馆藏档案和资料为基础。做好档案的接收与征集工作是档案馆一项非常重要的工作。

1.　档案馆档案接收的范围

按照国家档案局 1983 年发布的《档案馆工作通则》和 1986 年发布的《各级国家档案馆收集档案范围的规定》的文件精神，档案馆接收档案的范围包括如下几方面：

第一，本级各机关、团体及其所属单位具有永久保存价值的档案，省辖市（州、盟）和县级档案馆同时接收长期保存的档案。

第二，属于本馆应接收的撤销机关、团体的档案。

第三，属于本馆应接收的中华人民共和国成立以前的各种档案。

目前一般只接收到二级单位，如果档案馆具备各方面条件，也可以接收到所属的基层单位。如省、市档案馆，按规定应接收省（市）直属机关、团体、企业、事业单位的档案。如果接收到二级单位，就可以接收省直机关所属公司（如百货公司、五金交电公司、服务公司、食品公司等）的档案。如果接收到所有的隶属单位，就要接收各公司所属的工厂、商店的档案。

2.　档案馆档案收集的要求

为保证接收工作的顺利进行，档案馆在接收档案时一般应符合如下要求：

第一，档案整理编目规范。档案由有关单位收集齐全，并按规定进行系统整理。

第二，档案收集完整。进馆档案应按全宗整理，保持全宗的完整性。

一个全宗范围内的文书档案、科技档案、音像档案和实物等各种门类和载体的档案应作为一个整体，统一移交给一个档案馆。

第三，档案检索工具齐全。档案馆在接收立档单位档案的同时，应将其编制的组织沿革、全宗介绍、案卷目录等有关检索工具以及与全宗相关的各种资料一并接收。

第四，限制利用意见明确。对自形成之日起满 30 年仍能对外开放的档案，各有关单位应在移交时提出明确的限制利用意见。政府信息公开部门对移交档案中涉及政府信息的，应书面告知其原有公开属性。

第五，清点核对手续完备。移交档案时，交接双方必须根据移交目录清点核对无误，并在交接文据上签字盖章，一式两份分别由双方单位保存。

3. 档案馆档案收集的任务

（1）对现行相关档案的收集。按照《档案馆工作通则》等文件的规定，现行机关档案中具有长远保管意义的部分，需要定期向档案馆移交。接收现行机关档案室移交的档案，是各级档案馆的日常任务。

在对现行机关档案的接收时间上，档案馆在接收现行机关保管期满的档案时，有逐年接收和分段接收两种办法。逐年接收，就是每年对现行机关保管期满的档案接收一次；分段接收，就是隔一定时期（如 3 年、5 年）对现行机关保管期满的档案接收一次。一般用后一种办法为宜。

现行机关形成的档案文件数量多，完整、系统，并且具有连续性。收集这些档案时需要满足以下几方面的要求：

第一，按规定向档案馆移交的档案，应该收集齐全（与档案有关的资料、立档单位的组织沿革、全宗指南及有关的目录、索引等检索工具，应随同档案一并接收），并将全宗作为一个整体归入档案馆，不得随意分散。

第二，进馆的档案必须真实。凡有疑点的档案，都要尽可能加以考证；如果一时难以辨别清楚，也要存疑，予以证明。

第三，在接收档案过程中，除了办理必要的交接手续以外，在档案进馆前应做好案卷的检查验收工作，具体可以按照自检、互检、检查小组检查接收的步骤进行。

第四，馆藏档案内容除具有普遍性特点以外，还必须能体现出本地区的特点，有独到的地方特色。各省（自治区、直辖市）档案馆的馆藏内容，应具有区别于其他省（自治区、直辖市）档案的鲜明地方色彩。要把具有地方特点的档案视为接收的重点，以防止档案内容大量重复。

第五，现行机关移交档案时，必须根据移交目录同接收档案的有关档案馆工作人员一起清点核对，并在交接文据上签字盖章，以便明确交接双方的责任，保证进馆档案的完整、齐全。

（2）对撤销机关档案的收集。撤销机关是指中华人民共和国成立前后，由于政权变更、体制改革、行政区划调整等原因而被撤销或合并的机关、团体、企业、事业单位及其他社会组织。档案馆按国家规定接收这类机关、团体、组织的档案，也是档案馆档案收集工作的重要任务。

撤销机关档案具有易分散、整理不系统、存在尚未办理完毕的文件等方面的特征。为此，档案馆在接收撤销机关的档案时，除了按接收现行机关档案的要求对所接收的档案进行检查外，还应注意以下问题：

第一，机关撤销或合并时，严禁将机关在历史活动中形成的文档予以分散、损毁、丢弃，而应将全部档案进行认真清理、鉴定并妥善保管，之后按照国家相关规定将这些档案移交相关档案馆进行管理。

第二，当某机关被撤销，其业务被划归到其他几个机关时，也不能将这个被撤销机关原本留存的档案文件予以分散，而应将其视作一个有机整体妥善保管，然后由相关单位通过协商的方式处理这些档案。当然也可以将其交给某个接管机关代管或移交相关档案馆。

第三，当某个机关并入另一个机关，或几个机关合并为一个新的机关时，应按机关将其档案分别组合成一个个有机整体，然后分别向有关档案馆移交，而不能将这些合并前的机关档案与合并后形成的档案混合在一起。而继承撤销机关职能的机关，因为工作需要，可以在征得有关档案管理机关同意后，暂时代管撤销机关的档案。在代管过程中一定要注意，不要将撤销机关的档案与本机关的档案混淆，以便日后能清楚明白地将撤销机关的档案移交有关档案馆。

第四，机关撤销或合并时，假如存在还没有办理完毕的档案文件，应将这些文件转交给继承原机关单位职能的有关机关进行后续档案的处理。

（3）对二、三级单位档案的收集。根据《各级档案馆收集档案范围的规定》的要求，各级人民政府直属工作部门所属的独立分管某一方面工作或从事某项事业的行政管理机关和企事业单位，以及有代表性的第二、第三级单位形成的档案应向各有关档案馆移交。档案馆在接收这些档案时需要注意以下几方面的问题：

①避免不分重点、普遍接收。对二、三级单位形成的档案，档案馆必须择其有代表性的、典型的单位档案予以接收，而不能一味追求数量，采取普遍接收的办法。这就需要档案馆在接收档案前先做好调查工作，将本级机关或组织的所有二、三级单位一一列举出来。在此基础上按一定条件进行筛选，最后确定入馆单位的名单。

②避免不加选择、盲目接收。某些档案馆为使馆藏数量增加，大量接收二、三级单位的档案，致使馆藏档案质量下降、数量"暴涨"。入馆的这种档案分类混乱、"玉石不分"、重复件增多（如统计报表、劳动及组织人事文件重复严重），给档案馆增加了人员、库房、设备等方面的压力，给档案管理（如标准化工作）带来了沉重的负担。

4. 档案馆档案收集的方式

一般而言，档案馆对档案的收集方式主要有两种：逐年接收和定期接收。逐年接收即每年接收一次档案，定期接收就是每隔一定时期（如3年、5年）接收一次。

但是，档案馆对科技档案的收集方式有所不同，实行相关单位主送制和科技档案补送制。

（1）相关单位主送制。对于普通文书档案，应按要求将其中具有永久和长期保存价值的所有档案都移交进馆。科技档案则不采取这种普遍接收进馆的制度，而是实行相关单位主送制，即对不同种类及不同项目的科技档案，按照国家有关规定分别确定报送单位，主送单位的报送档案中的不足部分由其他有关单位补充移交。

（2）科技档案补送制。建立补送制的目的是及时反映进馆档案所涉及的科技、生产项目的发展、变化情况，保证馆藏科技档案的完整性和准确性。例如，对进馆档案所反映的基建项目进行重大改建、扩建及产品改型、换代等，在这些情况下，原移交单位要向档案馆补送相关的科技档案。

三、档案的整序

（一）区分全宗和全宗群

档案整理首先从区分全宗开始，这不仅是因为档案信息的有机关联性首先是在全宗这一层次上体现出来的，更因为全宗是档案馆对档案进行日常科学管理的基本单位。衡量文件的价值以决定是否选择它们进入档案馆的工作，是以全宗为基础进行的；为档案编目，保管、交接档案，也都要按全宗进行。由此可见，全宗在馆藏建设和对档案实体实施控制的过程中有举足轻重的地位。

全宗是一个国家机构、社会组织或个人在社会活动中形成的具有有机联系的档案整体。一个全宗反映了一个单位或个人活动的全过程。同时，全宗也是档案馆（室）对档案进行科学管理的基本单位。

1．确定全宗的构成方式

区分全宗实际上就是将产生于同一活动过程中的档案集中在一起，以便使它们与其他各类档案区别开来。科学地确定全宗的构成方式是区分全宗的前提，而全宗的构成方式是指全宗围绕什么样的核心（主体还是客体）形成。因此，确定全宗的构成方式实际上就是在判断全宗范围和界限的基础上确定全宗是围绕什么中心形成的。

然而，任何人类活动都是主体、客体之间相互作用的复杂过程，站在不同的角度，按不同的标准观察分析，对活动过程和文件据以形成的核心就必然会有不同的理解，从而得出不同的结论。机关档案室档案之所以应构成主体全宗，就是因为站在现行机关的立场上，必然把由本机关进行的全部活动看作以本机关主体为中心进行的完整活动过程。但是如果站在更宏观的角度，即站在档案馆的立场上，从全社会的范围观察分析，对此又可能会有不同的认识。而且不同类型的档案馆的服务目标和担负的任务不同，所体现的社会需求和用户整体利益也不同。如果站在它们各自的立场上分析形成全宗的人类活动过程和全宗本身的构成方式，其结论必然不尽一致。

具体来看，立档单位不是固定不变的，社会的发展、事业的进步常常引起一些机关的增设、撤销或合并，这些发展变化常常给全宗的划分带来一些新的问题，需要在实践中认真对待。这就要求在具体划分时应该研究立档单位的各种变化情况，辨别哪些变化是根本性的，应当产生新的立档单位和全宗；明确哪些变化是非根本性的，不应成立新的立档单位和全宗。

（1）政权更迭及跨政权立档单位档案的区分全宗。不同政权中的立档单位虽然职能相近或相同，但因所属政权存在差异，名称会有一定的差别，因此绝不能将跨政权的具有相同职能的立档单位视为一个单位，它们的档案也不应构成同一个全宗。不同政权中的非政府性质的立档单位，如学校、社团、政党等，它们的档案可以构成一个全宗，但在具体的管理中应将它们按照所属政权的时间分为不同部分。不同政权中存在的具有较强政治色彩、对政权依附性较强的立档单位，如军事院校等，由于政权更迭中一般会对其进行重大的改造，因此其档案也应像政府性质的立档单位一样构成不同的全宗。至于个人全宗，不管其立档单位或个人是否跨政权存在，也不管他们的政治倾向、职业等是否会发生重大变化，其档案都应构成一个全宗。

（2）临时性机构档案的区分全宗。各种临时性机构形成的档案，一般不设立新全宗。这是因为临时性机构的业务往往属于某机关或若干机关业务范围之内，存在的时间不太长，所形成档案的数量不多。个别的临时性机构独立性较强、存在时间较长，其档案也可以考虑设立新的全宗。

（3）立档单位变化所导致的区分全宗。在立档单位的政治性质无根本性变化的情况下，主要应分析其基本职能是否有根本性变化。

①新建。新建立的机关、企业、事业单位，它们的档案可以构成一个全宗。

②独立。某一个单位原属一个立档单位，但后来这个单位被分离出去，发挥原立档单位的部分职能。从它独立之后，它所形成的档案就可以构成一个新的全宗。

③合并。由两个或两个以上的撤销单位构成一个新的单位，这个新的单位与其原单位虽然前后存在一定联系，但在职能上却有明显差异，它们所形成的档案也应构成一个新的全宗。

④分开。如果一个机关、单位被分割为两个或两个以上的单位，原来的机关、单位在分割之前应构成一个全宗，分割后形成的新机关、新单位分别构成不同的全宗。

⑤合署。当两个单位合署办公，但其文件又是分开处理时，它们所形成的档案应分别构成全宗。

⑥从属。当某一个立档单位由于工作需要，后来变为某一个机关内部的组织机构时，改变之前形成的档案为一个全宗，改变后形成的档案为另一个全宗的一部分。

（4）组织全宗与个人全宗档案的区分。个人全宗与组织全宗中的档案在有些情况下会出现交叉现象。也就是说，某些档案既有一定的个人属性，又体现出组织属性，如某个单位领导以个人名义发布的文件。对于这种情况，一般采用以下处置方式：凡是以组织的名义制发的文件都应归入组织全宗，如果有必要，个人全宗可以保留副本；组织全宗中不保存个人性质的文件，如个人自传、对个人情况的调查文件等；决不允许将具有组织与个人双重性质的档案文件抽出并归入个人全宗中。

2. 全宗群及其划分

联系密切的若干全宗的群体称为全宗群。在我国，全宗的组织常常通过组建全宗群来体现和维系全宗之间的联系。各个立档单位的工作活动不是孤立的，而是互有联系的，因此，一定的全宗之间也就有了必然的历史联系。这种具有时间、地区、性质等共同特征的有密切联系的若干全宗的组合体，称为"全宗群"。具体来说，全宗群是指同一时期或地区，在纵向或横向方面具有相同性质的立档单位形成的若干个全宗构成的一个有机群体。组织全宗群的目的，在于维护同一类型或专业系统的若干个全宗的不可分散性和维持文件材料在更大范围内的历史联系，便于管理和开发利用。

为了便于保管和利用，应该把互有联系的全宗组织到一起，维护同一类型全宗的不可分散性。全宗群首先按照档案形成的不同时期分为几大部分，如新中国成立前的档案（革命历史档案、旧政权档案）和新中国成立后现行机关的档案。然后每一部分再按立档单位的类型和特点，对全宗进行细分。比如，按照立档单位的性质，把档案分成工业交通系统，农林水利系统，财政、金融、商业贸易系统，科学文化、教育、卫生系统等；或者按区域分类，分别组成全宗群。全宗群分类一般应和档案的分库保管一致，几个性质相近的全宗群应当集中保存在相同的档案库房内。全宗群不是具体对档案进行整理和统计的一个固定的实体单位，而是在档案管理中起指导和组织作用的一种形式和方法。

3. 全宗的编号

（1）全宗编号规则。

第一，对全宗进行编号时要考虑馆藏全宗的特点及管理的方便与否，根据全宗的类型和数量合理编号。

第二，应为新全宗的编号留有余地，避免因新入馆的全宗而打乱整个编号体系。

第三，全宗号应力求简洁、方便实用，不能过于烦琐。

第四，全宗与全宗号之间一一对应，一个全宗只能有唯一的一个号码，便于统计和检索。全宗号数应能如实反映馆藏全宗数量和档案出处。

第五，已编好的全宗号不得任意更改，应保持其稳定。即使某一全宗的全部档案都已被移出，该全宗号亦不得挪作他用，以免发生混乱。

（2）全宗编号方法。对全宗进行编号的方法有很多且各不相同，归纳起来主要有序时流水编号法和体系分类编号法两类。序时流水编号法是按全宗进馆时间的先后顺序编号。这种编号方法简单实用、比较客观，适合全宗数量不大、全宗类型较单一的档案馆采用。体系分类编号法是对全宗先进行一定的分类或分组后再编号。这种编号方法逻辑性、系统性强，层次分明，能反映全宗本身的性质和特点，但编制较复杂，其号码不易分辨和记忆。这种编号方法适合馆藏全宗数量大，全宗的时间、地域跨度大，类型复杂的档案馆采用。这两种全宗编号方法各有优缺点，在具体考虑采用哪种方法来编号时，档案馆应依馆藏全宗的状况而定。

全宗的编号与全宗在库房内的实际排列顺序有时一致，有时不一致。在一些规模较大、馆藏数量较多的档案馆，不一致的情况居多。全宗的排列可按全宗号顺序排列，也可按立档单位的历史时期、性质、所属系统、地区以及立档单位名称的音序或笔画的先后顺序排列。在我国，通常按全宗群来排列，即把同一时期、同一系统或相同性质的全宗排列在一起，以保持同类全宗之间的联系。一般来说，全宗的排列方法和次序对全宗的编号无决定性影响。当全宗在库房中的排列根据保管需要有所变动时，并不需要改变全宗号。但全宗号作为查找档案出处的一种手段，若与全宗的实际排列顺序相一致，则有利于迅速找到所需档案。

（二）全宗内档案的分类

1. 全宗内档案系列的划分

划分系列在全部档案整理程序中是承上启下的环节，它不仅深化了从区分全宗开始的整序过程，而且为立卷及案卷排列等工作奠定了基础。分类必然是一个由总而细、从一般到个别的逻辑过程，如果不先分系列（或者说如果不事先拟订出全宗内的分类方案和分类规则并使文件据以自然地归类），反而先自下而上盲目地将文件组合堆砌成卷，势必造成各卷文件之间的交叉、重叠、混乱，以至于无法检索利用并使编目和统计工作难以进行。

划分系列包括选择分类方法、制订分类方案和分类文件等具体内容，它是在区分全宗的基础上进行的。两者的区别在于：区分全宗是站在宏观角度，以整个档案馆已经和将要收藏进馆的档案为受控客体，其目标是保证档案反映同一活动过程的完整性；划分系列则是站在微观角度，以某一全宗内的全部档案为受控客体，其目标是改善全宗内文件数量多、内容杂又巨细不分、仍不便于检索的现状，使之分别归入相互联系、相互制约、层次分明、结构严谨的系列中去，从而有可能系统地提供利用。

2．全宗内档案的分类

（1）全宗内档案的分类原则。全宗内档案分类的总原则是要科学、客观、符合逻辑，能反映档案的形成特点和规律。具体分类原则如下：

第一，根据全宗的性质和特点选择适当的分类标准。能够恰如其分地揭示档案间的内在联系，使整个分类系统具有客观性，能组成一个有机的整体，系统反映出立档单位的活动面貌。

第二，类目名称应含义明确，具有系统性，有合理的排列顺序。必要时，对类目所指范围和归类方法应有说明，以保证分类的一致性。

第三，分类层次简明，类目不宜过细、过多。一般来说，类目可划分到二级至三级，使之能包容一定数量的案卷。另外，划分类别时应留有伸缩余地，以便随实际需要增加或减少类别。

第四，分类体系的构成应具有逻辑性，遵守逻辑划分规则。一次分类只能使用一个分类标准，子类外延之和正好等于母类外延，子类之间必须界限清晰，不能互相交叉，类目概念应明确。

（2）全宗内档案的分类标准。

①按文件产生的时间分类。按文件产生的时间对全宗内档案进行分类，可按年度分类形成不同年份的档案，也可按立档单位在发展过程中的不同时期（或不同阶段）形成不同档案。

②按文件的来源分类。按文件的来源对全宗内档案进行分类，可按立档单位的内部组织机构形成不同机构的档案，也可按文件的不同作者形成不同类别的档案，还可按与立档单位有较稳定的往来通信关系形成不同档案。

③按文件的内容分类。按文件的内容对全宗内档案进行分类，可按文件内容所说明的问题（事由）分类，也可按文件内容所涉及的实物分类，还可按文件内容所涉及的地理区域分类。

（3）全宗内档案分类方案的编制。

①排斥性。分类方案中同级的各类地位相同，内容互相排斥（不能你

中有我、我中有你），类的范围必须明确。比如，按问题分类，所设问题各类地位相同，不能相互包括。如果第一类中设教育类，同位类就不能再设高等教育、中等教育类，因为教育类包括高等教育、中等教育等，只能把它们设为属类；同级中设有人事类，就不能再设干部任免类；同样的道理，既然设财务类，也就不能再设经费类。

②统一性。在编制分类方案时，首先要确定采用何种分类方法，第一级采用哪种方法，第二级采用哪种方法，都应明确规定、标示清楚。而在同一级分类中，不能同时采用两种以上分类标准。比如，第一级分类若采用年度分类标准，就不能并列组织机构或问题名称。如果采取两种分类法的联合，那么不仅分类的第一级是统一的，第二级也应该是统一的。比如采用年度—组织机构分类法，第一级分类是年度，第二级分类是组织机构。

③伸缩性。档案是社会实践活动的产物，而社会实践活动是丰富多彩的。工作内容时而增加、时而减少，组织机构时而撤销、时而合并，因此，分类方案中的各类均应留有伸缩的余地来增加或减少类别，以适应客观变化的需要。

为了使分类方案科学、实用，在编制分类方案前还应该做好调查研究工作，要查阅有关材料，了解立档单位的业务范围。对立档单位的组织章程、办事细则、工作计划与总结都要认真分析研究，从中了解和掌握立档单位的工作性质、职权范围等，以便采取合适的分类方法；参考本单位原有档案，如果本机关已有旧卷，应该对原有档案分类基础做详细研究并吸取其合理部分，以补充与修订现有档案的分类方案；还应多方征求意见，经机关负责人批准施行。要形成科学而实用的分类方案，必须及时征求文书与业务承办人员的意见，集思广益，防止闭门造车。因为他们对文件的内容比较熟悉，尤其是经办人员对事件、问题的处理过程有更彻底的了解。分类方案实施以后，往往会发生文件与分类方案不尽相符的情况，造成分类困难。这时应该随时交换意见，对分类项目进行增减，清除障碍，交领导人审核批准。

（三）立卷和案卷排列

1. 立卷

全宗内档案分类并不以划分系列为其终结点。一个系列内大量的文件决定了必须进一步对其进行分类，这样才能便捷地检索、利用某一份文件。

这种分类往往是通过立卷实现的。

　　档案不同于图书，单份文件是零散的、大量的，一般不宜作为独立的保管单位。而且文件之间常有密切的联系，若将有联系的文件随意分开，将会失去其原有价值。所以人们在整理档案时，将若干互有联系的文件组合成一个有机整体，称"案卷"，将文件编立成案卷的过程称"立卷"或"组卷"。

　　案卷是密切联系的若干文件的组合体，它是档案的基本保管单位，通常也是统计档案数量和进行检索的基本单位之一。同时，案卷是组成全宗的基本单位。立卷是档案整理工作的重要基础，立卷工作的好坏、案卷质量如何，是衡量档案整理工作水平的重要标志。

　　立卷工作的内容包括组成案卷单位、拟写案卷标题、卷内文件的排列与编号、填写卷内文件目录与备考表、案卷封面的编目与案卷的装订等工作。目前，我国文书档案的基本立卷方法是"六个特征立卷法"，即根据文件在问题、作者、时间、名称、地区和通讯者特征六个方面的共同点将文件组合成案卷的方法。比如，把同一个作者的文件组成一卷、把同一个会议的文件组成一卷等。按照文件的六个特征立卷时，一般不单一地按照某个特征组成案卷，而是综合分析文件之间的关系，选择其中最能说明客观情况的几个特征作为组卷的依据。

　　此外，在实际工作中还有一些其他的立卷方法，如将文件按照"事"或"件"组卷的"立小卷法"以及"四分四注意立卷法"等。它们都具有各自的特点，也是比较实用的立卷方法。

　　2. 编制卷内文件目录

　　卷内文件目录是固定立卷成果、揭示卷内文件内容、检索卷内文件的工具，应放在卷文件之首。从性质上分析，编制卷内目录属智能控制范畴。如果用计算机编目，应该先对每份卷内文件进行著录，然后将著录结果按档号排序，以卷为单位打印成书本式目录，即成卷内目录。在手工条件下，这道工序可暂时按传统习惯，包括在立卷过程中，即在案卷编好页码后，于专门印制的表格上按照排就的顺序对每份文件逐项著录。其著录项目，按目前的习惯做法是：文件责任者，文件题名（或内容摘要）、文件字号、文件日期、文件份数、文件在卷内的页码、备注等。

　　3. 案卷排列与编号

　　全宗内档案（或档案馆、档案室接收的案卷），经分类、立卷后还必须进行系统的排列。全宗内各类的序列已在分类方案中排定，所以通常所说的案卷排列，就是根据一定的方法确定每类内案卷的前后次序和排放的位置，保持案卷与案卷之间的联系。案卷排列方法有以下几种：

第一，按照案卷所反映的工作上的联系来排列。

第二，按照案卷内容所反映的问题来排列。

第三，按照案卷的起止日期（时间）来排列。

第四，按照案卷的重要程度来排列。

第五，按照文件的作者、收发文机关以及文件内容所涉及的地区排列。

第六，人事档案或监察、信访等按人头立成的案卷，可以按姓氏笔画、汉语拼音字母顺序或四角号码等方法排列。

上述几种排列方法可以单独使用，也可结合使用。对不同类型、不同保管期限的档案，在案卷排列中应予以区分。

案卷排列完后应按排列次序编上案卷号，固定案卷的排放位置。案卷号作为档号的组成部分可提供案卷的出处。现行单位大多采取将一个组织机构的案卷每年编一个顺序号的办法，或是将整个单位一个年度的全部案卷编一个顺序号。历史档案、撤销单位的档案不再形成新的档案，可把一个全宗内所有的案卷统一编号。

（四）编制档号

档号是档案馆（室）在整理和管理档案过程中，以字符形式赋予档案的代码。档号通常包括全宗号、案卷目录号、案卷号、件号、页号，主要是表示类别及其相互关系的一组符号，在档案的整理、统计、检索、提供利用以及库房日常管理等业务活动中都要运用和借助档号。

具体来看，全宗号一般用四个符号标示，其中第一个符号用汉语拼音字母标示全宗档案门类，另三位代码用阿拉伯数字标示某一门类全宗顺序号。全宗号一经编定，就不要轻易变动。档案馆内的全宗号应该是固定不变的，即使某一个全宗全部移交出去了，该全宗号在档案馆内仍然保留着。全宗号有三种编法：一是按系统编号，如党群、政法、工交、农林、财贸、文教、科技等；二是按立档单位的重要程度编号；三是按进馆档案的先后顺序编号。实践证明，前两种方法对同时进馆的全宗是比较适用的，但是如果有新的全宗进馆，顺序就会被打乱。第三种方法简便易行，比较实用。

案卷目录号一般采用流水顺序编号法，必要时可在顺序号前加上表示档案保管期限、载体形态等特征的代字。

案卷号是整理档案时最常用的基本代号，是著录案卷目录内每一案卷的流水编号，因此确定案卷号时要确定卷内每个案卷的前后次序和排列位置。

件号或页号是文件立卷以后进行卷内文件的排列时，给每份文件以固定的位置，用数字固定文件前后次序的代号。案卷不装订成册时应编制件号，其间不许有空号。

第二节　档案的保管

一、档案保管工作的内容、任务与要求

档案保管工作是指根据档案的类型、成分和状况，对其进行入库存放、库房管理及采取安全防护措施。档案保管工作的目的是维护档案的完整与安全，尽量避免和减少因自然因素和人为因素给档案带来的损害，延长档案的寿命，为档案工作奠定物质基础。

（一）档案保管工作的内容

1. 档案的入库存放

档案在库房中以全宗为单位进行排列。但一些特殊载体和类型的档案，如照片、影片、录音档案、录像档案、科技档案以及会计档案等，应该分别保管。为了保持同一全宗内文件之间的历史联系，应该在全宗指南、案卷目录等检索工具中对此加以说明，并在全宗末尾放置全宗保管位置参见卡，指明存放地点。纸质档案在装具中的存放方式有竖放和平放两种。竖放时案卷脊背朝外，可以直接看到卷脊上的档号，便于调卷。平放的方法虽然不便取放但对保护档案有利，适合于保管珍贵档案和不宜竖放的档案，如底图。

2. 档案的库房管理

档案的库房管理工作内容主要包括：档案库房编号、档案装具的排列和编号、全宗的排列和档案上架、档案存放秩序的管理。

3．档案在利用过程中的保护

主要包括：建立档案使用登记和交接制度、对档案利用行为的规范和限制、对档案利用方式和利用场所的限制、对重要档案的保护性措施。

4．档案的安全防护和应急管理

主要包括：建立人员进出库制度、库房温湿度的控制、库房的"八防"措施、库房检查和清点、档案工作突发事件应急管理机制。

（二）档案保管工作的任务

档案保管工作的根本任务是维护档案的完整与安全，捍卫档案的真实性。具体体现为建立档案的入库存放制度和库房管理制度，采取各种有效措施，使各种载体档案保持稳定、良好的理化状态，延长档案的寿命。尤其是对于大量产生的电子档案还需要采取特殊的保管措施，以维护其载体和内容的安全性。

（三）档案保管的要求

档案保管的基本要求：

第一，建立科学的档案管理制度，实现档案保管的规范化和标准化。

第二，配置适宜安全保存档案的专门库房，配备防盗、防火、防渍、防有害生物的必要设施。

第三，档案实行分等级管理。对于永久保存的档案应进一步明确保管的等级，根据档案的不同等级，采取有效措施，加以保护和管理。

第四，根据需要和可能，配备适应档案现代化管理需要的技术设备。

二、档案的库房管理

（一）档案库房编号

档案库房编号有两种方法：一种是为所有的库房统一编顺序号，适用于库房较少的档案馆（室）。另一种是根据库房的所在方位和库房建筑的特征进行编号，如"东一楼""北三楼"等。楼房内的库房分层编号，每层从左至右顺序编号，平房应先分院或排，然后从左至右顺序编号。

（二）档案装具的排列和编号

库房中的档案架、柜、箱等装具应排列有序，不同规格、不同式样的档案装具应分开排列。档案装具的排列应充分利用库房面积和空间，同时，间距适宜，便于取放和搬运。一般情况下，档案装具之间的通道宽度应便于档案管理人员与小型档案搬运工具的通行。为了充分利用库房空间，可使用活动式密集架。库房内装具的排列应避免阳光直射，注意通风。档案装具的编号方法是，自库房门口起，从左至右、自上而下依次编号。

（三）全宗的排列和档案上架

全宗按照进馆档案的先后顺序进行排列，为了在更大的范围内维持档案之间的历史联系，一般应将同一系统、同一时间、同一地域的全宗排列在一起，形成全宗群。全宗的位置确定后，就可以组织档案上架。档案上架的次序应根据档案架、柜、箱以及栏、格的编号顺序进行。档案馆采用的排架方式主要有分类排架法和流水排架法两种。

（四）档案存放位置索引

档案存放位置索引是一种重要的指明档案存放地点和情况的管理工具。它以表册或卡片的形式，记录和指引档案在库房及装具中的存放位置，其作用是指引档案管理人员准确无误地取放档案。由于档案存放位置索引能够清晰地反映各个全宗、案卷的存址，因此，它在档案馆（室）的迁移中具有引导和控制作用。

档案存放位置索引有两种：

1. 指明档案存放处所

以全宗及各类档案为单位编制，指明它们的存放地点。

2. 指明各档案库房保管档案情况

以档案库房和架、柜、箱为单位编制，指明它们存放了什么档案。

上述两种索引的详细程度和表格中项目，可以根据档案馆（室）的规模和查找档案的频繁程度等具体情况来确定。

（五）档案代理卡

档案代理卡是档案馆（室）在档案暂时移出库外时，在档案原存放位置放置的一种替代卡片，主要栏目有：全宗号、案卷目录号、卷号、移出日期、移往何处等。档案代理卡的作用是便于档案库房管理人员随时掌握档案流动情况和进行安全检查，将使用过的代理卡积累起来，还可以作为统计、分析档案利用情况和规律的依据。如果案卷经常调出或归还，而不用代理卡，往往会发生虽在案卷目录上查出，而到架上提取案卷时没有案卷的情况。因此，设置档案代理卡是必要的。

（六）全宗卷

全宗卷是档案馆（室）在管理某一全宗过程中形成的，以全宗为单位说明该全宗历史情况的各种文件材料所组成的专门案卷。每个全宗都应建立全宗卷，记载立档单位和全宗历史的变化情况。

三、档案在利用过程中的保护

档案在利用过程中需要调卷、查阅、还卷，这对档案的物质载体将造成磨损，影响档案的自然寿命，同时，还不可避免地存在其他安全隐患。因此，制定相应的保护制度，采取适当的保护措施十分必要。

（一）档案在利用过程中的保护制度

1. 档案使用登记和交接制度

档案出入库时对调卷、还卷及交接行为进行登记，签收手续必须清楚、严格。

2. 档案利用行为规范制度

包括对档案利用行为方式的规范及防止不良行为，如禁止在档案上勾画、涂抹；禁止擅自将档案带离规定的使用场所；未经允许，任何人不得擅自拍照、抄录、复印档案；对于损毁档案的行为应有严明的惩罚措施。

（二）档案在利用过程中的保护措施

1. 数量与顺序的控制

当档案利用数量过大时，应分批定量提供，并要求使用者在使用过程中和交还档案时保持原排列顺序，以免发生混乱。

2. 对档案利用行为的监督和指导

外部使用者利用档案时，档案馆（室）应安排工作人员在利用现场进行监督和指导，发现问题及时指出和纠正。

3. 档案利用方式及利用场所

档案既可以现场阅览，也可以通过网络、邮政、电子邮件、传真、电话等方式进行利用和查询。现场阅览的场所应为集中式大阅览室，便于管理。而通过档案馆主页进行网上检索或通过电子邮件进行咨询的，应采取相关的网络安全保密措施。

4．珍贵档案利用过程中的保护性措施

珍贵档案在利用过程中应采取严密的保护措施：一般提供缩微品或复制件，不提供原件；利用时应特别监护；复制时应采取严格的限制措施和保护性措施。

四、档案安全防护和应急管理

档案库房内部的安全防护以及在紧急情况下的应急抢救措施能够最大限度地保护档案的安全，使档案实体保持良好理化状态，避免其遭到外界不良因素的侵害。

（一）人员进出库制度

档案库房是保存档案的重要场所，必须对进出库房的人员、时间、方式等进行严格规定。一般情况下，档案库房只允许档案工作人员进入，非档案工作人员原则上不得进入库房。

档案工作人员进出库房的限制性规定：非工作时间一般不允许进入库房；在库房内不允许从事与库房管理工作无关的活动；不允许携带饮料、食物进入库房；不允许在库房内吸烟、喝水、吃东西；库房内无人时应关灯、关窗、锁门。

（二）库房温湿度控制

档案库房内的温湿度直接影响档案的自然寿命，一般档案库房温湿度标准为 $14℃ \sim 24℃$，$45\% \sim 60\%$相对湿度。因此，档案馆（室）应在库房内配置精确、可靠的温湿度测量仪，随时测量并记录库房温湿度的具体指标。同时，采取措施对库房温湿度进行调控，如采用库房密闭方法隔绝库房内外温湿度的交流，并在库房内安装空调或恒温、恒湿设备，可以将库房内的温湿度人为控制在适宜的指标范围内。

（三）库房"八防"措施

档案库房保管中的"八防"措施主要包括防火、防水、防潮、防霉、防虫、防光、防尘、防盗。

1. 防火

要保证档案库房装具、照明灯具及其他电器在材质和性能上的安全性；保证库房线路安全；配置性能良好、数量充足的消防器材；在条件允许的情况下应安装防火报警器和自动灭火器。

2. 防水

档案库房不能设在低洼潮湿地带，应远离洪水易发地点，位于有利于防洪的地段。

3. 防潮

防潮与库房温湿度特别是湿度控制密切相关。主要防潮措施：密闭隔热、安装空调、通风、除湿和降湿。

4. 防霉

防霉指预防或抑制以霉菌为主的微生物在档案库房内的生长、发育和繁殖及其对档案实体的破坏。环境中的微生物数量与人和动物的密度、植物的种类和数量、馆舍的建筑材料、温湿度、日照、气流等因素有关。库房防霉的方法有：及时清扫库房及档案装具灰尘，清除库房内的垃圾，维持库房内的清洁卫生；对库房通风口进行过滤，净化入库空气；严格控制库房的温湿度；放置性能稳定的防霉药品。

5. 防虫

防虫的关键是创造一个既不利于害虫生长又不损害档案的库房环境。如库房选址应远离粮仓、货仓和食堂等场所；加强库房的封闭性；做好档案入库前的检疫工作，一旦发现疫情应及时采取熏蒸消毒处理措施；在库房内和档案装具内放置驱虫药物。

6. 防光

重点是防紫外线对档案的照射，具体措施有：档案库房的全封闭，尽量无窗或设置小窗户；安装遮阳板、滤光玻璃或窗帘，减少光线的通过量，降低紫外线的危害；在档案库房内使用紫外线少的人工光源；尽量减少档案使用过程中受光照射的时间和光辐射的强度。

7. 防尘

灰尘会对档案造成各种污染，是危害档案的隐性因素。预防灰尘的具体措施有：库房选址远离工业区或人口稠密地区；提高库房的密闭程度；采用空气净化装置，过滤和净化空气。

8. 防盗

档案库房的门窗应坚固，进出库房要随时锁门，安装防盗报警装置。

（四）定期检查、清点档案

定期检查和清点档案是档案库房安全管理的一项制度性工作。主要包括：观察档案实体的理化状态，查看档案是否霉变或生虫，检查库房中是否存在安全隐患，档案的调出和归还是否履行了规定的手续，档案实体的存放秩序是否出现了混乱，是否存在长期使用尚未归还的档案，等等。在档案库房搬迁或大规模提供利用之后，做好清点工作十分必要。

（五）档案应急管理

档案应急管理和抢救是指档案馆及档案形成单位建立相关制度和应急措施，保证在发生自然或人为造成的突发事件时能够及时、安全地抢救档案，尽量避免或减少档案所遭受的损害。所谓突发事件是指由人为或自然因素引起的突发性危及或可能危及档案安全和严重干扰档案工作秩序，需要采取应急处置措施以应对的事件。主要包括：针对潜在的灾害风险，如水灾、火灾、盗窃、地震、爆炸等编制档案应急抢救预案，在对永久保存的档案实行分级保管的基础上优先抢救珍贵档案。通过模拟演习提高和加强档案人员的应急抢救能力。对珍贵档案建立安全副本并实行异地保管，可在意外发生时避免遭受损毁。

突发事件应急处置预案应包括以下内容：编制和实施预案的有关危机情况和背景；应急处置工作的目标、要求和具体措施；应急指挥机构的建立及其人员组成，应急处置工作队伍的数量、分工、联络方式、职能及调用方案；有关协调机构、咨询机构及能够提供援助的机构、人员及其联系方式；抢救档案的顺序及其具体位置，库房常用及备用钥匙、重要检索工具的位置和管理人员；档案库房所在建筑供水、供电开关及档案库区、重点部位的位置等；向当地党委和政府、有关主管机关和上级档案行政管理部门报告的联系方式；其他预防突发事件、救灾应注意事项。

各级档案行政管理部门、各级国家档案馆、中央和国家机关档案部门在突发事件发生后，要采取下列应急处置措施：及时报警，在第一时间通知抢险负责人和相关人员，通知专业抢险救援部门等。在可能的情况下，采取行动消除事故；组织救援遇险人员，转移和妥善安置受威胁档案。迅速控制危险源，标明危险区域，关闭和限制使用有关设备、设施，采取防止发生次生、衍生事件的必要措施；对突发事件可能造成的危害和损失做出初步判断，启动相关应急处置预案；对灾害事故造成的受损档案，立即组织力量进行抢救。特别是对受水淹档案，要及时采取冷冻或干燥的办法稳定档案的状态，避免灾情进一步恶化。

第三节　档案管理的科学使用

一、档案资源的可行使用

（一）档案资源使用的方式与途径

数量庞大的档案，通常是根据其自然形成的体系整理和存放的，而档案的使用者则有着不同的、特定的使用需求。为了满足使用者不同的需求，通过各种方式有效地提供档案和有关资料，建立起档案的检索系统，以方便使用者迅速、快捷地查找到档案。开展档案利用的方式和途径有很多，主要的有以下几种：

1. 开设阅览室，直接提供档案原件或复制件借阅

通过开设阅览室，直接提供档案原件或复制件借阅。这种方法，在企业被广泛使用。

阅览室是联系档案的保管者和使用者的纽带，是档案工作发挥作用的主渠道，是社会各界了解和认识档案事业的窗口。一般要做好以下几方面的工作：阅览室的设置需兼顾优质服务和严格管理两个方面。阅览室要求明亮、宽敞、安静、舒适、清洁和方便。一般应有服务台、阅览桌和存物处等设施。阅览桌以无抽屉为宜，以便于管理人员必要的监护。为方便利用，还应准备一些工具书以及与所藏档案密切相关的参考材料。

（1）建立必要的规章制度，以维护阅览室秩序和档案的安全。阅览室开放制度内容包括：阅览室接待对象、档案材料的阅览范围、批准权限和入室手续、档案索取和归还手续以及使用者应爱护档案的若干具体规定等。

（2）为方便科技人员迅速地大量查阅，实行内部开架阅览。开架阅览

的基本做法是：第一，可供阅览的是科技档案副本。第二，开架的科技档案是非密的或密级较低的。第三，提供专门的开架阅览场所。第四，编写开架部分科技档案的检索目录，注明存放位置，并在每个阅览架上编制"科技档案检索图表"。第五，有资格进入开架阅览室的是本单位内部的有关人员。

2. 档案外借

档案外借是指按照一定的制度和手续，将档案携出档案馆或档案室阅览、使用。

档案馆档案一般不借出馆外使用，在个别情况下，为照顾某些工作岗位的特殊需要或必须用档案原件证等特殊需要，才可以将档案暂时借出馆外。在机关和企业内部，尤其是企业，档案携出档案室使用，包括到科研、生产一线现场相对多些。但特别珍贵和易损的档案，是禁止借出的。

为了便于掌握档案流动情况和安全检查，档案被借出时，应作借出记录，可以填制"代理卡"放在档案原来存放位置上，借出的档案归还后将代理卡撤出。

3. 制发档案复制本

根据档案原件制发各种复制本，是开展档案利用工作的一种重要方式，又称"复制供应"。其包括内供复制和外供复制。外供复制又是实现科技档案有偿交流的一个途径。

档案复制本分为副本和摘录两种。复制方法主要有复印、手抄、打字、印刷和摄影等。

这种方式有较多的优点，既可以提高档案利用率，缓和供需矛盾，又便于保护档案原件。这种方式也有一些缺点：第一，使用者查阅档案，总想看到原件，尤其用作凭证时，一般的档案复制本往往不令人满意。第二，由于现代复印技术的快速发展，尤其是静电复印机的广泛应用，有可能使复制本失控，造成多处多份复制、随意公布档案的事情发生，不利于档案保密和维护技术产权等方面的权益。为此，必须对档案复制本制发范围和批准权限作严格管理规定。单位秘书在有关事务中要切实负起责任。

在企业档案部门中，有一种与复制供应密切相关的提供利用服务方式，称为"技术市场交流"。它是指企业档案部门将企业的科技成果档案制成复制品后，推向市场，参与技术贸易，为企业创造更多的经济利益。这种方式能够给企业带来一定的经济效益，对科技成果的时效性要求较高，在为技术信息市场化服务的过程中，应注意保护企业技术秘密。

4. 出具档案证明

档案证明是档案保管单位向申请询问、核查某种事实在所藏档案中有关记载为使用者出具的书面证明材料。

在社会生活中，有些机关、企事业单位或个人，为处理和解决问题往往需要档案部门提供证明材料。例如，公安、司法、检察部门在审理案件过程中需要证明材料；个人在确认工龄、学历、职称方面需要证明材料等。

出具档案证明，档案人员只有在使用者正式申请下才能进行，而且对申请的审查和证明的拟写，都必须认真对待。申请书应写明要求出具证明的目的以及所查证问题的发生地点、时间和经过。档案证明一般应根据档案的正本或可靠的副本来拟写。在没有正本或副本的情况下，也可利用草稿（草案）。不论根据什么材料，都应注明其出处。出具档案证明时，档案工作人员不能妄加评论和结论，只能对有关材料进行客观的、如实的叙述或摘录，尤其对所要证明的问题起关键性作用的内容应做到原件的字、句，甚至标点完全吻合。证明填写好后，必须加盖公章，这样拟写的档案证明才能生效。

5. 提供咨询服务

咨询服务形式是档案人员以档案为依据，以自己所掌握的业务知识和专业技术知识为基础，对查询者提出的问题进行解答，或指导使用者获得有关某一方面档案的线索。档案人员会接触到各种情况的咨询业务，有一般性咨询，也有专门性咨询；有事实性咨询，也有知识性咨询；有专题研究性咨询，也有情报性咨询。

6. 印发目录

印发目录方式多用于科技档案的利用服务工作。它是将档案目录印制分发到有关部门。其包括内部印发（向内部各机构和下属单位印发）和外部交流两种。其目的是为了交流情况，互通信息。

7. 举办档案展览

档案展览，是根据某种需要，按照一定主题，系统地陈列档案材料。

这是通过展示和介绍有关档案的内容和成分而提供利用的一种服务方式。

档案展览的作用突出地表现在两方面：

第一，有利于宣传档案意义和提高社会档案意识。参展的档案材料一般是经过精心挑选的，容易给观众留下深刻的印象，进而引起人们对档案和档案工作的进一步重视，增强档案意识。

第二，有利于广泛发挥档案的作用。举办档案展览本身就是一种提供利用的方式，而且这种形式能在一定时期、一定范围内满足较多观众的参观要求，服务面广泛。这种形式会使档案的宣传教育作用得到充分发挥，能取得其他任何形式都达不到的广泛、深刻、生动的效果。

举办档案展览，要注意突出其思想性、科学性、业务性和艺术性。为使其达到满意的效果，首先要选好展览主题，然后精心选取和组织材料。档案馆根据自身的条件，可在馆内设长期的展览厅（室）；也可配合当地各种工作和有关的活动，酌情举办各种类型的档案展览会，如历史档案展览会、革命历史档案展览会、各种纪念活动等；或配合机关工作，举办各种小型的展览会，如工作或生产成果展、科研成就展等。其次，要对入选档案合理分类，编写前言、各部分标题、提要和介绍。围绕主题挑选档案，是组织展览过程中最重要的一环。档案展览内容的思想性、科学性和展出的效果如何，往往取决于展出档案的内容和种类，布展时要选择最有价值和最有意义的材料，特别是选择能正确反映历史事件、提示事物本质的材料。此外，还必须注意档案的保护和保密工作。对于机密档案，要严格按照事先确定的范围组织参观。展出的档案一般都用复制品。必须展出原件时，应采用透明装置保护措施，以防止档案的遗失和损坏。

（二）档案资源利用的内容、意义与规定

1. 档案利用工作的内容

档案利用工作，是指采用多种有效的方式直接提供档案及其信息加工材料，及时、准确地满足用户对本单位档案的利用需求的工作。从严格意义上讲，档案利用工作又可以区分为"提供档案利用"和"利用档案"这两个既有密切联系又相对区别的概念。

"提供档案利用"针对档案管理者而言，是指档案管理部门和人员以所藏档案信息资源作为基础，通过一定的方式和途径，直接提供档案，为前来了解查询问题的使用者提供服务的工作；"利用档案"针对使用者而言，是指使用者以阅览、复制、摘录等形式使用档案的活动。善于利用档案馆、档案室的档案，是现代秘书人员的基本功。

档案利用工作的内容主要是：熟悉本单位档案资源的内容成分，了解单位的业务活动及业务流程，掌握用户对档案信息的需求，通过咨询和接待等服务工作，把经筛选鉴别、加工整序、编目汇总出来的档案信息提供给用户，满足其利用需要。

2. 开展档案利用工作的意义

（1）档案利用工作是档案工作的根本任务。档案事业的发展离不开社会对档案的利用，我们做档案工作不是空头的理论工作，而是要把它付诸行动，应用于实践，为国家和社会的各项工作服务。各机关、企事业单位设置档案室和专职工作人员，其目的就是利用档案为国家服务。由此可见，档案利用工作是实现档案工作目的的关键，是手段，是档案工作的根本任务。

（2）档案利用工作为档案工作提供了展示平台。档案利用工作运用各种形式为档案工作提供材料，为社会服务，利用工作可以通过宣传，使人们认识其社会价值和重要地位，或者直接与使用者发生关系，体现档案工作的服务性和政治性，进一步提高自身的利用价值。因此，有人总是把档案利用工作比喻成联系社会的一个窗口，利用工作做得如何，是衡量档案室（馆）业务开展的程度、工作好坏的主要标志。

（3）档案利用工作是档案工作中最富有活力的一环。档案利用工作与社会服务者有着密切的关系，是使用者与被利用之间的桥梁和纽带。档案利用工作为服务者提供材料，服务者可以为档案工作着力宣传，两者相辅相成，休戚与共。另外，档案利用工作对整个档案工作有着检验和督促作用，平时工作中要监督各项工作做到防患于未然。在利用工作中可能会遇到各种各样的困难，或意想不到的事件，这时就需要我们有着严谨的态度去发现档案工作中出现的问题，看看材料收集是否齐全、整理是否系统、鉴定是否准确、保管是否安全，并做到合理修补。

3. 人事档案的利用规定

干部人事档案管理的最终目的是更好地利用干部人事档案，开展干部人事工作，管理人力资源。但干部人事档案的利用不同于一般的档案材料，它必须按照干部管理权限确定的范围进行利用。对查阅、借阅不同层次干部的档案，国家规定了相应的审批制度。尽管各地区、各部门具体的审批办法有所不同，但最基本的规定是，因工作需要才能查阅和借阅干部人事档案，并且必须遵守下列规定：

第一，查阅单位应填写"查阅干部档案审批表"，按照有关规定办理审批手续，不能仅凭调查证明材料、介绍信直接查阅档案。

第二，档案管理单位有权根据规定，确定是否提供和提供哪些材料。

第三，凡查阅干部人事档案，利用单位应根据有关部门的具体规定，派可靠人员到保管单位查阅室查阅。

第四，档案一般不借出使用。如有特殊情况借出使用时，要说明理由，经过主管部门负责人批准，并严格履行登记手续，限期归还。借阅单位不得擅自转借他人。

第五，任何人不得查阅或借阅本人及其直系亲属的档案。

第六，查阅档案，必须严格遵守保密制度和《档案法》有关规定，严禁涂改、圈画、抽取、撤换档案资料。查阅者不得泄露或擅自向外部公布档案的内容。

第七，借用、查阅档案的单位或个人，不得擅自复制档案内容。因工作需要从档案中取证的，必须请示干部档案主管部门审查批准后才能复制（拍摄）。

二、档案资源的有效开发

（一）档案参考资料的编写方式开发

档案信息开发的途径和方式很多，其中最主要的是编写档案参考资料。档案参考资料，是档案部门或人员按照一定的题目，对有关档案材料的内容进行研究、综合、加工而成的，可供使用者直接阅读使用的一种档案材料加工品。档案参考资料改变了档案原来的形式，具有问题集中、内容准确、文字精练、概括性强的特点，不仅能起到一定的介绍和报道档案情况的作用，而且更重要的是，可以直接为使用者提供有实际内容的档案材料。参考资料的最大优点在于使用者不必翻阅大批档案，便可简明扼要地得到所需的材料。下面介绍几种常用的档案参考资料的编写。

1．大事记

大事记，就是按照时间顺序，简要地记载一定历史时期发生的重大事件的一种参考资料。它是一种以时为经、以事为纬，简明地记载和反映一定范围内各种重要史实的资料书和工具书。它可以向使用者提供某一问题的历史梗概，便于人们研究史实的演变及其规律性，是总结工作、编写资料、考证历史的重要依据。

大事记的特点是必须严格地按照时间顺序记载有关历史事实；使用编年纪事体。编年纪事体是一事一记，逐年、逐月、逐日以事件发生的时间先后为序记述，一日数事，则分条记述。

秘书人员编写的大事记主要是持续反映本单位情况的单位大事记。

编写大事记应尊重历史、尊重事实，维护事物的本来面目，客观地加以记述。其具体要求有三：第一，观点正确，用材真实。第二，大事突出，要事不漏，小事不记。第三，系统条理，简明扼要。

大事记的内容，主要由大事时间和大事记述两部分组成。

（1）大事时间。大事时间，一般要求记载准确的日期，并按照大事时间的先后顺序排列，以便反映事件发生、发展进程；每件大事年、月、日齐备，有的甚至写明确切的时、分、秒。对时间不确切的事件，应尽力进行考证。先排有确切日期的大事，后排接近准确日期的大事，日期不清者附于月末，月份不清者附于年末。

（2）大事记述。大事记述是大事记的主要组成部分，通过许多重大事件的记述，反映历史发展的概貌和规律。大事的合理选择，是撰写这部分内容的关键。如何选择和确定大事，需要考虑如下三方面因素：

①要立足于本单位，突出本身活动。属于全国或其他较大范围内的大事，只有与本单位密切相关的大事才记；否则，不予记述。记述的目的在于说明大事的背景和由来。

②要根据本单位的性质、任务和主要职能活动选择大事和要事。一般情况下，反映主要职能活动的重要事件，才能列入大事记的范围。

③要体现本单位的特点。突出一定时期的中心工作、重大事件和要事。

2. 组织机构沿革

组织机构沿革是以文字或图表形式，系统记载一个单位或专业系统的体制、组织机构和人员编制变革情况的一种文字材料。

（1）内容。组织机构沿革的内容大致包括单位（系统）概况、机构名称改变、地址迁移、成立、撤销或合并时间、隶属关系、性质和任务、职权范围、领导人员变动、编制扩大与缩小以及内部机构设置等方面变化情况。

（2）编写体例及格式。组织机构沿革可以采取文字叙述或图表的形式，也可图文并茂。根据组织发展特点，选择不同的编写体例：一是编年法，即按照年度依次列出组织结构的演变发展。二是阶段法，即按照组织机构重大变革的若干历史阶段，分别记述各历史阶段组织机构的演变发展。三是系列法，即按照组织机构变化的主要内容，分别记述演变发展情况。

3．统计数字汇集（基础数字汇集）

统计数字汇集是以数字语言反映某一单位或某一地区、某一系统的某一方面情况或若干方面基本情况的一种参考资料。它是反映一个单位、系统或某一方面基本情况的一种数字材料，是了解情况、研究问题、制订计划、指导工作和总结经验不可缺少的依据和参考。

统计数字汇集按其内容可分为综合性和专题性两种。综合性的统计数字汇集则是记载和反映一个单位、系统全面情况的，包容性强，篇幅较大。专题性的统计数字汇集则是记载一个单位或系统在某个方面的基本情况的。

整体结构：①总标题：单位、内容、名称、时间。②编制说明。③正文。

4．会议简介

会议简介是简明扼要地记述会议基本情况的一种文字材料。广大机关、企事业单位干部经常需要查询会议的档案材料。例如，筹备一个会议之前，先行查阅以往有关会议的档案材料，许多程式性的内容便可沿用旧例，以收到事半功倍之效。

会议简介的主要内容应包括会议届次，召开的时间、地点，主持人，参加人（代表名额、分配情况、列席范围），会议议程，讨论与会议决策事项以及选举结果等。

5．科技成果简介

科技成果简介是科技档案的编研成果之一，是指对获得成果的科研设计项目的档案资料，扼要摘录其内容，汇集编印成册的一种参考资料。其内容一般包括：项目名称、项目内容、投资费用、主要技术经济指标或主要技术参数、经济效益、应用推广情况、鉴定评审情况、获奖情况、转让方式和费用等。

6．企业年鉴

企业年鉴是记录和汇集一个企业一年间的生产、经营、基本建设、科学研究等各类大事的有关文献、照片和统计数据等的综合性参考资料。

企业年鉴的特点是，利用年度的各种文字总结、数据报表、照片和说明文字等，记述和反映一个企业的综合发展状况。它一年编制一个卷册，年年记录汇录，但又前后连贯。

企业年鉴对于了解企业的综合情况和数据，进行工作总结、预测未来、计划决策，以及进行科学研究和编史修志等，可以提供比较系统和全面的档案材料。它被誉为"办公桌上的档案数据库"。

7. 企业史志

企业史志是依据企业档案信息撰写的史料性质的编研成品。从内容上划分，有就企业全部生产经营活动编写的综合性史志，也有针对某项专业活动撰写的专门性史志。企业史志史料性强，是以客观反映和系统阐述企业生产经营、科技工作及其各项管理的发展历史与发展规律为目的的，因此一般具有较高的和长远的利用价值。

8. 科技图册

科技图册也称"科技图集"，是以图样为主体，配以必要的文字和数字说明的编研成品。图样可以是设计图，也可以是简图或示意图等。图册主要用来表示产品或设备的规格、结构、性能、技术参数等，或表示基建工程设施的规模、布局、走向、结构、数据等。图册根据用途不同而有所区别，有为产品研制服务的图册，有为设备管理或工程设施管理服务的图册，有为技术交流或产品加工订货服务的图册等。

9. 科技手册

科技手册是以科技档案信息为依据，简明、扼要地概述特定范围的科技活动或专业的基础知识与规范的资料性工具书。所谓基础知识，是指专业性的基本数据、常用的计算公式和测试方法等。这些基础内容多是经过实践验证的成果和经验总结，带有一定的规律性，具有某种规范意义，是从企业档案中筛选出来，为企业各级领导、各种业务管理部门和技术人员、管理人员经常使用的，在形式上是可以随身携带备用的一种工具书。

10. 科技简报

科技简报是连续地报道科技档案信息的活页式编研成品。为了提高档案部门的信息反应速度，近年来许多档案部门分别创办了《档案信息》《档案信息快报》等刊物，它们是以及时、定向地传递科技档案信息为主要目的的刊物，受到科技档案使用者的好评。科技简报就是这类刊物的代称。科技简报可分为定期与不定期两种。

（二）档案资源开发的特点

1．档案开发利用工作能更集中地提供档案信息，更好地利用档案

档案开发利用工作向需要者提供的不是档案材料中的原始信息，而是经过档案人员提炼、整理、编辑出来的二次信息。这些信息不再像原始信息那种处于一种分散、凌乱的状态，而是组织成一个有机的整体。这些整体清晰地展示出一个事物、一段历史、一类产品、一项工程的前因后果、来龙去脉及全部特征。对需求者而言，既可以省去查找、摘录、分类的烦恼，又可以迅速掌握某一问题的详细资料，取得较好的利用效果。

2．档案开发利用工作能够有效地保护档案的原件，广泛传播档案信息

一方面，由于档案开发利用工作编研的各种资料上的信息均来源于原始档案，同样能作为各项工作的凭证和依据，通过利用各种资料能有效避免对档案原件的反复使用，减少利用带来的损耗，起到保护档案原件的作用。另一方面，由于各种资料上的信息又不完全等同于单份档案，它比单份档案更加丰富、全面和系统，加上资料可以大量印制甚至出版发行，因而开展档案开发利用工作能够广泛传播档案信息，扩大档案利用范围和影响面，帮助更多的需求者利用到档案资源。

3．档案开发利用工作能够帮助档案人员提高业务水平

档案开发利用工作是一项专业性、研究性、综合性较强的工作，对档案工作人员的素质有较高的要求。它不仅要求档案工作人员有一定的政治思想修养和理论水平，还要求档案工作人员精通档案专业知识，熟悉本单位档案的内容、价值、利用需求、特点等，同时档案工作人员还应具有较强的综合分析能力和文字能力。所以，开展档案开发利用工作实际上是对档案人员基本素质和业务能力的一次检验和推动。

档案开发利用工作的开展还需要以坚实的基础工作为前提。如果基础工作达不到一定的要求，面对一堆杂乱无章的档案，是无法进行深加工的。因此开展档案开发利用工作，还可以推动档案管理水平的全面提高。

（三）档案资源开发的注意事项

档案参考资料是档案开发利用的一项重要工作。编写各种档案参考资料应注意以下几点：①要广泛征集资料，熟悉馆藏的内容，掌握一定的原始材料以供编写。②注意材料真实、准确、表述恰当。③注意实用性。编研成果能否受到社会欢迎和重视，主要取决于它的现实有用性，因此档案部门要积极调查，了解社会需求，按需编研。④注意保密性。档案本身就有一定的保密性，因此在编制档案参考时，要注意保密，确保档案信息的安全。

三、档案管理的优质化服务

（一）档案服务的要求

1. 满足计划决策人员对档案的需求

计划决策人员包括两个层次的管理人员：中层管理者和高层领导者。计划决策人员是档案部门利用服务的主要对象，满足其对档案的利用需求主要有以下几个方面：

（1）提供档案信息的性质和范围方面。计划决策人员要求利用综合性的、可靠的、涉及面比较广泛的档案材料，越是高层的管理者，其考虑问题越要全面、决策越为关键，所以越需要档案人员提供经过加工的概括性、综合性强的高层次信息，越要求信息可靠，也越需要提供综合参考的非档案类的外部信息。

（2）提供档案信息内容方面。有两方面的材料是所有计划决策人员共同关注的：其一，政策性文件和分析论证材料。其二，历史上处理类似问题所形成的材料，包括决策方案、决策依据、反馈意见等。例如，本单位的机构沿革，工作或经营活动方面的历史情况和统计数据；有关本单位工作业务的国家和地方、上级部门的法律、法规、行政规章；有关某方面工作成功和失败的典型案例分析；国内外同行业的情报材料等。

（3）提供时间和方式方面。有特殊要求的计划决策人员希望用较少的时间了解较多信息内容，经过加工、汇集而成的信息密集度高的材料更受欢迎。此外，计划决策人员很少有时间亲自到档案部门查阅，利用过程常常是委托进行，在服务方式上最好做到主动上门服务。

2．满足基层管理者对档案的需求

基层管理者主要从事具体的业务管理、事务工作。不同性质、不同规模的组织机构，其具体的基层管理工作存在着一定的差别，一般包括生产、财务、人事、行政、销售等部门所进行的业务、事务活动。满足其对档案的利用需求主要有以下几个方面：

（1）提供档案信息的性质方面。要提供具体、详尽、实用性强的信息，能对具体工作给予帮助。档案工作人员应编制详细的检索工具，以方便查询。

（2）提供档案信息的内容方面。往往需要提供关于管理对象的有关信息，范围相对固定，如行政管理人员经常利用文书档案，会计人员经常利用会计档案，销售人员经常利用销售档案，等等。

（3）提供信息的范围方面。主要是单位内部信息，且其利用比较有规律。

3．满足科研人员对档案的需求

单位内部的科研人员，一般从事的是应用技术的研究，也有少数是开展基础研究的。另外，单位外部从事基础研究和应用技术研究的科技人员，有时也需要到单位来查询利用相应的科技档案。满足其对档案的利用需求主要有以下几个方面：

（1）提供信息的范围方面。科技人员的利用需求比较稳定，通常表现为对某一个或多个相关主题的档案信息的需求。

（2）满足其利用信息的形式方面。科技人员他们更愿意利用原始材料。

（3）对查全率要求比较高。要求提供关于某一专题的完整、准确、系统的成套材料。

（4）利用时间上。相对宽松。

4．满足工程技术人员对档案的需求

工程技术人员进行应用技术的研究，从事具体的工程、产品和其他科技任务的设计、施工、生产或管理、操作、维修等工作，属于具体的生产技术和生产工艺性质的活动。满足其对档案的利用需求主要有以下几个方面：

（1）提供档案信息的性质方面。要提供针对性强和内容具体的信息材料，如查用某个具体的图形、数据、报表等。

（2）提供档案信息的内容方面。比较注重专利文献和标准化材料，需要同类客体、同类项目或同行业的最新信息。

（3）提供时间方面。要求迅速和及时。

（二）档案服务的针对性

1. 要了解本单位业务、形势和工作进展情况

增强超前意识，有的放矢、快速高效地做好档案服务工作。

2. 要善于提供经过筛选、综合、归纳和提炼而成的档案编研成品

还要善于利用国家各级各类档案馆的档案，甚至要提供由档案、图书和情报综合而成的信息。

3. 要对不同级别的用户分别对待

明确不同用户的不同利用权限。一般来说，决策层、高级管理者、高级技术人员的利用权限大于一般职工。

（三）档案利用服务

"提供档案利用"与"利用档案"是档案利用工作的两大方面。有利用需求，才有档案利用工作，有档案利用工作才能实现对档案的利用。这两者表现为一个过程的两个方面。"提供档案利用"是"利用档案"的前提条件，"利用档案"是"提供档案利用"的目的。

（四）档案的电子化服务

档案的电子化服务是计算机技术迅猛发展的形势下兴起的一种档案的新型利用方式。它是指档案部门利用电子化办公设备和现代通信技术，向使用者提供非纸质载体的数字化档案。

由于办公自动化的进一步扩展和深化，特别是电子计算机和通信技术相结合形成了信息技术产业，过去的文字、图表、图形、影像、科技文件材料等各种档案形式都可以采用电子档案的形式进行处理和利用。同时，在国家的倡导下，政府各部门、各企事业在开展网络办公、电子办公等工作中形成了大量电子文件，随着这类档案在各级档案部门中的增多，电子化服务将会在今后得到越来越广泛的运用。

实现档案信息开发利用的电子化具有诸多优势：首先，能将文字、声音、图像结合起来，向使用者提供多媒体信息；其次，能使利用工作变得方便高效，电子化服务通过多媒体的超文本技术，可将计算机存储、表现信息的能力与人脑筛选信息的能力结合在一起，提高检索效率；再次，能

够提供超时空、全方位的信息服务。

档案电子服务化的方式主要有以下几种：

1．直接使用

直接使用即到档案部门直接查询电子档案。这一方式要求档案部门建立完善的档案数据库，配备拥有先进的硬件设备和实用、标准的软件环境的电子阅览室，以便使用者方便高效地利用电子档案。在直接利用中应注意对使用者的利用权限的限定，无论采取哪种方式，系统都应对使用者进行全程跟踪监控，并自动进行相关记录，以保证档案信息的安全，同时也作为对利用工作查证的依据。

2．提供拷贝

提供拷贝即向使用者提供记录在特定载体上的电子档案，所用的载体应随不同利用对象而异。对使用大型电子计算机设备的使用者，以提供磁带为宜；对一般的微型电子计算机的使用者，如果档案数据量较少，可用软盘进行提供，若是大量的电子档案，则可考虑用只读式光盘进行提供。在提供拷贝时，应将电子档案转化成通用的、标准的存储格式，以方便使用者查阅使用。

3．通信传输

通信传输即通过网络环境直接传递档案信息。这种方法比较适用于馆际之间档案信息的互相交流和向相对固定的档案用户提供档案资料，可以通过点对点数据通信或互联网来实现。这种方式可以在较短时间内提供大量的档案信息，内容丰富、速度快捷、效果良好。

4．网络服务

档案网络服务是近几年来基于互联网建立起来的一种全新的档案提供利用方式。其具体方法是档案部门将经过提炼加工后的档案信息连接在专门的网站和网页上，使用者根据自己的需要随时进行异地查阅。网络档案信息服务超越了时空界限，充分发挥了网络的互动功能，利用超文本链接提供多媒体服务，效果十分理想。但目前，网络技术的一些瓶颈制约了网络服务的进一步开展：一是大量的电子档案不可能都存储在网络中，否则将会对网络资源带来浪费，档案部门虽可以采用根据使用者的需求定期向系统加载信息的方法解决这一问题，但毕竟影响了档案信息作用的全面发挥。二是档案利用权限不易控制，档案信息与一般网络信息不同，它有着较强的政治性和机密性，一旦失控，将会给国家和单位造成不可挽回的损失。目前我国网络的安全性还存在着较大的隐患，防范能力差、抗攻击能力弱等技术缺陷较明显，硬件设施、软件环境依赖国外等问题都会影响网络服务的正常运行。三是网络资源需要定期维护、定期更新，需要必要的人力、财力、物力的支持，对档案工作人员的素质也有着较高的要求。就目前的情况来看，一些档案部门的网络服务还流于形式，有些跟着政府上网的大潮建立起自己的网站，但却不知道如何发挥作用，其网站除了一个并不漂亮的主页外别无他物。还有的内容几年如一日，除了一些档案部门的基本信息，如电话、地址、机构设置外，没有真正可利用的内容。如何最大限度地利用网络资源，更新档案提供利用的形式，对档案部门提出了新的挑战。

档案网络服务不仅是现代社会的档案需要，而且也是贯彻我党提出的建设政治文明的重要举措。要保证档案网络服务的顺利进行，各级档案部门应从思想上高度重视，把它作为档案提供利用的重要措施和社会民主化进程的重要举措，在技术、人才等方面加大投入，尽快完善网络服务的技术环境，适应时代发展的要求。

第五章　现代档案资料管理工作研究

第一节　信息时代基于网络的档案管理工作

一、档案信息资源网络

档案信息资源网络是指用不同的连接方式将空间位置和存储机构不同的档案信息组成一个错综复杂、有条不紊的组织或系统，以实现档案信息的利用和共享。档案信息资源网络是由档案机构实体网和档案信息因特网共同构成的。

（一）档案机构实体网

档案机构实体网是一个由相互之间能够通过一定的关系联系在一起的档案机构所组成的，能够发挥某种功能的统一整体。档案机构实体网可以分为三个层次，由低至高分别为档案机构组织网、档案机构协作网和档案机构信息资源网，这三个层次相辅相成、密不可分。

1. 档案机构组织网

档案机构组织网是一个由不同级别和类型的档案机构组成的群体，是档案机构实体网的基础组成部分，是档案机构协作网和档案机构信息资源网的前置单位。档案信息资源是一种形式特殊的文化宝藏，需要精心保护和传承，而档案机构组织网是保护档案的直接系统，它能够在充分利用档案信息资源、推进国家发展、满足社会需要的同时，保护好这些信息资源，确保这些资源的安全。

2. 档案机构协作网

档案机构协作网是在档案机构组织网的基础上发展而来的，是对档案机构组织网的一种扩展与补充。它强调网络中各档案信息实体之间的协调与合作，是一种能够实现各档案机构之间的交流和资源共享的组织形式。档案机构协作网弥补了档案机构组织网的缺陷，进一步增强了档案机构之间的联系，使档案机构实体网成为更紧密的主体。

3. 档案机构信息资源网

档案机构信息资源网是信息时代档案管理系统的终极目标，是在档案机构组织网的基础上建设起来的。档案机构信息资源网是一种将不同空间位置和存储机构中的档案信息相互联系起来，实现档案信息在各档案机构中的共享和利用的系统。档案机构信息资源网并不局限于档案机构实体网，它拥有很高的自主性，专注于档案信息资源本身的管理与开发利用，能够有效满足人们对档案资源的需求。

（二）档案信息因特网

档案信息因特网是建立在因特网上，依靠因特网的联网功能而存在的档案信息系统。因特网是信息时代最具标志性的产物之一，被称为"信息高速公路"。将档案信息资源网与因特网连接起来，就形成了档案信息因特网，使档案信息资源实现最大程度上的共享。档案信息因特网为档案机构实体网提供了新出路，它以数字化的形式实现了组织合作、协调互补，打破线下交流困难的局面，使用户能够轻松地获取想要的档案信息，实现档案信息资源的网络共享。

综上所述，档案信息资源网络由档案机构实体网与档案信息因特网共同组成，它通过因特网以便捷、高效的信息资源传递方式，可以实现实体网络中各档案机构中档案信息资源的共享，能够帮助实体档案机构达成业务合作，从而实现馆藏共享、交流和互补。

二、网络环境对档案信息开发的影响

（一）网络环境

1. 网络环境的概念

网络是一种信息科技时代的通信工具。通过网络通道，能够使数据在各终端间互相传输，实现智能的、互相连接的计算机之间的资源共享。共享是网络的中心和意义，是指信息和服务的共享，不仅代表着流通的信息，而且代表着交换并利用信息的用户。可以说，网络的灵魂是共享，共享是网络存在的意义，如果无法共享，那么网络就不能被称为网络。

网络环境是指在电子计算机和现代通信技术相结合的基础上构建起来

的高速、综合、广域型数字式电信网络。这种网络通过网中设网、网际互联，可以覆盖一个国家、数个国家乃至全世界。网络环境如同人们周围的社会环境、工作环境、学习环境一般，只不过它是一种由电子元件支撑的物理空间，是一种虚拟的世界。网络化的历史进程推进了网络环境的诞生与成熟，这是客观存在的动态发展进程。

2. 信息网络环境的特征

信息流通的全球网络化和信息利用的全程数字化是信息网络环境的基本特征。数字化信息和传统的实体纸质资料有着多方面的区别，具体表现如下。一是记录方式不同。传统文献资料是线性的、顺序的；而数字化资料则是由计算机直接组织的。二是存储形式不同。传统资料以单介质存储；而数字化资料则以多媒体的形式存储。三是传播与利用方式不同。传统的传播与利用方式是面对面的交流和传递，从单一介质转向另一单一介质；而数字化信息的传播与利用则是通过计算机网络进行的。

在数字信息科技不断发展的今天，互联网在人类社会中取得了无可替代的地位，人们逐渐习惯于从网络中获取信息，使用全世界共享的信息资源。这种情况使得传统的信息开发利用模式受到了冲击，逐渐向网络化、数字化的方向发展。总而言之，数字信息时代带来的变革正在给社会带来颠覆式的冲击，使信息本身和承载信息、利用信息的主体面临着更加严峻的挑战。

（二）网络环境对档案信息开发的影响

1. 为档案信息开发利用提供了有力的工具和手段

从表面上看，档案信息的开发是对信息的发掘、整理和汇编，是对信息获取渠道的开拓，是对档案信息库的建设和信息流通的推动；从内涵上讲，档案信息的开发是对档案信息的重组、加工和利用。网络是计算机技术、通信技术、网络技术和多媒体技术相互融合诞生的结晶，它集合了这些技术的功能，能够利用强大的信息处理能力和传输能力快速整理、开发并交流档案信息。在信息技术时代，档案信息已经从以馆藏主体为主流转向以网络信息主体为主流方式，在全球网络化的背景下内吸外取，实现了档案信息全球范围内的共享。

总而言之，世界已经被局域网、广域网等网络连成一体，使档案信息实现了不受空间和时间限制的传播，为档案信息的开发利用创造了优势。信息技术的不断发展使网络不断进步，使网络能够帮助人类社会进一步获取和交换信息，为信息市场提供更多的可能。

2. 改变了档案信息的利用方式

传统的档案信息利用受到时间和空间的限制，身处异地的人想要交换档案信息，往往要耗费大量的时间和精力。而网络消除了这种隔阂，让档案信息的传递能够跨越时空，实现全球即时共享。也就是说，即使相隔万里，也可以通过计算机网络直接获得档案信息，省去了跨越千山万水的时间。同时，在网络的支持下，能够获得档案信息的人不再局限于区域内部或行业内部，只要是获得权限的用户，都能够获取并利用相应的档案信息。

3. 打破了传统的档案整理方法

在网络强大的信息处理能力下，档案的立卷、归档很快就能够完成，这使得传统的鉴定整理、立卷归档工作规范已经不再适用，促进了新规则的形成。

网络对于档案的整理和传播有着积极作用，有利于档案信息为社会提供有力的数据支持，如帮助决策层获取信息，获取优秀的政策效益和经济效益，使档案信息的帮助决策属性得到大幅增强。

（三）档案信息开发利用在网络环境下面临的新挑战

1. 档案信息的提供方式要适应网络信息服务的特点

网络信息服务呈现出服务范围社会化、服务对象个性化、服务过程一体化、内容集成化和质量精品化等特征与趋势。①服务社会化不仅是指服务对象是社会群体，也指服务内容包含社会生活中的各种信息，而且表明信息服务在网络环境下具有规模化、产业化的特点，信息服务业已经成为信息产业中的一项重要业务。②随着现代信息技术的不断发展，网络已经具备了服务对象个性化的条件，能够满足用户的个性化信息需求。③服务过程一体化是指在信息网络的支持下，用户可以直接在网络中完成查询信息目录、浏览文件、下载数据等行为。④内容集成化是指在网络环境中，在保证网络信息的全面性和完整性的前提条件下，利用多媒体技术满足用户对信息的多样化需求的服务。⑤网络信息服务质量反映了商品优质化的发展趋势。如今，规模效应逐渐失去了吸引客户的作用，网络运营商逐渐明白了用户更加需要的是直接、快速、准确地找到并利用所需信息。要想提高网络信息服务的水平和能力，应该提高信息的可用性和内容含量。

目前，公共网络档案信息服务模式主要有馆藏介绍和目录查询两种。馆藏档案全文存取、档案信息网络化利用的实现在国内档案网站尚未见到报道，在国外已有应用实例，如美国国会图书馆。该图书馆是一个拥有大量珍贵历史文献的图书馆，它利用网络技术将所收集的重要资料转化为易于下载的图像和文本。目前，我国档案信息网络服务主要通过揭示档案信息的外部特征，为档案信息内容与用户之间提供一座桥梁。这与网络信息服务的整体特点和用户利用过程中"就近、省力"的原则还有差距。因此，开发利用档案信息网络的关键是普及信息的可获得性，尽快实现档案信息的全文存取，供用户充分共享。

2. 档案信息进入公共网络的安全问题

不同于保密性和贮藏性很强的档案馆，互联网是一个开放性很强的平台，使得档案信息的安全性和可靠性面临着很大的隐患。在网络环境下，主要有操作系统、硬件设备和网络黑客三个因素威胁着档案信息的安全。

操作系统是计算机发挥自身功能的基本条件，当前最普遍和最常见的Windows 操作系统的安全性不尽如人意，受到许多用户的质疑。因此，实现档案信息全文上网，首先要解决操作系统的安全问题。目前，我国已经有学者和相关人士意识到开发具有我国特色的操作系统是一条可行之路。

中央处理器的安全性主导着硬件设备对档案信息安全性的影响。在我国，较为常见的中央处理器主要来自英特尔公司。为了增强在线电子商务的安全性，英特尔公司在中央处理器中设置了专门的序列码来识别用户，但是这一序列码给非法用户（网络黑客）提供了获取合法用户计算机内部信息的机会，给具有保密性质的档案信息带来了很大的安全威胁。

网络黑客是采取非法手段编写代码、程序，向互联网传播病毒和攻击特定网站的用户。他们借助互联网的便捷之势，大范围扩散破坏行为，给档案信息造成巨大的安全隐患。一方面，计算机病毒的大规模传播，会导致档案信息被严重破坏，出现乱码甚至信息消失等一系列无法挽回的后果。另一方面，神出鬼没、出手毫无预兆的黑客也使得档案机构不放心将档案信息上传至云端。其实，虽然网络黑客造成的威胁确实难以消除，但是我们也不应因噎废食，放弃互联网的诸多优势。档案工作者应当积极面对这些困难，从信息和网络的特点入手，与计算机专业人员一同合作，研究出可靠的方式，确保档案信息的安全性和可靠性。对此，美国国家档案馆已经在互联网中开通了档案信息主页，用户可以直接通过该主页获取自己想要的信息。与此同时，美国也制定了相关的法律法规限制了电子文献信息的检索，涉及国家安全和公民隐私的档案信息都不会在互联网中公开。

3. 档案信息的共享建设工作依赖计算机网络管理

档案信息的共享建设不能仅仅依靠单个档案机构。要想切实建设有效的档案信息共享系统，应依靠相关单位的配合和协调，充分发挥人力、物力和财力等优势。我国目前已经建设成了档案信息共享体系，拥有从中央到地方的档案机构的支持，可以充分推行档案网络化管理。档案网络化管理可以克服各级档案机构各自为政的状况，形成现代化档案管理工作体系。多数档案馆采取使用副本或复制件的方式来解决因追求整个馆藏档案的完整性而引起的原始档案所有权争议，直接在网络上建立"虚拟档案馆"，通过档案部门之间的合作，实现档案信息网络共享，形成完整的网上档案信息系统，完成网络档案信息共建工作。

标准化建设是档案网络共建共享能够实现的技术前提。档案信息资源共享有一系列的标准需要遵守，包括信息加工、信息记录、信息检索、信息处理与控制等标准。这些标准的实施使档案信息的交流和存储能够在网络上实现统一规范。要想建立能够无障碍分享的档案信息网络管理数据库，就一定要建设并自觉遵守统一标准。档案信息共享必定会面对档案机读目录数据库的标准化和规范化的困境。

三、网络环境下档案信息开发的对策

（一）宏观对策

1. 统一规划、制定政策

网络环境下的档案信息开发是系统化、组织化的，为了节省资源、避免重复工作，相关机构应进行统一规划，根据拟定的统一规划进行档案信息开发是十分必要的。为此，应当遵循政府相关部门下发的政策，服从宏观调控，制定统一规则，规范网络环境下档案信息的开发。

2. 强化意识、加大投入

随着信息时代的不断发展进步，网络环境下的档案信息开发成了档案事业发展的必然方向。网络环境下的档案信息开发是为了提升档案管理工作的现代化水平，打开档案信息的获取渠道，提升档案机构的竞争力，优化资源配置。当前，我国档案机构并没有全面树立起网络化意识，要想跟上时代的步伐，推动档案管理工作的发展，就一定要加强网络环境下的档案信息开发意识，认识到网络环境下档案信息开发的重要性和急切性。为此，政府应加大对网络环境下档案信息开发的资金投入；拓宽获取网络环境下档案信息开发资金的渠道，采取招投标的方式，吸纳更多的可利用资金；监督资金的分配和使用，避免出现浪费或者挪用、占用等不良现象。

3. 完善法规、健全标准

在网络环境下进行档案信息开发工作需要有独立的安全保障。对此，政府需要尽快制定网络环境下档案信息开发的法律法规和细则，对档案公开的原则、组织以及档案信息开发的责任等做出全面、详细的规定，确保档案信息能够在统一的规定下得到开发和利用。

网络环境下任何不符合标准化工作的信息或技术都将不被允许进入正规系统。因此，在网络环境下建立标准化的档案管理体系成为在网络环境下进行档案信息开发的一个重要条件。

4. 调整机制、培养人才

在网络环境下，档案信息的开发应紧密围绕市场需求进行。目前，互联网的单位用户中，政府部门、商务部门、科研部门、教育部门以及国防部门均占有一定比例。为了满足这些不同部门用户的档案信息需求，我们应当有针对性地开发档案信息。为了实现这一目标，我们需要构建一个适应市场需求的驱动机制。这种机制能够灵活应对市场变化，确保档案信息的开发能够紧密跟随用户的需求变化，从而提供更加精准、个性化的服务。

网络环境下的档案信息开发还需要一支具有较高专业能力的团队。然而，当前档案机构人才匮乏、职能不明、人才流失的现象普遍存在。面对这种情况，有必要尽快建立一支能够适应网络环境下档案信息开发的专业队伍。较为常见的办法是补充人才以及对现有人才进行培训。在对现有人才进行培训时，既要教授计算机基础知识和计算机自动化管理，还要教授现代通信技术应用基础、计算机信息网络、人工智能和经济信息研究与咨询等知识作为补充。

（二）微观措施

1．转变观念、迎接挑战

随着信息技术的不断发展和科技的不断进步，档案机构应该真切地意识到信息社会一定会走到科技化的道路上，并为即将到来的变化做好充分准备。首先，要提升档案管理工作人员的计算机操作技能，逐步实现办公自动化。其次，要形成分级档案信息网络的理念，增加档案管理工作人员上网的机会和条件，同时防止网络中的信息被屏蔽或销毁，提高网络服务效率。最后，要推进网络一体化的形成，不仅要实现形成各级档案机构网站和网页的互联互通，还要尽量与政府、图书馆、文教部门产生联系，推动档案信息网络社会效益和专业信息利用率的提升。

2．采集数据、丰富馆藏

数据采集是在网络环境下开发档案信息的前提。档案信息扫描、存储的工作量非常大，需要投入大量的资源来进行快速的数据采集，否则网络环境下档案信息的开发就不可能成功。因此，各档案机构应加快数据采集速度，及时跟随科技更新换代配备先进的技术设备，提高原始档案的扫描和存储速度。同时，为最大限度地提高档案信息开发的效率，发挥档案信息的价值，各档案机构应当通过调查分析找出高价值、高利用率的档案信息，对其进行重点采集。此外，各档案机构还要在现有档案的基础上建设馆藏丰富的网站。首先，在计算机管理技术的支持下，按照计算机著录方式对档案信息进行编译研究，建设独立网站，下载档案信息。其次，统一著录规则和项目格式，实现各档案信息站点的管理模式、工作流程、数据格式和网络规则的标准化，保障网站能够规范运行。再次，加强档案信息的开发，尽可能地将不具有保密性、能够在网上公开的档案信息根据社会性、价值性、可用性、效率性的原则上传至网络，提供给用户使用。最后，为了提升用户的访问兴趣和概率，提高网站的利用效率，在网站初步建成后，要随时对其中的信息进行更新，确保网站的活力。

3．变更方式、建立数据库

如今，人们已经步入了信息时代，网络环境潜移默化地改变了人们对待信息资源的思维方式、获取方式和手段。在网络环境下，因为传统的方式已不能满足人们对于档案信息的需求，必须改革创新，采用新的档案信息组织方式来推进档案管理工作。传统的档案信息组织大多采用人力的方式进行，如著录、标引等前期工作都需要通过烦琐的手工劳动完成，而且分类表和叙词表的编制与维护工作也要耗费人力。现在，网络中的信息越来越多，其时效性也决定了不能够有太多的中间环节和处理环节，否则信息将失去价值。因此，必须解决档案信息组织自动化这一问题。以往的档案信息组织方式只适用于文本信息，但在网络环境中还有很多声像、图形等非文本信息，这些信息相对来说更加复杂且难以归类，不容易像文本信息一样能够格式化和标准化。因此，只有对传统的档案信息组织方式进行改革，才能够揭示档案信息的完整内涵，正确且全面地开发档案信息。除此之外，网络中档案信息用户的构成具有多样化、个性化、复杂化的特征，获取档案信息的门槛较低，有许多用户都没有掌握成熟的档案专业知识和技能，因此对档案信息提出了透明、易用的要求。这也意味着必须对档案信息的组织方式进行改革。

数据库的建立是组织档案信息的重要途径，具体是指对待整合分类的档案信息经过合理的标准化处理，然后将其存储在计算机中。利用数据库技术组织档案信息，可以大大提高档案信息的有序性、完整性和安全性。可以说，数据库技术与网络技术的结合，促进了档案信息的开发，提高了档案管理工作的效率。

当前，档案机构要努力开发独具特色的档案信息数据库；各档案机构之间要分工协作，按照资源共享的原则共同建设档案信息数据库，避免重复工作和浪费资源，通过网络为用户提供广泛而深入的档案服务，提高档案服务质量，增强用户对档案的深度共享。

在建设档案信息数据库时，要注重内容质量。我国的档案信息数据库中多为文摘、索引、目录等二次信息，图形、图像较少。虽然二次信息也可以在一定程度上提供相应的服务，但是并不能完全满足用户的需求，因此必须充分开发一次信息。

4．制定标准、保障安全

档案机构要吸收和借鉴国内外在网络环境下进行档案资源开发的成功案例，尽快着手制定和发布合理可行的标准，如编码标准、数据库标准、数据格式标准、设备标准、通信技术标准等，明确各级档案机构的责任和义务，使档案机构之间保持稳定的联系。

利用技术手段可以提高网络环境下档案信息开发的安全性。首先，编写电子文件归档管理程序，及时、完整、安全地保存档案信息，避免网络故障等原因导致的相关信息丢失或损毁；其次，实行纸质和非纸质相结合的方式，避免病毒感染、网络故障等原因造成的档案信息无法找回而导致的严重后果；最后，建立档案信息加密网络和开放网络，严禁在开放网络查看机密档案信息，从而防止黑客恶意盗取或破坏。

四、信息时代档案网站探索

档案网站是指以网页形式提供档案信息及相关服务的专业信息服务网站。它是档案信息化的基础组成部分，也是档案机构与用户实现交流的端口。

（一）档案网站的类型

根据网络环境、建设主体和技术手段等不同分类标准，可以将档案网站分为以下类型。

1. 按照网络环境分类

根据网络环境不同，可以将档案网站分为以下类型。

（1）基于互联网的档案网站。互联网是一个开放的公共信息传播平台，基于互联网的档案网站致力于满足广大人民群众的档案信息需求，满足人民群众的相关文化需求，为广大公民提供可以利用的档案信息，重点提供公开档案和现行政府文件。

（2）基于政府内部网的档案网站。政府内部网是为了满足政府内部各部门协同工作的需要而建立的专业办公网络，不对外授权开放，即其用户仅限于政府部门。基于政府内部网建立的档案网站，旨在满足档案机构办公活动的需要，其目的是更好地协调档案机构上下级之间以及档案机构与其他政府部门之间的工作，并为其他部门开展档案工作提供业务指导。基于政府内部网络建立的档案网站提供的档案具有一定的保密性，包括重要的非公开档案和只能在一定范围内公开的档案等。

（3）基于档案机构局域网的档案网站。基于档案机构局域网建立的档案网站一般和档案机构办公系统或档案管理系统相互集成。此类档案网站为保证信息的安全性，具有严格的身份识别和权限控制机制，只有通过严格的审查才能在权限内浏览和利用档案信息。

虽然不同网络环境下的档案网站在服务对象、功能目标、内容模块、信息服务、信息内容、栏目设置、建站技术等方面存在较大的差异，但是它们都是在档案信息的支持下建立的，致力于提供使用户满意的档案服务，因此能够在整体框架下统一进行规划、建设和运行，实现资源共享，避免无意义的重复工作和"信息孤岛"的出现。

2. 按照建设主体分类

按照建设主体不同，可以将档案网站分为国家档案局网站、地方档案局（馆）网站、专业档案馆网站、基层档案馆网站、档案刊物网站、档案教育咨询网站、个人档案网站。

（1）国家档案局网站。国家档案局网站既是国家档案局的官方网站，也是全国档案信息网站的门户网站。国家档案局网站中存储的档案大多是档案行政管理方面的信息，但并不包括中央档案馆中的档案信息，因此不能算作国家档案资源中的龙头网站。此外，国家档案局网站还具有导航网站的作用，用户可以从国家档案局网站直接进入地方档案局（馆）网站。

（2）地方档案局（馆）网站。地方档案局（馆）网站数量较多，是发展最快、分布最广的网站类型。这类网站是在地方实体档案馆馆藏资源的支持下建立的，主要提供网上档案管理和行政服务功能。

（3）专业档案馆网站。专业档案馆网站是向用户提供专业档案服务的网站，它建设在各级各类专业馆藏的基础上，如北京市城建档案馆网站、贵州省测绘资料档案馆网站、辽宁省地质资料档案馆网站等都属于专业档案馆网站。

（4）基层档案馆网站。基层档案网站是基层企事业单位基于档案（室）资源建立的提供档案宣传、查询和利用服务的站点。基层档案网站主要是高校档案网站，如苏州大学档案馆网站、中国科技大学档案馆网站等。

（5）档案刊物网站。档案刊物网站是档案杂志或档案出版机构在互联网中建立的具有网上出版、网上发行等功能的档案站点，是档案学者和档案从业人员进行学术研讨、业务交流和专业资源共享的园地。现有的档案刊物网站有"档案界"（由《档案管理》杂志主办）、"档案学通讯"（由《档案学通讯》杂志主办）、"中国档案资讯库"（由中国档案报社主办）等。这些刊物网站虽然出现的时间较晚，数量也不多，但是内容形式丰富、有活力、发展迅速，在业界、学界享有盛名，访问率高。

（6）档案教育咨询网站。档案教育咨询网站是档案学会、档案教育、档案研究机构、档案行政机关等组织为了进行档案教育培训、咨询、业务交流、讨论等工作而建设的档案网站。例如，由中国档案学会建设的"文件与档案工作者继续教育园地"网站；由《中国档案信息主流网站发展状况及其用户需求的调查与分析》课题组主办的"档案在线"网站；中国人民档案学院网等。

（7）个人档案网站。个人档案网站的建设主体是档案专家、学者、档案从业人员或学生个人等。它的主要目的是方便同行探讨学术思想、交流工作经验、传递专业信息等行为，其主要形式包括各类档案网站、博客等。例如，曾享有盛誉的"兰台眼"，在和讯个人门户网站开设的"中国档案学研究"，在西陆社区开设的"中国档案论坛"等。

3. 按照技术手段分类

档案网站从技术手段及其实现的功能看，可以分为以下技术类型。

（1）静态档案网站。静态档案网站是由一系列使用标准 HTML 代码的静态网页构成的站点。当用户想要浏览这种档案网站时，本地预览通过 HTML 传输协议向网站服务器发出请求，获取 Web 内容，服务器则将网站事先已经设计完成的 HTML 网页发送到用户端，供用户浏览查找。静态档案网站由于是事先编写的，并不会因用户的操作发生改变，最多可能出现极简单的动画显示效果。

静态档案网站的优点是简单灵活，网站的设计与维护一体化。但是也有着不容忽视的巨大缺陷，主要有以下两点：第一，网站与用户之间的交互十分匮乏，基本只有网页上提供的电子邮件链接。第二，维护和更新效率低下，想要更新静态网页的内容，维护人员必须反复制作 HTML 文档，并且采取人工的方式维护所有链接，而随着档案信息的与日俱增、不可计数，人力几乎无法完成这项工作。因此，随着技术的发展，静态网站不能满足用户的查询需要，目前已经几乎不存在纯静态档案网站。

（2）动态档案网站。动态档案网站是利用 ASP（Active Server Pages，动态服务器页面）、PHP（Hypertext Preprocessor，超文本预处理器）等技术将前端静态网页与后端数据库系统相链接，利用数据库进行构建的档案网站。所谓"动态"，是指在不同的用户、不同的时间访问同一网站时进行的不同选择操作会返回不同的页面，网页内容能够按照用户的要求和选择发生变化并动态响应；网站将根据背景数据的变化自动生成新页面，而无须手动更新 HTML 文档。相比静态网站，动态网站除了网页设计，还要进行数据库编程，从而使网站能够对用户的指令进行动态反应，如网页自动检索、在线交流系统等。

动态档案网站基于数据库技术，实现了用户登录、用户管理、在线检索、在线论坛等后台管理和实时交互功能；将网站设计和网站维护任务分开，使两个部分能够分别进行，降低了对网站维护人员的综合技术要求；通过程序自动实现网页之间的链接和网页数据的更新，大大降低了成本，减少了网站维护的工作量。但是这种网站也具有很多缺点：安全隐患较大，如果在编程过程中出现失误或考虑不周，网站可能会因广泛的交互性而遭受黑客攻击；每个页面的打开都要读取一次数据库，一旦同一时间内网站访问量巨大，则可能会出现服务器因负载激增而导致网站的运行速度降低，或者导致服务器崩溃；由于动态网页相对复杂，需要网站设计师和程序开发者的配合，对网站设计团队的专业性要求很高。目前，动态网站已经是几乎所有档案网站采用的技术形式。

（3）档案网站集群。档案网站集群是指将在一定范围内的全部档案网站按照整体规则集中建设，并在统一标准、整合资源和协同管理的基础上，连接形成一个有机整体。网站集群以门户网站为中心，建立起能够通往全部档案网站的导航检索平台，让用户在平台的帮助下轻松获取所有站点的信息和服务，并通过站群管理软件对所有站点进行统一管理。

档案网站集群的意义在于：通过数据资源的规范化和管理平台的统一，广泛共享集群中的所有网站资源，中心网站可以快速检索各子站点的网页信息和数据库，各子站点上的重要新闻信息自动收集并显示到中心网站。用户访问集群系统时，只需要登录中心站点，便可访问所有网站信息，从用户的角度看，网站集群相当于一个网站；通过网站模板及其软硬件环境的统一设计、开发，节省了大量投资；通过网站维护和内容管理权限的规范化，实现了集群化管理。

网站集群建设与其说是一种技术进步，不如说是一种管理上的创新举措，因为其所应用的集约管理的理念对档案建设有着较强的现实意义。我国许多地区已有了建立档案网站集群系统的尝试。例如，在"档案网站集群系统版面设计及功能研究"科研成果的基础上，湖北省档案局采取统一投入、统筹推进的方式，一次性投入15万元，与信息技术公司联合开发"湖北省档案网站集群"系统，建立了以省局（库）档案网站为中心站，以点、市（州）档案网站为骨干，以县（市、区）档案网站为节点的多站点、多集群网络平台，获得了良好的实践效果。缺点是由于技术缺陷，还不能将其称为完全的网站集群系统。

（4）基于Web2.0技术的档案网站。Web是互联网应用的总称，即全球广域网。Web1.0缺乏互动性，网站基本只能将信息存储在服务器上提供给用户，用户则作为被动的接收者通过浏览器接收信息，信息的质量和数量都由信息提供者所决定（网站建设者）。Web2.0弥补了Web1.0互动性不足的缺陷，用户能够在网页上进行简单的交互。用户不仅是网站内容的使用者，也是网站内容的制作者。参与性、社会性、开放性和等价性是Web2.0网站的特征。

档案网站若使用博客（blog）、内容聚合（RSS）、即时通信（IM）、维基百科（Wikipedia）、社会网络服务（SNS）、网络书签（Tag）等技术，那么就可以被认为是一个基于Web2.0的网站。Web2.0技术对档案功能和价值的扩展具有重要意义。比如，用户档案博客群的建设能够留住用户，加强用户之间的交流互助，增加网站人气；即时通信的应用能够在网站上建立公众与档案专业人员的对话窗口，让公众更加方便地获取所需档案；可以通过实名制建立SNS，扩大档案从业人员之间的联系。目前，Web2.0技术在档案馆网站建设中得到了广泛应用。

（二）档案网站的功能定位

首先，档案网站建设要进行正确的定位，找准对象、目标和功能。定位不准确、目标不明确、职能不到位，一定会造成资源的浪费，造成工作效率低下。

1. 档案网站的总体定位

从本质上讲，档案网站是档案机构在实体上所能够发挥的职能，是在网络世界的一种变相投射和扩展，是网上的档案局（馆）、档案室、档案教育、出版机构。档案馆网站主要有如下总体定位。

（1）网上档案行政窗口。各级政府档案行政主管部门的档案网站，主要是为了利用互联网在行政命令发布和传递方面的优势，便捷高效地提供行政服务。根据 1999 年 1 月发布的《政府上网工程白皮书》，政府上网是指各级政府部门利用互联网/内联网等技术，在信息网络上建立官方网站，推进政府办公自动化和政府网上便民服务，在信息网络上实现政府在经济、政治、社会生活等领域的管理与服务职能。档案局网站也有着相似的定位，也是在网上设立档案行政服务中心，公开政务信息，方便群众行使监督权等公民权利。

（2）网上档案信息中心。档案馆、档案室在不同的网络环境下建立档案网站，旨在充分利用网络信息传输的实时性优势，随时随地地提供档案信息利用服务，使档案信息受众更大，档案信息的利用更加快捷方便，档案资源的共享更加广泛和深入。目前，我国的档案利用中心和档案编目数据中心正从真正的档案馆走向网络环境。档案网站已成为档案资源与档案用户联系的重要渠道以及档案馆藏信息向公众流动的主要平台。

（3）网上档案文化园地。档案是记录历史文化、记录客观事实的载体，档案馆具有历史传承和文化教育的功能。建立档案网站的目的是通过网络互动，以更加丰富多彩的形式实现其文化功能，使档案网站能够成为历史文化宣传、爱国主义教育和专业教学培训的重要舞台。

2. 档案网站的具体功能

档案界对档案网站功能的讨论由来已久，专业人员发表的档案网站建设研究论文中都有对档案网站功能的探讨。对于档案网站的功能主要有三种观点：一是具有服务、宣传、对话、中介、传播五大功能。二是具有宣传、服务、传播、启示和教育五大功能。三是具有宣传、服务和传播三大功能。这三种观点的支持者都有不少，显然对于档案馆网站的功能，学者们众说纷纭。在实际应用中，不同类型的档案网站由于其档案资源、网络环境和服务对象的不同而具有不同的功能。想要建设一个能够发挥最大效益的合适的档案网站，就一定要对网站个性需求和具体情况进行具体分析。从理论上总结，各类档案网站一般具有以下功能。

（1）档案检索。为网站用户提供在线检索是档案网站的最基本功能，目前几乎所有在馆藏资源基础上建设的档案网站都拥有这一功能。在线档案信息检索采用后台数据库技术，在多种功能上超越了传统信息检索。其检索内容包括历史档案、政府现行文件和其他文献。检索层次可分为目录信息、全文信息或编研成果。检索途径包括题名、档号、关键词、分类号等，检索方式包括简单检索、分组检索、模糊检索等。在线档案信息检索也可采用动态检索链接机制，能够进行站内、站外、复合检索等检索，打破了实体馆藏界限，实现了跨馆检索。在线文件检索没有时间限制也没有空间限制。通过适当的技术和管理机制，可以确保档案网站的信息检索安全。例如，在内网网站实行严格的身份识别、权限控制、内容分级管理等机制；在面向普通用户的外网网站，只开放文件的目录查询和部分开放档案的全文等。

（2）档案管理。档案馆（室）将档案管理业务的部分工作扩展到档案网站中进行，以提升档案管理效率，来适应管理环境的网络化趋势。在外网中建设的档案网站在提供检索功能外，通常还具有档案发布、收集、交换、展示、借阅，以及业务咨询等服务性功能。在档案馆（室）内部局域网中建设的档案网站，一般是作为整个档案业务管理系统的统一前台而存在的，并全方位地整合了档案管理的各项业务。

（3）档案行政。档案行政机关也将其管理职能延伸到档案网站之中。一般来说，在政务外网和互联网上建立的档案网站会设有"政策法规""政务公开""业务指导""公文传递""网上审批""行政投诉"等栏目，具有解读档案行业相关政策、发布有关政务公文、进行网上办公等功能。档案局在政府内网建立的档案网站是政务系统的重要节点，是为地方政府提供档案行政服务的重要平台。

（4）档案宣传。档案机构可以利用网络这一信息平台，通过设置"档案局（馆）概况""馆藏介绍""服务指南""工作动态""行业新闻"等栏目向广大民众开展全面且广泛的宣传工作，使人们对档案机构、档案工作、档案职业能有更多的了解，从而帮助人们更好地利用档案网站，充分了解档案馆藏和服务的情况，使档案网站成为网络环境下档案机构和档案职业形象的代言，增强档案机构的社会影响力和市场竞争力。

（5）交流互动。档案网站可开设"建言献策""统计调查"等板块收集用户意见。还可以通过开辟用户个人空间，开放邮箱地址，提供在线实时咨询（IM）等方式收集用户的反馈信息，向社会征询档案服务建议，为各类用户解惑答疑，搭建档案机构与公众之间的沟通桥梁，促进档案事业的健康发展，使档案网站成为档案用户、档案管理人员和档案专家的交流互动平台。

（6）文化展示。档案馆网站可设置"珍品典藏""特藏陈列室""特藏展室""网上观览""名人档案"等板块，利用信息网络的强大逻辑性和关联性，将档案馆中具有重要历史意义和审美价值的珍藏展现出来。通过馆藏展示，能够显示出档案网站的文化底蕴，展现社会的民族精神，实现人类历史文明的传承与保护。

（7）专业教育。档案网站的功能之一是开展档案专业教学与文化教育。档案网站通过设立"教学园地""网上教室""知识世界"等板块，利用教育资源整合和分散的教学模式的优势，及时发布教育教学信息，上传教育课程，举办档案文化讲座、比赛等，对档案从业人员和公众进行专业培训和素养的提升。国内外都已经越来越重视档案的教育功能，如中国档案学会建立了"文件与档案工作者继续教育园地"网站；美国 NARA 网站的"教育工作者和学生"板块为在校学生和社会人员准备了易于理解、充满乐趣的多媒体教育资源，以丰富的档案历史资料串联起来的学习内容，让用户在轻松的浏览中提高档案意识和技能。事实上，档案网站的专业教育与文化展示功能是相互交叉、相互渗透、不可分割的。

（8）研究出版。档案网站可设置"编研成果""学术园地""档案报刊"等板块，将档案编辑研究文献以电子版的形式上传网站、发布出去，共享档案课题成果，在线编辑发行档案出版物和工作通报，建立以学术研究为核心的论坛和新闻组，以充分发挥档案网站学术研究和出版平台的作用。

（9）娱乐服务。档案馆网站不仅是一个专业网站，而且是一个大众化的文化休闲场所。在档案网站的访问者中，不仅有为特定档案而登录的学者、获得专业档案服务的从业人员，也有大量为搜索陌生事物而登录的随机访问者。因此，一定要同步增强档案网站的文化性、娱乐性和服务性，提升网站的服务能力和吸引力。建立"历史回顾""文化痕迹""名人轶事""风土人情""古城旧影"等历史档案文化栏目，建立"地方黄页""交通地图""天气预报""资料下载"等服务栏目，再设置健康、体育、游戏、美食、音乐等娱乐民生栏目，在不压缩主要功能的前提下提升网站吸引力，获取更高的人气。例如，加拿大国家官方档案网站就开发了生动的多媒体游戏，这个游戏不仅具有娱乐性，同时加入了加拿大的历史文化资料，从而将娱乐与学习融为一体。

（10）信息中介。档案网站通过与档案导航网站、地方政府网站、其他档案网站、图书信息资源网站、新闻媒体网站等相关网站建立直接或间接的链接，实现网络信息资源的整合，起到信息中介的作用，提供各种资源服务。

(三）档案网站建设的原则

档案网站建设需要大量的人力、物力资源的支持，它的设计、制作和维护是一个十分烦琐的过程，有着复杂的影响因素。为了保证最终的建设成果，应当遵循以下原则进行建设工作。

1.用户主导原则

档案网站的建立是为了实现资源与用户的交互，为了向用户提供服务。实体档案馆兼有收藏价值和利用价值，可以不在乎是否有很多的来访者，但一个档案网站如果没有访问量，就没有存在的意义。可见，访问量是衡量一个档案网站价值的重要指标，浏览者越多，网站越有影响力，越能体现网站的价值。

所以，用户导向是网站建设的核心，一定要想方设法地提高网站的用户访问量。首先，要精准定位用户群，对用户进行深入了解和分析，确认不同用户的个性化需求，不断发掘和吸引潜在用户，满足不同用户的不同需求。其次，网站的设计要保证内容丰富多彩，尽量满足用户的个性化需求，如网站增加不同语言或文字的版本，设计完善的检索系统和导航系统，以及除档案信息本身以外的其他便民服务、娱乐板块等。再次，与时俱进，及时对网站设计、网站内容进行更新重设，运用时下流行元素，迎合用户心理，避免用户长时间面对单一版面造成审美疲劳。最后，要加强网站与用户的交流，通过加强建设用户论坛，向用户邮箱发送调查问卷，设立专门的互动板块等方式，将网站建设成为能够连接用户和资料的交流平台。

2.内容为本原则

档案网站中的档案信息是档案网站的根本，档案网站是通过向用户提供档案信息来实现自身价值的。用户进入档案网站是因为想要浏览和利用其中的档案文件，或者获取与其相关的服务。网站的根本是信息内容，如果没有充足的内容支撑，网站设计无论怎样精彩都不能留住用户，也不能获得有黏性的访问量。因此，想要建设好档案网站，就要将网站内容充实起来：一是要保证档案信息资源的全面，尤其是收集并准备充分的档案目录数据和全文信息，为检索和内容筛选提供保障。二是要对网上信息进行严格识别，确保其内容的严谨性、科学性、真实性和准确性。三是要对网站内容进行系统分类整理，为提高上传信息的质量，对原始信息进行深处理和深加工。

3．整体设计原则

档案网站并非封闭孤立存在的，而是整个网络系统的一个节点，是和其他网站分享着一样的用户群、网络环境和数据资源。档案信息本身浩如烟海，每个档案网站提供的信息只是其中的一小部分，是一个个档案网站中的信息构成了整个的档案信息网络。因此，要立足整体，纵观全局，统筹兼顾地建设档案网站，找准网站定位，确定自身的服务方向和内容特点。

第一，应加强和其他网站的联系，通过提供其他网站的链接来获得更多的访问量。

第二，应制定档案信息资料的统一规范和标准，只有采取统一的标准才能够建设出基于全网的跨数据库检索模式，实现无障碍网络共享。

第三，应树立独特的网站特色，增强网站吸引力，避免网站信息同质化或者服务上的冗余，这些与众不同的特点是档案网站的活力所在。互联网是一个广阔的世界，各类网站不计其数，如果内容不够出色，很容易淹没在洪流之中，只有提供精彩的特色内容才能提升网站价值，吸引用户的注意力，获得访问量。档案网站一方面要注重建设根本，建成以档案资源为依托的专业网站；另一方面要发挥地方特色，收藏能够反映当地地理政治、风土人情和历史人文的档案，以地方特色优势提高网站的竞争力。

（四）档案网站的设计

在确立了档案网站的目标和功能后，必须要全面地收集相应的资料，并对收集到的资料进行整理和分类，以设计出能够满足用户需求的内容板块和栏目结构。

1．档案网站的内容准备

（1）档案馆藏信息。档案馆藏信息是档案网站的信息主体，包括目录信息、全文信息和编研信息三个层次。

①目录信息。档案网站的目录信息可分为介绍性目录信息和检索性目录信息两种。介绍性目录信息包括馆藏类型、内容范围、特色介绍、馆藏完整目录、特色馆藏目录、系列档案目录、全文引文目录、专题馆藏目录、专题档案索引等，一般以电子文本和表格的形式提供。检索目录信息主要包括文件目录、案卷目录和专题目录，以数据库系统组织和管理，便于联

机检索。

②全文信息。全文信息是指经过数字化的纸质档案、照片档案、音像档案。由于档案网站的容量和网络带宽是有限的，只能选择性地展示全文信息。一般情况下，会挑选一些有特色、有价值的照片档案或受到公众喜爱的音像档案片段。至于基于公共网络的全文信息的在线利用，需要在完善的档案数字化和网络安全利用机制下进行。

③编研信息。档案网站的编研信息一般包括大事记、年鉴、机构沿革、史料选编、基础数字汇编、专题汇编等各种形式。

（2）档案职能信息。因为档案网站兼具档案管理和行政的功能，档案网站必须上传档案局（馆）的行政职能或管理职能信息，主要内容如下。

①机构概况。档案局（馆）地理位置、工作时间、基本职能、内部机构、主要领导、岗位职责、联系方式（联系人、电话、邮箱、各部门通信地址）等。

②机构背景。档案局（馆）历史沿革、发展规划、建设目标、实施项目等。

③档案服务。服务内容、服务对象、服务方式、服务政策、服务限制、开放时间、查档程序、查档方式、收费标准和阅读标准等。

④归档内容信息。馆藏概述、开放文件范围和相关检索工具介绍。

⑤行政信息。相关法律法规、制度标准、文令公告等。

⑥工作动态信息。国内外档案管理工作动态、工作简报等。

⑦专项业务信息。社会、教育、科技、职称、信息化建设等专项业务的管理信息。

⑧档案基础资料。国家档案工作统计表、可供下载的表格文件等。

（3）政府现行文件。许多档案馆都设立了政府公文阅览中心。要想将这一功能延伸至档案网站，就要先完成收集工作，要求网站工作人员通过网络或传统方式系统地收集、整理并审查政府机关的现行文件，建立全文数据库，并根据《中华人民共和国政府信息公开条例》和地方政府的有关规定，在合理确定政府现行文件的公开范围和控制权限的基础上提供政府现行文件的查询服务。

（4）档案文化信息。为实现档案网站的文化园地功能，档案网站要展示大量馆藏以及与档案利用有关的文化信息。例如，档案馆藏中的数字图片、音像片段、文史资料、风土人情介绍等，以及档案专业知识、学术论文、其他生活娱乐资料等。这些信息不仅丰富浩瀚，而且来源十分广阔。其中有些是档案机构自己编译制作的，有些是从外部信息源中收集的，有些是用户通过网站互动平台上传的。无论这些档案信息出自哪里，都凝聚着作者和网站编辑的心血。

（5）公共服务信息。档案网站还要承担一定的社会责任，提供一些公共服务信息。例如，有些档案网站提供了天气、航班、公交车、地图、酒店、本地黄页、相关软件下载等许多与公众生活密切相关的公共服务信息。这些信息的收集、整理以及更新需要耗费大量的精力，并且有些内容涉及版权问题，需要通过专门途径和方式获取并取得信息提供者的授权。

（6）相关链接资源。在档案网站中设置外部网站的链接，在某种意义上扩大了档案网站提供的信息量。因此，选择合适的外部资源，通过适当的方式获得链接权限，是一项重要的工作。档案网站的外部链接主要有以下几种：①国内外档案网站，特别是档案门户网站。②地方政府网站和门户网站。③图书馆和信息资源网站。④新闻媒体网站。⑤国内主流门户网站。

以上网站的链接并不难获得，很多档案网站都提供了这些网站的链接地址，只要稍做留意即可获得。但是，要与这些网站设链，需要与被链接网站进行沟通，获得对方的许可；同时也可同链接网站协商，在对方的网站上留下自己的链接地址，以扩大自身的影响力。

2. 档案网站的信息组织

档案网站的建设并不是将上述内容简单罗列就可以完成的，而是需要实现相关信息的逻辑组合。目前，网站信息的组织方式很受网站建设者们的重视。有一些学者已经开始运用信息构建理论来分析档案馆网站的信息组织问题。信息构建理论是研究网络信息资源之间的逻辑关系，通过构建信息路径来满足用户需求的科学理论，强调网站信息的可理解性，强调信息组织过程中的架构，强调用户需求和用户体验，并认为通过信息构建，档案馆网站将生成内容组织体系、标识体系、导航体系和检索体系。信息构建理论还认为，网站要想提高自身的点击率，拥有更多的用户，就必须选择最适合网站信息内容表现的信息组织和表达方式，并提供简单、方便、快捷的检索工具，引导用户深入访问网站。

根据信息构建理论，一个优秀的档案网站的信息组织应具备以下几项内容：①基于用户群分析而建立的网站内容范围。②合乎逻辑的网站栏目设计，一般采用自上而下的树形分类结构。③友好的信息导航系统，提供网站地图、搜索引擎、必要的内链、常见问题解答等，通过技术设计使网站结构更加清晰，易于浏览。④完善的信息检索系统，提供多种途径的文件检索和现行的文献检索系统。⑤良好的网站标志，能够准确、简洁地反映网站的名称、栏目特点，符合网站特点。

3．档案网站的栏目设计

档案网站栏目设计是指确定档案网站的内容体系，并提供网站设计的结构框架。档案网站最常见的栏目结构是树状结构。一般来说，主页设立几个主栏目，主栏目又可分为几个子栏目。需要注意的是，层级不宜过多，否则会显得烦琐，不够精简，一般设置 2 ~ 3 个层级即可。

在档案网站的栏目中，常设栏目如下：

局馆概况：介绍档案局（馆）的基本职能、日常工作和业务流程，令用户形成对档案室（馆）的整体印象；公示档案室（馆）的地址、开放时间以及电话、传真、电子邮件等联系方式，以供人们查询联系。

行业新闻：及时发布并更新国内外档案工作的新闻和学术动态，确保网站信息与时俱进。

最近更新：列出网站中最近更新内容的列表，方便用户注意并利用最新消息。

馆藏简介：介绍馆藏档案的内容。

珍档荟萃：珍藏档案的介绍。

档案展览：展示和宣传特色馆藏和音像档案。

休闲档吧：提供档案典故、名人轶事、城市变迁、历史沿革等信息，满足用户休闲娱乐的需求。

档案查询：建设档案搜索引擎，可以设置简单查询、高级搜索等不同查询方式，以方便用户查询。

现行文件查询：专门设置现行文件的搜索引擎，并提供全文浏览。

电子阅览室：功能类似于档案查询栏目和现行文件查询栏目，提供各级档案和档案编研成果的目录和全文浏览。

档案下载：提供各级档案目录、全文包下载。

档案政务：介绍档案管理服务的内容、对象、流程、程序、收费等行政信息，是网站服务的窗口。

政策法规：主要内容是通过网络上传和下载档案相关的法律法规、行政法规、工作标准及相关规范性文件。

业务指导：包括档案管理的基本知识、业务操作流程等，公布国家和地区档案管理的新要求，目的是为基层档案管理工作提供业务指导。

档案收集：发布网上档案收集的原则、范围及相关信息，在线收集档案线索。

出版发行：介绍档案出版物和档案编研成果，网上发行或推广档案出版物。

公共服务：为公众提供信息服务和信息咨询，如本地黄页、地图导航等。

娱乐天地：提供有趣的网络影视作品、游戏等。

留言板：用户可以在留言板展现自己的想法，如网站建设意见、对相关学术问题的看法、求助信息等。

论坛：包括档案学术讨论、信息交流、FTP（File Transfer Protocol，文件传输协议）和HTTP（HyperText Transfer Protocol，超文本传输协议）下载、常见问题解答、灌溉区（非学术讨论区）等板块，但要想在论坛发布言论、回复他人言论、参与讨论等，需要进行简单的注册登录。完成注册登录后，就能够自由地在论坛上发表合法的意见，或是找到自己感兴趣的内容。

博客空间：用户展示自我、分享感受、参与交流的场所。

网站指南：包括网站地图、各板块介绍、特色推荐等，可以帮助用户找到自己想要的内容。

站内搜索：在线搜索网站的主要板块和内容。

在线咨询：邀请各类档案专家展开全天或固定时间的在线咨询活动。

常见问题解答：栏目站长会经常对用户提出的问题进行解答，以方便其他用户快速解决类似的问题。

链接：指向相关资源的链接列表。

以上只是现有档案网站栏目设置的总结，栏目之间可能存在交叉，仅供档案网站设计栏目时参考。由于定位不同，不同类型的档案网站在栏目设置上有一定的差异，但是无论何种类型的档案网站，在设计档案网站栏目时都应注意以下几点。

第一，主栏目要重点突出，逻辑清晰。档案网站的栏目设计要分清主次，应从网站的总体定位和基本功能入手，认真分析网站信息与网站服务的相对重要性，在此基础上确定档案馆网站的主栏目。主栏目要体现网站主题，突出网站服务重点。然后，根据需要进一步划分子栏目。每个栏目都要有明确的定位，避免栏目之间内容重复，从而建立逻辑性强的栏目体系。

第二，栏目名称要简洁明了。首先，栏目名称要准确，与栏目所提供的信息或服务保持一致，不要故弄玄虚，让用户感到无法理解。其次，栏目名称要短，否则会占用太多的空间，而且不利于用户记忆。再次，栏目名称要有规律，最好字数相同，如都采用四字结构。最后，要尽量具有人文艺术魅力，如"古都寻踪""兰台掠影"等栏目名称就能够显示出文化底蕴。

第三，导航栏和互动栏尽量放在一层。档案网站一般具有多层次的内容，因此有必要建立网站地图，引入搜索引擎等导航工具。为了使用方便，应该尽量将导航栏放在主页上，或者至少应该在主页上建立内链。论坛、留言板、博客、在线咨询、问答等互动栏目对网站意义重大，应该放在网站主页的明显区域，以便用户参与互动。

4. 档案网站的网页设计

网页是网站内容的展现载体，许多相互关联的网页共同构成了网站。一个设计良好的网页不仅易读，而且能给用户带来良好的视觉体验和美的享受，还能吸引用户深度浏览网站，增强用户黏性。档案网站网页设计与制作的注意事项如下。

（1）内容简练。考虑到当前网站运行的实际环境，如网络传输速度、服务器性能指标、广大用户的连接状态、客户端浏览模式等，档案网站的网页设计应简洁精致，不能为了艺术美而过分牺牲网络传输速度，影响网站实用功能的发挥。相关研究结果表明，如果网页的主体在 15 秒内没有显现，用户就会失去耐心，无法继续等待。因此，单页网页的容量不应超过 500 kB。与此同时，考虑到各种因素，将网页的尺寸定义为 779×600 像素较为合适，而且网页上使用的图片应足够精致。网页中的图片应为 GIF 或 JPEG 格式，动画应为 GIF 或 SWF 格式，主页的广告图片可设置为 470×600 像素，网站标志可设置为 88×31 像素（GIF 格式），每张图片最大不超过 100 kB，从而提高网页下载、上传速度，避免因传输超时而造成用户流失。

（2）布局合理。由于档案信息繁多，如果档案网站的网页设计不合理，就很容易显得臃肿冗余，影响用户的浏览兴趣，降低档案信息阅读效率。

因此，网页的布局非常重要。网页布局的目的是将各种网页组件（文本、图片、图表、图像、菜单等）以最适合浏览的方式排列在网页中的不同位置。合理的页面布局应突出重点，协调平衡。一般网站的标志、菜单、特色内容等模块都放在显要位置，其他模块则放在次要位置。档案网站常用的页面布局有"T"形布局、"口"字形布局、"同"字形布局、"国"字形布局、"三"字形布局、对称对比布局、pop 布局等。每种布局都有其优缺点。在布局风格上，档案网站应贯穿平衡、呼应、对比、密度的布局原则，先画出网页布局草图，再在不断的修改更新中，使网页布局越来越个性化、合理化。

（3）标题鲜明。网页标题是对网页内容的总体概括，代表了整个网页的精神内涵，一般在网页顶端显示。通常用户收藏网页和搜索引擎抓取网页时，都会将网页标题作为默认的名称，可以说网页标题是网页的第一重门面，因此一定要对网页标题进行多方考量、精心设计。优良的网页标题能够取得良好的网页宣传效果。确定网页标题的原则是清晰准确、简明扼要、特色鲜明，最好还要能够展示出一定的文化内涵，而且标题字数不宜过多，以便用户记忆和查找。

（4）色彩协调。网页的色彩能够向用户展示一个网页的整体形象，色彩设计的关键是颜色要协调，能够使用户产生美的享受。因此，网站设计一般会遵循一些设计规则。为避免颜色杂乱，从而影响用户体验，网页的主色调通常不超过三种颜色，标题、标志和背景要保持色彩格调的统一和谐，使用户能够专心浏览网页内容。网页的主色调应当体现网页内涵，除主色调外，也可以适当添加一些辅助色调为网页赋予生动的美感。有些网页会用固定的色调来展现网站的主体形象，如政府相关网站通常采用红色、公安机关网站采用蓝色等。档案网页的色彩选择没有固定的标准，但是无论采用怎样的色彩搭配，都要注意艺术技巧，充分体现设计者的美学修养，保证网页符合大众审美取向。例如，在阅读区块，文字部分与背景需采用对比色，以方便用户浏览阅读；标题、标志、链接等重要内容应采用鲜明的色彩加以突出，给用户留下深刻的印象。总而言之，优秀的档案网页色彩设计方案应当兼顾文化性和艺术性，使色彩搭配整体协调、特色鲜明，还能够突出重点，展现档案网站的专业性和文化性，给用户留下深刻的印象。

（5）风格一致。档案网页的设计应当做到风格统一，即任何一个网页的整体形象以及背景颜色、文字、图像、标题、板块等具体内容的设计都应当风格一致。设计风格一致能够为用户带来整洁流畅的视觉体验，还有利于网站形象的建设，展现网站的系统性、独特性和专业性。

（6）注重首页设计。档案网站首页的设计是网站总体设计的重中之重，因为网站的首页是一个档案网站的门面。优良的首页设计既要符合美学规律，又要符合心理学要求，能够充分引起用户的兴趣和关注。如果首页的设计杂乱无章，重点不明，那么网站的优秀内容就很容易被埋没。一般来讲，网站首页设计主要包含的元素有网站名称、网站标志、主菜单、广告条、重要链接、站内搜索、联系方式、问卷调查、计数器、版权信息等。其中，网站名称必须精练概括、明确规范；网站标志代表着网站的形象，是艺术美学与网站内涵的集合，即使所占位置很小也不能忽视，而且应当将其放置在显眼位置，且应像主色调一样贯穿始终。网站首页的下属重点网页内容可以分区块在首页中显示，方便用户快速找到想要的信息，引起用户的访问兴趣。总体而言，首页设计要以精简大方为标准，追求结构清晰、主次分明，避免堆砌细节，显得烦琐冗余。

第二节　信息时代大数据环境下的档案管理工作

一、信息时代大数据环境下的档案信息资源整合与挖掘

（一）信息时代大数据环境对档案信息资源整合与挖掘的保障

1. 大数据概念探析

20 世纪初期，互联网中的网页以 700 万/天的速度直线增长。之后，随着互联网使用人数的增多，越来越多的信息被上传到互联网中，也给人们精准查询所需信息造成了困难。在这样的背景下，谷歌建设了第一个涵盖数十亿网页的数据库，这成为大数据时代来临的标志。谷歌公司提出的分布式技术体系是大数据技术的原点。

大数据概念自提出以来就一直饱受争议，至今没有被广泛认同的明确定义。我们主要可以从以下三个方面对大数据进行理解：一是资源方面，大数据具有数量庞大、结构丰富和信息时效性强等特征。二是技术方面，处理大数据需采用智能算法、新型计算架构等新技术。三是应用方面，大

数据技术能够帮助人们制定决策、发掘未知，能够优化在线闭环的业务流程。大数据不仅代表数量庞大，也代表新资源、新技术和新应用。

2．大数据对档案信息资源整合与挖掘的保障

（1）对档案信息资源高效存储的保障。随着信息的海量产生，数据的单位已经从 TB 级升到了 PB 级。同时，科技进步使数据资源呈现出分布性和异构性的特点。有许多数字资源需要归档，包括非结构化数据（如文本、图片、各种表格、音像等）、半结构化数据（如电子邮件、HTML 文档等）以及结构化数据。非结构化和半结构化数据都不方便使用关系数据库的二维逻辑表来进行组织。

随着各类档案信息资源的不断累积，传统的关系型数据库已经不能满足对这些档案的组织与管理，大数据技术的出现则弥补了这些缺点，并且可以达到对档案分布式存储和快速检索的目标，成为人们常用的管理系统。大数据存储方式多样，常见的有 Hadoop、NoSQL 等。这些存储方式有一些共性，即在硬件技术的支持下，采用可扩展的、并行的技术手段，以非关系模型对非结构化和半结构化数据进行处理，并对收集来的大数据进行高级分析和使用可视化技术。

（2）对档案信息资源价值挖掘的保障。在档案数字资源中，不同档案数据资源的价值各有不同，这提升了人们在浩瀚的档案资料中获取价值信息的难度。怎样从这些价值信息中寻找出真正有价值的档案信息，并方便快捷地传递给用户，是档案管理工作者在大数据时代必须面对的难题。

大数据时代带来的新技术，为相关专业人员提供了新的解决问题的方式。利用大数据技术，档案管理工作者能够发现数据中的规律，找出档案信息资源之间的联系，将它们分门别类地进行整合，进行多维、多层次的展示，将非结构化数据转化为结构化、半结构化数据，使用户可以更方便、更准确地获得档案信息资源，还能够在用户有需要的情况下用可视化技术生成图像，直观地展现档案信息资源。

（二）大数据环境下的档案信息资源整合

1．大数据环境下档案信息资源整合的必要性

在科技革命的背景下，信息科技飞速发展，互联网渗透至人们的生活之中，并对社会各行各业产生了革命性的影响。档案信息资源在这样的历史条件下，也必须进行变革，其管理模式、载体和记录方式等都要向着数字化、网络化的方式转变。

信息科技革命推动了人类社会的发展，计算机和互联网使人类社会连成一个整体，丰富的信息和数据实现了数字化，大数据时代也随之来临。人们在日常生活、工作中会产生大量的信息数据，这些信息数据记录着人们的各种行为，可以在经过分析后发挥重大价值。例如，沃尔玛超市就通过数据对顾客行为进行了分析，将啤酒和尿布这两种看似毫不相干的商品摆放在一起销售，使两者的销售量大幅上升，取得了不俗的业绩。这是因为在一个孕育着婴幼儿的家庭中，女性常要求丈夫前往超市为孩子购买尿布，而将啤酒摆放在尿布旁边时，男士通常会选择顺便为自己购买几罐啤酒。于是，二者互相带动，为沃尔玛超市带来了巨大的利润。这一营销案例充分展现了大数据分析的效果，证明了大数据对于企业发展具有重要的意义。将档案信息资源进行整合，同样能够充分发挥档案信息资源的潜在价值，全面实现档案信息资源共享。这是信息化发展的必然趋势，也是档案事业发展的必然趋势。

2. 大数据环境下档案信息资源整合的分析

信息科技的发展使互联网走入千家万户，计算机信息技术和网络通信技术使信息数据的数量呈指数增长。然而，机遇往往伴随着同等的挑战。互联网的飞速发展使人们在便捷地获取大量档案信息资源的同时，也要面对档案信息精准检索和安全保护等难题。总而言之，大数据时代的到来为档案信息资源的整合与利用都带来了新的挑战。

3. 大数据环境下档案信息资源整合的措施

在大数据环境下，档案信息资源数量巨大、增长迅速、来源丰富，在为人们提供大量档案信息资源的同时也带来了相应的挑战。

（1）实现由馆藏中心模式向服务中心模式的转变。云计算、Web2.0文本挖掘技术等大数据时代的信息挖掘技术，能够在大数据技术的支持下，对数据繁杂、互相关联的档案信息资源进行分析，预测出事件可能出现的倾向，进而帮助人们进行决策。大数据时代要求人们摒弃过去单方面灌输的思维模式，要"对症下药"，即了解广大民众的真正需求，建设以社会利用需求为中心的档案信息资源体系。对于档案网站来说，可以将导航、索引等功能进一步优化，从而更加方便用户对档案信息资源的使用，实现由馆藏中心模式向服务中心模式的转变，使档案信息资源更贴合用户的需求。

（2）加强大数据时代档案信息资源整合的安全保障体系建设。一是要建立身份与访问管理（IAM）系统和隐私保护系统，进行身份识别和访问权限的控制，从而实现用户安全一体化管理，提升档案信息资源整合和大数据应用过程中的安全风险应对能力。二是通过数据加密技术保证档案信息资源的安全。通过安全套接层（Secure Sockets Layer，SSL）进行加密，可以在数据集中节点有效保证档案信息资源的安全。三是利用大数据技术和安全体系，对重点领域的档案信息数据进行日常监管，对档案信息资源的无序存放、利用等引发的外泄风险加以防范。四是对档案信息资源进行实时异构备份，提高系统的恢复能力。

（三）大数据环境下的档案信息资源挖掘

1. 大数据技术在档案信息资源挖掘领域的应用背景

在信息时代，每时每刻都有大量的数据被记录，并在大数据技术的支持下被分析利用，成为高价值的社会资源。大数据时代的到来对人们的社会生活、思想意识等多方面产生了巨大的影响，为社会各界带来了新的变革，档案领域也在大数据技术的支持下产生了新的特性和内容。怎样在浩如烟海的档案信息资源中挖掘到想要的信息，然后对挖掘到的信息资源进行分析利用，是大数据时代档案管理工作的重心。大数据技术以云计算、语义引擎和可视化分析等手段代替了传统档案信息资源管理方式，满足了当下档案信息资源开发利用的需求，为档案管理工作带来了活力。如今，大数据技术已经是在全球范围内应用极广的技术，备受世界各国各行各业的推崇，我国也对这项技术给予了大量政策和资源支持，并推动了大数据技术在档案管理工作中的应用。

（1）大数据技术为档案信息资源挖掘工作带来新机遇。国际咨询机构麦肯锡对大数据的定义是：大数据是指在一定时期内，传统数据库软件工具无法收集、存储、管理和分析其内容的数据集。在大数据背景下，档案信息资源也具有大数据的特点，主要体现在以下三点：第一，各级档案机构产生的档案信息资源总量增长迅速。第二，档案信息资源的类型和结构越来越复杂。第三，档案信息资源的价值越来越丰富，具有凝聚力。由此可见，收集和挖掘具有大数据特征的海量档案信息资源意义重大。

档案信息资源挖掘工作，是指采集档案信息资源，并对其进行清理、整合、转化等处理，然后选择相应的挖掘模型，实现对档案信息资源价值的开发和提取，从大量档案信息资源中挖掘出有价值的信息和有效的知识，从而实现档案信息资源更广泛、更高效的利用。

随着大量档案信息资源的产生，丰富的档案信息资源为档案信息资源的挖掘工作带来了许多困难；但与此同时，大数据技术也为档案信息资源带来了新的机遇，这主要体现在以下三点。

第一，相比传统挖掘技术，大数据技术能够更系统、更全面地对档案信息资源进行挖掘。传统档案信息资源挖掘技术采用抽样方式进行统计，进而获得总体的信息，这种方法虽然从概率学的角度来说有一定的科学性，但同时也具有一定的片面性和不完整性，而且难以找到具有代表性的样本。大数据处理技术则是直接对数据总体进行分析，弥补了传统档案信息资源挖掘技术的缺陷，而且云存储为大量的档案信息资源提供了足够的存储空间。可以说，档案信息资源的挖掘工作在大数据相关技术的全面支持下迎来了新的发展。

第二，大数据技术能够对档案信息资源进行智能提取，提升档案信息资源挖掘的准确性和效率。云计算支持下的大数据价值分析技术能提高获取档案信息资源的准确性，而可视化技术可以全面、直观地展现档案信息资源。另外，语义处理技术为智能检索提供了可能，提高了档案信息资源挖掘的效率。

第三，用大数据技术对档案信息资源进行挖掘，能够降低因档案信息资源不足而导致的档案信息资源价值低下的风险。大数据技术能够对巨量档案信息资源进行处理和分析，并能够在部分档案信息资源出现缺损时，通过分析档案信息资源之间的相关性进行跟踪补全，从而确保档案信息资源挖掘结果完整、可靠。

（2）国家政策引领与支持。大数据概念自提出以来就一直是人们关注的热点。大数据技术使社会发生了变革，对社会各个方面都带来了深远的影响，潜移默化地改变了人们的思维模式。2015年国务院印发的《国务院关于促进大数据发展行动纲要的通知》明确了我国大数据技术的发展意义与趋势，并将大数据定位为一种能够提升国家竞争优势的新因素，为我国大数据的发展提供了指导思想和总体目标。该文件表明，要充分利用我国的数据规模优势，实现数据规模、质量和应用水平同步提升，发掘和释放数据资源的潜在价值，有利于更好发挥数据资源的战略作用，增强网络空间数据主权保护能力，维护国家安全，有效提升国家竞争力。

2015 年，国务院印发的《促进大数据发展行动纲要》将大力推进政务信息系统开放共享和公共互联开放共享，消除信息孤岛，推进数据采集和挖掘，促进数据资源向社会发布作为大数据发展的指导思想。也就是说，可以利用云计算等技术实现档案信息资源的共享与利用，消除档案信息孤岛，实现广域数据采集。

时至今日，我国已充分认识到大数据技术的战略价值，认识到大数据是关乎国家整体实力发展的重要因素，因此政府为大数据技术提供了充分的政策支持。档案信息资源是一种记录历史与现实的资源，大数据背景下的档案信息资源是国家记忆的重要部分，有着保护国家记忆的重要使命，是我国的一种战略资源。在政府大力扶持大数据技术发展的背景下，将大数据技术应用于档案信息资源挖掘工作中，有利于建设结构多样、民族传承、集体记忆的"中国记忆"数字资源库，增强档案信息资源的影响力，使档案信息资源能够成为推进我国信息化发展和提升国家竞争力的重要力量来源。

2. 大数据技术在档案信息资源挖掘过程中的具体应用

大数据技术为社会带来了多方面的变革，冲击着人们的思想观念，影响着人们的日常生活与工作。具有代表性的大数据技术包括云计算、可视化、语义处理技术等，这些技术能够在档案信息资源的挖掘中发挥重大的作用，实现档案信息资源的充分挖掘。

（1）云计算在档案信息资源挖掘中的应用。

①云计算的概念及特征。云计算是一种以互联网为载体的大数据计算技术。云计算通过分布式计算和虚拟资源管理等技术，将分散的信息资源集中起来形成共享资源池。这样一来，使用各种终端形式的用户就能够根据自身的需求获得动态、可衡量的信息服务。在云计算环境中，应用软件直接安装在云端服务器上，代替了传统的用户终端，在节省用户存储空间的同时实现了其附加功能。需要注意的是，用户只需要通过 Web 浏览器登录云端的管理平台，就能获得所需的服务。云计算中的"云"是对计算服务模式和技术实现的形象比喻，由大量基本单元"云元"组成。云元通过网络连接，共同构成了一个巨大的资源池。根据云计算服务提供的资源，可以将云计算服务模式分为三种，分别是基础设施（IaaS）、平台（PaaS）

和软件（SaaS）；根据云计算服务提供的服务对象，可以将云计算服务分为私有云、公有云和将二者相结合的混合云。

②云计算应用于档案信息资源挖掘的必要性分析。

第一，云计算能够平衡档案信息资源挖掘的基础设施建设。由于区域经济发展的不平衡性和投资的差异性，我国档案信息资源挖掘工作在基础设施建设方面存在较大差异。经济相对发达的地区为了确保档案信息资源工作需求得到满足，有能力投入大量资金进行基础设施建设；但是经济欠发达地区则因缺乏资金和技术支持，档案信息资源挖掘的基础设施建设存在较大缺陷，难以支持档案信息资源的挖掘工作。对此，可以利用云计算的基础设施服务来统筹规划档案机构的基础设施，如挖掘工具、管理服务器、存储等，通过建设云计算环境，为档案机构提供档案信息资源挖掘基础设施服务支持。这不仅能节约档案信息资源挖掘基础设施建设的资金与资源，而且能缩小不同地区档案信息资源挖掘工作之间的差距，为挖掘力量相对薄弱的档案机构增添力量。

第二，拓宽档案信息资源的采集渠道。采集是档案信息资源挖掘的基础工作，广域的数据采集能够保证档案信息资源挖掘结果的系统性和全面性。利用云计算技术建设"档案云"平台，可以实现档案信息资源云端共享，对档案机构、企事业单位的档案信息资源进行统筹规划、合理存储、准确调动和分配，使档案信息资源不再分散，而是整合成一个整体，从而建设档案信息资源的互联网总库。具有云计算支持的网络云端存储空间很大，具有很强的计算和分析能力，还能实现备份，提升档案信息资源的安全性。目前，云计算数据共享技术已经相对成熟，且已应用于档案信息资源管理领域。随着档案信息资源大数据特征的逐渐明晰，云计算在档案信息资源挖掘领域将进一步得到广泛利用。

（2）可视化技术在档案信息资源挖掘中的应用。

①应用必要性分析。在信息时代背景下，大数据要面对的档案信息资源数量庞大、结构复杂、多种多样。要对这样的档案信息资源进行挖掘，必须要对其有直观的认知，使档案管理工作人员和用户能够清晰洞察档案信息资源的内涵和背后所隐藏的信息，并在日常生活与工作中发挥档案信息资源的作用，实现档案信息资源的充分利用。然而，随着档案信息资源的不断累积，传统的档案信息资源挖掘模式已落后，同时挖掘档案信息资源的工作人员面对浩如烟海的文献档案，很难产生全面的认知，从而无法

充分发掘档案信息资源的价值。可视化技术能够将档案信息资源中难以被直观观察到的语义关系以图形、图像的形式直观地展现出来，使档案信息资源的挖掘更加系统、高效，并能精准定位，提取档案信息资源的潜在价值，创造更多的社会价值。

②具体应用。可视化技术是指利用计算机将复杂的数据和信息以交互的、可视化的表现方式呈现出来，使人们能够更加清晰地了解信息内容的技术。可视化技术的研究重点是它倾向于对复杂的数据信息进行分析与计算，将结果转化为易于理解的可视化图形，通过图形以最直观的方式显示出数据中隐藏的信息和规律。视觉是人类了解外界的主要渠道，人们从外界获得的信息 80%来自视觉系统，可视化技术就是在这样的客观规律下，建立了一种符合普遍认知、方便人们理解的直观印象。可视化技术经过长期的发展，现已成为人们分析抽象复杂数据的重要工具之一，也出现了多种应用案例。例如，俄罗斯互联网调查机构从全球 196 个国家的 35 万个网站收集、整合和统计了相关数据，并根据这些网站之间数以百万计的网络链接，构成了一个互联网星际图。在互联网星际图中，有许多大小不一的行星，其中行星的大小代表网站的访问量，行星之间的距离代表出现相关网页链接的频率和强度。这一地图能够非常清楚地展现全球网站的活动以及它们之间的相互关系。

可视化技术在档案信息资源挖掘中也能发挥类似的作用。第一，建设完整的档案信息资源数据集，即可视化界面，可帮助用户全面了解有关档案信息资源的情况。第二，扩大目标所处档案信息资源领域，排除不必要的档案信息。第三，根据用户的具体需求展示档案信息资源的具体细节，通过分析用户的具体操作和实践过程，为可视化系统的实现提供指导，并注重明确档案信息资源之间的相关性和系统性，向用户展示档案信息资源数据项之间的关联。

在档案信息资源挖掘的过程中利用可视化技术，了解挖掘对象的属性和相关性，排除海量信息中的干扰项，有助于档案管理工作者和用户更清楚地了解这些信息资源，从而实现对档案信息资源的高效提取。

（3）语义处理技术在档案信息资源挖掘中的应用。

①应用必要性分析。在大数据环境下，档案信息资源的数量呈爆炸式增长，结构也越来越复杂，多媒体档案的占比也越来越大。在这种背景下，手工采集、开发和利用档案信息资源的传统方法已经基本不能满足人们的

需求。而利用语义处理技术处理原始档案信息资源，建设数字档案信息资源跨媒体语义检索框架，有利于深入挖掘档案信息资源，可以在语义理解的基础上提高档案信息资源语义理解挖掘算法的语义化程度和性能，提高档案信息资源挖掘效率，最终实现对浩瀚、复杂的档案信息资源的快速挖掘和智能提取。

②具体应用过程。语义处理技术的主要功能是用自然语言对原始档案信息资源进行处理，以便使机器能够更好地"理解"用户的目的和需求，进而更准确地对档案信息资源进行挖掘。语义处理技术是以计算机科学和语言学为基础，通过计算机算法分析人类自然语言的技术，是人工智能领域的一项突破。语义处理技术的关键技术包括对自然语言的词法分析、对语言意义的分析、对句子句法和内容的分析以及语音识别和文本生成技术的分析。在档案信息资源的挖掘过程中，这些技术可以使计算机对原始档案信息资源产生深刻的理解，使计算机能够理解这些自然语言，为档案信息资源的挖掘者系统地掌握档案信息资源的内容摘要，对档案信息资源的内容进行检测，按关键词的意义和语义对档案信息资源进行分类整理，对原始信息进行深度挖掘检索和质量检测提供帮助，还可以对用自然语言所表达的信息的形态（文本、声音、图像）进行转化，实现档案信息资源的丰富扩展和清晰表达，对提高档案信息资源的挖掘效率具有重要意义，同时为智能检索技术的应用奠定基础。

自然语言处理技术可以分为机器翻译技术和语义理解技术两类。机器翻译技术是利用计算机实现对自然语言内容的理解和提取，并以文本或其他形式输出自然语言内容，将一种自然语言翻译成另一种自然语言的技术。语义理解技术强调检索工具与语言学的结合，通过开发专门的关键词检索工具和对原始信息的扫描，厘清词义和句子之间的相互关系，从而实现对目标词在语义层面的理解。在自然语言处理技术中，通常会采用汉语分词技术、短语识别技术和同义词处理技术对原始语言信息进行系统的识别和提取。

总而言之，语义检索在档案信息资源挖掘过程中主要有语义分析法和分词技术两种应用方法。语义分析法旨在通过语义分析技术在资源挖掘中对搜索关键字进行分析，拆分关键词并找到拆分后它们之间的联系，以及搜索与含义相关的其他关键词，最后实现对用户查询目标的解读，给出能够满足用户期望的结果；分词技术是档案用户在查询档案信息时对用户输入的词条进行分析，根据相应的标准对查询项进行划分，然后根据相应的匹配方法对分割后的字符串进行处理，最终提取目标资源的技术。

二、信息时代大数据环境下的档案信息资源开发与利用

（一）大数据环境下档案信息资源开发与利用的主客体与目标分析

利用是指人们使用某些资源满足自身特定需求的过程，需要主体供给和客体需求在一定程度上相互契合才能够实现。下面将对档案信息资源开发与利用的主体和客体以及大数据环境下档案信息资源利用的目标进行分析。

1．主体

档案馆是档案信息资源开发的主体，其保存着丰富的档案信息资源。综合性档案馆作为一种相对复杂、规模较大的档案馆，相比于其他类型的档案馆具有多方面的优势，如人才和资源相对充足、信息资源更加广泛等，是档案信息资源利用的中坚力量。在大数据环境下，许多档案馆提供了微信、微博、知乎、豆瓣等微媒体服务，还有一些大型档案馆开发了属于自己的手机软件或小程序。然而，服务方式的扩增使所需人力、物力资源也相应增多，超出了档案馆的上限，导致一些档案馆对新方式力不从心，或出现无意义的填充行为，降低了档案信息资源的质量。

2．客体

对档案信息资源有利用需求的人就是档案信息资源利用的客体。过去对档案信息资源有需求的人多属于相关专业人士或有明确需求的特定人群，但是在大数据环境下，对档案信息资源有需求的人越来越多，有大量的人在利用微信、微博等媒介获取档案信息资源，以满足自身对档案信息资源的利用需求。与此同时，也有一部分人群对档案信息资源的利用相对固定，这类人群也是档案馆的主要服务对象。对此，档案管理工作者要在大数据环境下沉着冷静地推进档案管理工作，确认好服务对象，明确档案信息资源的客体。

3．目标

档案信息资源开发与利用的目标是将主体与客体结合，使档案信息资源供需平衡、相互匹配，从而满足客体的信息需求。但是，在大数据环境

下，档案信息资源开发与利用的目标有了新的延伸，即在满足客体需求的前提下，将过程简化，使客体能够更方便快捷地利用档案信息资源。在如今档案信息资源呈爆炸式增长的背景下，用户想要精准找到能够满足自身需求的档案信息资源是非常困难的，因此档案馆应当充分分析、了解用户的需求，根据用户的需求合理地对档案信息资源进行分类，升级搜索引擎，利用互联网快速、便捷地将用户所需的档案信息资源传递给用户，为用户提供优良的服务体验。

（二）大数据环境下档案信息资源开发与利用的特征

在大数据环境下，档案管理工作者应当把握好档案信息资源利用的新特征，从而更好地开展档案管理工作。

1. 空间上的移动性

移动性是指人或物在空间上的变化，在移动信息服务过程中，用户及其携带的终端处于移动状态，常常跨越不同的地区和情境。一方面，这种移动性为档案信息资源的利用提供了方便，使用户能够在任何时空环境下获得档案信息资源并随时利用。另一方面，这种移动性也为档案信息资源利用工作带来了新的挑战，因为用户所处的环境会随时变化，面临的干扰因素增加，而这种情况对网络环境、信息传输提出了更加严格的要求。

2. 时间上的碎片化

在现代人快节奏的生活状态下，时间逐渐碎片化，这也为档案管理工作者带来了新的挑战。可以说在大数据环境下，人们对文字的敏感度降低，不再有耐心阅读长篇大论的文章，转而进入了"读图时代"，图像、视频成为人们获取信息和消遣娱乐的主流形式。人们的这种碎片化阅读的习惯也影响着档案信息资源的利用。对此，档案管理工作者要在编辑档案信息资源、挖掘档案信息资源、提供档案服务时注重简洁性和娱乐性，以迎合用户的习惯。

3. 用户主导档案信息资源开发

在大数据时代，人们的表现欲和自我表达的能力都有所提升，而众多的平台也为人们提供了展现自我的平台，因此人们在挑选服务时更加重视自身的诉求。这就要求档案信息资源的开发与利用要由传统的主体主导转向用户主导，要更加注重采集用户的需求与意见，常常推出档案信息需求的调查问卷活动，并将这项措施深入各类选题、选材、编辑、宣传活动中，使用户与开发者紧密结合，提升资源利用率。

4. 档案信息资源利用的深度增加

大数据环境下档案信息资源的利用从简单的"实物利用"向"知识利用"转变。换言之，在大数据环境下，档案信息资源不仅具有凭证性作用，还具有指导实践、辅助创作、记录历史等知识利用功能，可见档案信息资源的利用深度增加。

5. 档案信息资源利用的方式增多

传统档案信息资源的利用主要通过到馆利用、编研成果利用和网站利用几种方式实现。在大数据环境下，档案利用方式和渠道都被拓宽，微信、微博、手机应用等多重社交平台、信息分享平台都为档案信息资源提供了更为广阔的天地，使档案通过这些媒体走进人们的生活。

第六章　现代档案信息化建设与资料管理的创新研究

第一节　档案管理模式创新策略

一、创新档案服务内容

数据本身是没有价值的，通过数据提供服务才具有真正的价值，数据即服务。档案资源若是只存放在档案馆不拿来用，就如同一堆废物，保存再多也没有意义。如何从档案资源中挖掘出价值，盘活档案资源，将昏昏沉睡的死档案变成源源不断的活资源，就需要档案部门加速档案资源开放进程、改变档案资源服务方式、构建基于档案资源价值存在的知识服务体系。

（一）加快开放档案资源

大数据时代，档案部门一方面面临着与社会散落的档案资源进行激烈争夺的局势，另一方面随着 2019 年《政府信息公开条例》的实施，国家积极稳妥地推进政府信息公开工作，依法保障公民、法人和其他社会组织获取政府信息的权利，这种权利的开放使得公民对信息的知情权要求更高，他们希望获得更多更有效的信息，档案资源加速流动与开放成为必然结果。档案部门对档案资源的开发应遵循"公开为原则，不公开为例外"，及时公开超过保管期限的秘密档案，尽量做到"应开尽开，保障秘密档案的安全"。例如，2021 年美国 NARA（国家档案与文件署）出台的《开放政府计划》，通过公民档案员项目、数字化战略、在线公共利用检索系统、社交媒体参与等举措，扩大档案开放力度，提高公众参与水平。

档案资源开放，不仅有利于推进政府信息公开制度的实施，优化办事流程，提升工作效率，保障公民对信息的知情权、参与权与表达权，更重要的是，档案资源在全社会自由流动开来后，从守旧封闭到创新开放，为社会奉献丰富多彩、足量多金的信息，有助于跨越档案部门和其他政府部门之间的"信息鸿沟"，助力城市记忆工程和智慧城市的建设。

（二）创新服务理念

大数据时代，档案资源要实现物尽其用，就要对其内容深度挖掘，打造档案资源知识库，档案使用者也会因自身知识水平的提高对档案服务提出更多的要求，关注他们新的需求，对传统的档案利用服务理念和途径做出调整，用新思维和新方法，开辟档案利用服务新高度。面对档案使用者的诸多需求，档案部门要努力完善四种服务理念。

1. 人性化服务

人性化服务就是在档案服务中体现"以人为本"的思想，以用户第一为原则，给用户提供平等获取信息的权利，服务过程中表现出良好的服务态度，把自己当作服务者，面对用户热心、耐心、细心、专心，尤其是基层档案部门经常要服务一些老百姓，对他们的使用诉求要认真倾听，服务要热情周到。

2. 个性化服务

个性化服务是档案部门对档案使用者需求提供精确性匹配的服务。大数据时代信息受众分类更加明确，用户的利用需求发生改变，追求个性化服务，享受不受时空限制方便快捷获取所需，档案部门要对用户的利用需求、行为、方式等细节进行收集、追踪和分析，预测出他们需要的内容，以参考、定制等方式推送给用户。

3. 智能化服务

智能化服务是档案服务的最高技术水平。大数据时代更注重技术的运用，档案服务技术水平也要提高，档案部门要有智能化的档案数据处理系统，能够快速完成数据分析任务，智能抓取有效信息，提供便捷服务通道，这不仅有助于档案部门发现隐性知识，还有利于从档案服务向知识服务跨越，实现档案知识的顺畅流通与广泛传播。

4. 知识化服务

知识化服务是一种基于网络环境下的开放式的服务，是档案服务发展的趋势和方向。档案知识化服务应以知识管理理念为指导，以档案资源为核心，以大数据技术为支点，以档案知识挖掘为重点，以档案知识应用和知识创新为目标来构建档案知识服务体系，完成知识提供与检索、知识整合与加工、知识共享与交流的一体化服务。

（三）拓展服务途径

网络的发展改变了信息传播的方式，丰富了信息传播的渠道，档案服务借阅、咨询、展览等传统途径将得到调整，档案服务途径多样化、网络化。应用各种新兴媒体，发挥网络远程功能，基于云计算、云存储的云服务手段将成为大数据时代档案服务新战场。

1. 微服务

微服务主要指以微博、微信等新媒体为载体即时传播信息的服务形式。微博即一句话博客，是一个基于用户关系信息分享、传播、交流以及获取的社交网络平台，主要涉及信息发布、网络营销、政府管理以及个人交流等方面，是中国网民上网的主要社交网络平台之一。

微信是一个为智能终端提供即时通信服务的免费应用程序，通过网络快速发送短信、语音、视频、图片和文字，微信公众平台的订阅号和服务号就是为微信用户提供公共信息、咨询和服务的平台。

档案部门或档案学人通过开通微博、微信可以传达档案信息和传送服务项目，向社会公众提供方便快捷的档案服务，拉近档案与大众的距离，拓宽档案信息服务的范围，提高档案信息服务的效率，还可以交流互动、共享信息、加强协作，为社会提供更好的档案服务。通过对档案微博、微信的搜索，开通档案服务账号的用户基本分为机构、企业、期刊、个人四类。

2. 远程服务

远程服务指利用通信手段实现不同地域之间的实时人工服务方式。远程服务具有方便快捷、节约成本、服务对象没有地域限制、服务可集中化管理的特点和优势，非常适合于大数据时代的网络档案服务。档案信息远程服务以数字化的信息资源为基础，依靠科学技术，通过网站、电子邮件或实时交互的形式，向用户提供远距离档案信息咨询和服务。档案部门要在加强档案资源建设的同时，加快采用信息技术，充分利用网络优势，建设好覆盖广、内容全、检索快的档案远程利用服务平台。"江苏省档案远程教育平台"就是由江苏省档案局、江苏省档案馆主办的以档案教育教学为主的档案远程教育服务平台，目前提供 15 门的网上档案岗位培训课程和 16 门的网上档案继续教育课程，还有与课堂相对应的在线考试和证书打印等多种服务项目，帮助档案人员提高档案素质，也为有档案知识需求的社会公众提供了更多的学习机会。

3. 云服务

云服务指通过网络以按需、易扩展的方式获得所需服务，它是一种基于互联网的相关服务的增加、使用和交付模式，涉及通过互联网来提供动态易扩展且经常是虚拟化的资源。

档案云服务是以云计算技术为基础，以云存储资源为保障，将分散的档案信息通过云平台组织构建起来形成服务云，借助这些云平台强大的计算能力和低成本、高安全性等特性来提高国家档案信息资源共享效率的一种档案信息资源服务模式。国家档案局开展的"中国档案云"项目就是致力于打造国家级开放的档案信息资源共享利用系统，它是以云技术云存储为依托，覆盖全国各级各类档案馆，为社会公众提供开放档案信息查询利用服务的专业化平台，将成为互联网用户访问全国开放档案资源的统一门户，为互联网用户提供一站式全方位服务。

二、加强三位一体防护

（一）加强物理防护

物理防护是档案安全的基础性保证。档案建筑是承载档案的载体，是守卫档案安全的第一道屏障。档案部门在加快档案馆建设时要把建筑的安全摆在首位，改善入馆档案的保管保护条件。

1. 推进各级国家综合档案馆安全建设

国家综合档案馆是统一保管党和政府机关档案的部门，是永久保管档案的基地。各级国家综合档案馆依法集中接收、管理本级党政机关、企事业单位、社会组织的档案和政府公报等政府公开信息，是国家宝藏的储存场所，档案馆建筑安全的重要性不言而喻。因此，档案馆的建设要遵循科学选址、标准设计的原则，在设计之前要对选址进行安全评估，避开自然灾害多发的危险地段，如地震带、洪涝多发区、山区等。建筑的质量是保障档案安全的另一个重要方面，档案馆要依照 2008 国家档案局编制的《档案馆建设标准》和 2010 年国家档案局档案科学技术研究所批准的《档案馆建筑设计规范》等规范楼堂馆所建筑建设文件，把档案馆建设成质量可靠、面积达标、设施完善、功能齐全、安全保密、服务便捷、节能环保的现代化档案保管基地，为档案筑起"安全巢"，不让每一份档案无藏身之所，不让每一份档案身处危险之地，切实消除"无库馆""危房馆"现象。

2. 改善档案保管保护条件

档案保管保护条件的改善是档案长久保存、长期可用的重要因素。档案保管保护条件主要指档案保管硬件设施的安全，改造或新建、扩建的档案馆，要严格按照规范和标准建设，采用先进的安全技术、设备和材料，档案库房安装视频监控、自动报警、自动灭火、温湿度自控系统，达到档案馆安全测评标准，提高档案库房安全防灾等级，定时对档案保管保护专用设施设备维护和更新，定期对档案进行检查，及时发现并排除隐患，让每一份档案都有安全的栖息地。

（二）采用人防战略

人防战略是档案安全的重要盾牌。从信息化时代到大数据时代，科学技术的发展促进了档案管理工作的进步，也对档案工作者提出了更高的要求，档案安全与否就在档案人的一念之间。在外行人看来档案工作轻松简单谁都能做，"一入档门深似海"才是档案人的真实写照，档案工作者要用责任和行动捍卫档案的安全。

1. 完善档案安全责任到人制度

安全管理主要是控制风险降低损失，档案安全管理制度能够有效预防、及时处理和妥善解决档案工作中的突发事件，维护档案工作正常秩序。首先，要健全档案安全责任制，单位一把手握兵权掌控全局，对档案安全全权负总责，责任细分到各科室每个人头上，尤其是要对信息化科室严加要求，形成"档案安全人人有责"的氛围。其次，要健全档案安全应急管理制度，档案应急管理是档案安全管理的第一大步，事关档案安危存亡，档案部门要严阵以待，成立档案安全领导小组，领导全体档案工作者对档案工作八大环节的每一个环节可能存在的安全风险和可能出现的安全纰漏进行大胆预测、小心分析、深入研究，从而得出结论，形成与工作环节相对应的档案安全应急管理制度以指导工作。最后，在大数据时代，需要重点加强对档案信息的安全管理，制定档案机密信息保护制度、档案信息安全审计制度、档案信息安全共享制度等，从制度上防范档案安全风险。

2. 建设档案大数据人才专业队伍

一是专业知识素养。档案管理是一门专业性和实践性很强的工作，大数据时代要聘任有真才实学的档案学专业学科背景的人才，他们扎实的档案理论基础知识和过硬的档案业务实践能力，懂管理精业务，能打开档案事业发展的格局，带领档案事业向前发展。新时代对档案人才的综合素质要求更高，不能只专其一，需要通过教育培训和自学不断提升工作能力，学习跨学科领域的综合知识，如计算机知识、互联网知识、大数据知识、产权保护知识等等。二是重人重岗重责。档案部门要安排高度认真负责的人员从事档案工作，各单位档案室要安排在编人员从事档案工作，一方面是他们对档案更加专业、对工作更加敬业，另一方面是防止因人员流动发生档案失泄密事件。

3. 变身"数据科学家"

大数据时代到来创造了新的工作机会，提供了大量新的工作岗位，但拥有数据分析技能的专业人员严重短缺，造成供需严重失衡。从目前看来，档案部门想要在大数据战斗中招揽到数据分析人才机会渺茫，需要自寻门路。因此档案工作者要紧跟时代潮流，勇于自我蜕变，努力从"一把锁服务员"向"数据科学家"进阶，提升综合技能，具备对数据的提取与综合能力、统计分析能力、数据洞察与信息挖掘能力、开发软件能力、网络编程能力、数据的可视化表示能力六种能力，为档案工作赢得一片天。

（三）强化技术防御

技术防御是档案安全的关键手段。档案部门要借助大数据时代的信息技术优势，建立档案信息管理系统安全保密防护体系和实行重要档案异地异质备份保存来维护档案安全。

1. 建立档案信息系统安全保密防护体系

对接收进馆的电子档案进行严格审查，检验电子档案的存储载体及内容，从源头上把关；严格检验电子档案存储的应用系统、计算机、网络等软件设备的安全等级，确保电子档案长期存储安全系数；加快档案数字化工作，有能力的单位最好自己独自完成档案数字化工作，没条件的单位可以借助社会力量的参与，但严格审查档案数字化外包管理中介资质，选择合法、规范、可信度高的外包公司，做好服务外包工作的安全检查，并对数字化工作的全过程进行视频监控，杜绝外包单位盗取档案信息；对上网共享档案进行严格审查，依据国家秘密的信息系统分级保护要求，严防文件、档案在传输过程中失泄密，保护档案用户个人隐私不被侵害。

2. 建设档案大数据存储备份中心

档案数据库的开发使用大大节约了档案库房的容量，提高了档案管理利用的效率，但单位数据库的存储容量毕竟有限，大数据时代档案部门面对巨量档案资源的存储问题，必须走改变存储方式来提高效率节约成本的道路。大数据技术拥有强大的数据处理和存储能力来实现档案资源存储备份管理。陕西省西咸区的沣西大数据产业园就是国内首家专业大数据产业园区。根据建设规划，沣西大数据产业园将实现数据的规模化集中吞吐、深层次整合分析、多领域社会应用、高效益持续增值，成为国家政务资源后台处理与备份中心、国家级大数据处理中心以及国内最大的信息资源聚集服务区，已有中国联通、中国移动、中国电信以及全国人口数据处理与备份中心等项目陆续入园。档案部门要想对档案资源进行全面掌控，可以考虑在大数据产业园区建立一个档案资源备份中心，既能保证档案资源的安全，又能将档案资源集中起来管理、开发和服务利用。

3. 重要档案异地异质备份保管

档案安全主要受到主客观因素的威胁，从主观上说，档案制成材料质量易随时间环境而弱化，如纸质档案存放越久越容易纸张脆化、字迹模糊，电子、光盘、硬盘档案等特殊载体保存年限尚不明晰，客观上多发的自然灾害和人的行为也在威胁档案的安全，重要档案处于水深火热之中。为保证档案的安全存储和长期可读，需要定时检查、实时备份以降低安全隐患。汶川特大地震中，北川档案馆 2 万多卷档案没有异地异质备份而永久地消失了，是档案部门没有做好备份工作的惨痛教训。异地异质备份是大数据时代档案安全和真实得到双重保障的防护手段，异地备份是相对于保管地点而言的，异质备份是相对于保管载体而言的，都是档案免遭破坏而丢失的一种保障。国家档案局推行的电子档案容灾备份体系、电子档案容灾备份中心、馆际间跨区域互建档案备份库的建设就是从技术上、管理上切实保护档案安全的有效举措。例如云南省的 147 个档案馆全部建立重要档案异地异质备份制度，北京市也建立了本地、同城、异地备份体系。档案部门要对党政机关、企事业单位、社会组织、家庭个人的重要档案实行异地备份保管，对重要的电子档案实行异地异质备份保管，有条件的可以将二者有机结合，尽可能采取多个场所、多种载体的备份形式，保证国家记忆不出现断层。

第二节　大数据时代的档案信息服务创新

一、网络技术与档案管理网络化

当前，档案机构内部的局域网已经普遍建立，而且各级档案机构纷纷建立了自己的档案网站，档案管理的环境已经由模拟环境变为数字环境。档案管理的数字化和网络化提高了档案事业信息化发展的整体水平。

（一）计算机网络概述

网络技术是计算机技术和通信技术高速发展、密切结合的产物，计算机网络是将不同地理位置且具有独立功能的多台计算机终端及其附属设备，用通信线路连接起来并配备相应的网络软件而组成的计算机系统的集合。

1. 网络的组成和结构

（1）网络的组成。计算机网络由数据传输系统和数据处理系统组成。数据传输系统又叫通信子系统，包括通信传输线路、设备，通信传输规程、协议及通信软件等，其任务是进行数据传输、交换和通信处理等。数据处理系统包括计算机、大容量存储器、数据库、各种输入输出装置及软件等，其任务是进行数据输入、存贮、加工处理和输出等。

（2）网络的结构。网络的结构主要有如下几种基本形式：

第一，总线形，即各节点设备与一根总线相连。这种结构的网络可靠性高，单个节点出故障时对整个系统影响不大。另外，节点设备的插入或拆卸十分方便。

第二，环形，这种结构采用点对点式通信，将各节点连接成环状。网络中各主计算机地位相同，通信线路和设备比较节省，网络管理软件比较简单。但网络的吞吐能力差，只适于在较小范围内应用。

第三，星形，即每个节点通过连接线与中央节点相连。中央节点是控制中心，相邻节点之间的通信要通过中央节点来实现。这种结构的网络比较经济，但可靠性较差，若中央节点出故障，整个网络将瘫痪。

第四，树形，即各个节点按层次展开，由各级主计算机分散控制。各级主计算机都能独立处理业务，但最高层次的主计算机有统管整个网络的能力。这种结构的网络通信线路连接比较简单，网络管理软件也不复杂，维护方便。但各个节点之间很少有信息流通，资源共享能力较差。

第五，网状形，即各节点通过通信线路连接成不规则的形状。网络中没有统管整个网络的主节点，通信控制功能分散在各个节点中，具有较高的可靠性，某一个节点发生故障不会影响到整个网络。这种结构的网络资源共享方便，但网络管理软件比较复杂。

大型计算机网络系统的结构更为复杂，往往是上述几种基本结构中某几种的结合。

2．网络的类型

（1）按网络结构，分为集中式网络和分布式网络。集中式网络是由中央主机统一控制整个网络的一种网络形式。它的优点是：网络资源、人员和设备可以集中管理、使用，比较经济。但如果中央主机或通信线路出现故障，整个网络的功能都会受到影响，网络的可靠性不高。

分布式网络没有统管整个网络的中央主机，而是由各个节点分散控制。其优点是：资源共享能力强，网络可靠性高。但网络控制软件复杂，网络的协调性较差。

（2）按网络连接区域范围，分为广域网、局域网和城域网。广域网（Wide Area Network，WAN）在地理覆盖范围上很广，通常包括一个国家或洲，甚至是全球范围，如国际网络。主机通过通信子网连接。子网的功能是把消息从一台主机传到另一台主机，就好像电话系统把声音从讲话方传到接收方。

局域网（Local Area Network，LAN）是在一个局部的地理范围内（如一个学校、工厂和机关内），将各种计算机、外部设备和数据库等互相连接起来的计算机网络。它可以通过数据通信网或专用数据电路与远方的局域网、数据库或处理中心相连接，构成一个大范围的信息处理系统。局域网常被用于连接机关内部各个部门、公司办公室或工厂里的个人计算机和工作站，以便共享资源和交换信息。

城域网（Metropolitan Area Network，MAN）是一种大型的局域网，与局域网技术相似。它是在一个城市范围内建立的计算机通信网，或是在物理上使用城市基础电信设施（如地下光缆系统）的网络。

（3）按所用的通信线路，分为专用网络和公用网络。专用网络是专门建立的通信网络，通信线路为网络成员所有。这种网络规模不大，建设耗资巨大。公用网络是借助公用通信线路建立的网络，如借助电话网、卫星通信等。这种网络的建设成本低，可进行远距离传输，但其建设速度和应用范围依赖于国家通信设施的完善和通信技术的发展。

（二）档案管理网络化

1. 档案管理网络化的条件

（1）资金与设备条件。档案管理网络化建设需要投入大量的资金和设备，这是首要条件。我国经济发达地区，如珠三角、长三角、环渤海湾等地区的档案事业发展有强大的地方经济实力作为后盾，档案工作的现代化程度较高，档案管理计算机化、网络化和信息化水平领先于全国其他地区。而我国中、西部地区的地方财力十分有限，制约了当地档案管理网络化的发展。因此，档案部门除了争取各级政府的支持以外，还需要广开渠道，争取社会各界的支持，如企业投资和私人捐资等。

（2）技术与人员条件。档案部门需要引进国内外先进的技术，培养既通晓档案业务又掌握现代技术的专业人才。目前我国在进行档案管理网络建设、推进档案事业信息化发展的过程中，应对现代信息技术和人才的引进持积极、开放的态度，并善于借鉴图书情报部门网络化建设的成熟技术和成功经验，培养、吸引具有创新意识、具备现代信息技术和复合知识的现代档案管理人才。

2. 网络档案管理信息系统的运行模式

（1）Client/Server（客户机/服务器）运行模式。Client/Server 模式（C/S 模式）即客户机/服务器模式，是 20 世纪 90 年代初期继终端/主机运行模式之后出现的一种普遍应用的网络应用系统结构。该模式克服了原来只有主机执行操作、计算和存贮数据的数据集中管理方式所带来的弊端，使客户机能承担一部分计算和操作功能，大大减轻了服务器的运行负荷；具有分布式系统分担负荷的优越性，结构简单，对外部网络不具有依赖性，主要用于机构内部局域网。

C/S 模式的工作原理是：将应用系统的任务进行分解，服务器（后台）负责数据管理和处理，客户端（前台）负责档案管理业务处理和与用户的交互工作。在运行过程中，客户端向服务器发出请求，服务器将数据进行处理后传回客户端。该模式的缺陷是：在处理复杂任务时客户端的负荷较重，使用单一服务器且以局域网为中心，软硬件组合及集成能力有限。

（2）Browser/Server（浏览器/服务器）运行模式。Browser/Server 模式（B/S 模式）即浏览器/服务器运行模式，是基于 Web 的运行模式。该模式是在 TCP/IP 协议支持下，以 HTTP 为传输协议，客户端通过浏览器访问 Web 服务器以及与之相连的后台数据库的技术结构和运行模式。

B/S 模式由浏览器、Web 服务器、应用服务器和数据库服务器构成，其工作原理是：客户端浏览器通过 URL 访问 Web 服务器，Web 服务器请求数据库服务器，并将获得的结果以 HTML 的形式返回客户端浏览器。

B/S 模式的优点是：①简化了客户端，只需要装上操作系统、网络协议软件以及浏览器即可。②服务器集中了所有的应用逻辑，减少了系统维护与升级的成本与工作量。③系统的可操作性增强，同时减少了系统的培训任务。④提高了系统数据的安全性。所有用户只对应用服务器进行直接访问，减少了数据库登录点的数目。⑤具有较强的信息发布能力。B/S 模式的主要缺陷是，其运行速度直接受到网络带宽和网络流量的限制。

（3）结合 C/S 和 B/S 两种模式的网络档案管理信息系统结构。如上所述，C/S 和 B/S 模式各有其优点和缺陷。为了保证档案部门内部局域网的安全，提高档案部门接收外部数据和向外传送数据的效率，可结合使用 C/S 和 B/S 两种模式，扬长避短。档案机构内部局域网可采用 C/S 模式，连接档案馆的各个科室，实现硬件和软件资源共享，提高工作效率；档案机构接收外部数据和发布数据，提供远程档案信息检索服务时，则适合采用 B/S 模式。

3．档案部门内部局域网

随着计算机技术、网络技术的发展和普及，20 世纪 90 年代中后期以来，我国档案部门逐步建立了局域网，实现了机构内部硬件资源和软件资源的共享，以及对档案信息的综合管理和利用。

（1）档案部门内部局域网的模式。档案馆内部局域网连接档案馆的各个科室，实现办公自动化和文档一体化；提供计算机档案检索服务，实现档案借阅管理和库房管理的自动化，提高档案工作的效率。

对于企事业单位的档案管理而言，一般通过局域网使档案管理系统与本单位的其他信息管理系统进行连接，实现企事业单位的档案与其他各类信息资源的综合管理。这种模式可称为集成管理模式，即将档案管理系统纳入企事业单位的信息管理系统中去。根据集成的方式不同，可分为横向集成和纵向集成两种方式。

横向集成，是将属于同一组织级别的若干个部门的档案数据进行集成，实现数据共享和综合管理。如将档案管理系统集成到企业管理信息系统和办公自动化系统中。

纵向集成，是将属于不同组织级别的档案数据进行集成，实现综合管理，如建立档案目录中心或信息中心。档案目录中心是以国家综合档案馆馆藏档案目录为主体，将本地区、本系统各级各类档案部门所形成的档案目录，按照统一的著录格式和数据规范集中起来并形成统一的目录检索体系，利用局域网或广域网进行查询。建设目录中心的目的是将分散保存的档案目录进行联网，供用户了解其所在位置，便于提供利用。这是档案信息化建设的一项基本任务。信息中心是指在一个企业或事业单位内部，实行图书、情报、资料、档案等文献资源的综合管理，从而实现对各类信息资源进行综合利用的目的。

（2）档案部门内部局域网的结构及功能。局域网的结构一般以总线形结构为主，因为总线形网络结构连接简单，增加或减少节点方便。档案管理系统网络版的业务功能包括：

第一，文件流转管理（文件起草、批转、收发文登记等）。

第二，辅助立卷和鉴定。

第三，档案编目和检索。

第四，档案借阅和统计。

第五，档案的库房管理。

第六，系统管理（用户管理、安全防护、备份与恢复等）。

二、大数据时代档案信息服务模式面临的挑战和机遇

随着信息技术的迅速发展，人类也从信息时代跨入大数据时代。相比传统信息环境，在大数据时代，档案用户的信息需求与档案工作者的服务模式都发生了前所未有的变化，给原有的档案信息服务模式带来了严重的冲击。而任何新事物都是一把双刃剑，大数据在给档案信息服务带来挑战的同时，也带来了前所未有的发展机遇。目前，档案信息服务模式主要有两种：一是传统实体档案信息服务模式，二是现代网络档案信息服务模式。大数据时代的来临为这两种服务模式带来不一样的冲击。

（一）当前档案信息服务模式

当前档案信息服务模式大致可分为以实体档案为单位的传统实体档案信息服务模式和以网站为平台的现代网络档案信息服务模式。以实体档案为单位的传统实体档案信息服务模式是中国自产生档案服务机构以来在实践活动中逐渐产生的，并形成了一套具体完善的档案信息服务理论。以网站为平台的现代档案信息服务模式是伴随着网络的产生而产生的，主要指电子档案的服务利用模式。目前电子档案服务理论还不够完善，并且存在一些实践问题。虽然如此，但提供电子档案信息服务已然成为世界先进的档案信息服务模式，在中国提供电子档案利用服务也逐渐成为一大趋势，并逐渐向主流方向发展。

1. 传统实体档案信息服务模式

传统实体档案信息服务模式指以往的档案信息服务机构工作人员，对实体档案进行收集、整理、鉴定、保管、统计等，进而为档案需求者提供利用服务。该档案信息服务模式提供的服务主要有：阅览服务、出借服务、复制供应、咨询服务、交流服务、档案证明和档案展览等。这些服务理论和服务方式是在前人的实践基础上积累和总结起来的，是人类智慧的结晶。随着社会的发展以及先进科学设备的引进，传统档案信息服务模式受到一定的影响，但在以纸质档案为主体的中国，以实体档案为单位的传统实体档案信息服务模式仍占据着主要位置。同时，先进技术的引进也加快和推动了传统档案信息服务模式的工作进程。

2. 现代网络档案信息服务模式

顾名思义，现代网络档案信息服务模式是档案服务机构利用计算机网络，为档案信息使用者提供档案信息服务的一种服务模式。该模式极大提高了档案信息服务质量和服务效率，同时该服务模式也拓宽了档案信息服务范围，为档案服务事业的进一步发展创造了新的条件。无论是数字档案馆的网络服务，还是现代档案网站提供的档案信息，主要有馆藏档案资源介绍、档案咨询、档案政务、档案展览、档案推送等档案信息；并且大部分省、市都开通了档案网站，这项举措大大提高了档案信息服务效率。现代网络档案信息服务模式主要为使用者提供电子档案信息服务，虽然较为简单方便，但电子档案的安全性和准确性在大数据时代也面临着极大的挑战。

虽然上述两种档案信息服务模式能够分别对实体档案和电子档案提供利用，并且取得了良好的效果，但是在大数据时代，这两种模式也存在着一些问题。对于传统实体档案信息服务模式而言，其服务理念、服务手段和服务设备等急需跟着时代的进步而进行变革，以适应现代化档案利用的需求。对于现代网络档案信息服务模式而言，该模式还未形成较为完善的服务理论，仍然处于初级发展阶段，这需要档案服务工作人员继续努力以促进其快速发展。总而言之，这两种模式既有优点又有缺点，需要档案工作者继续为档案服务事业努力。

（二）大数据背景下档案信息服务模式面临的挑战

无论是传统实体档案服务模式，还是现代网络档案信息服务模式，在大数据时代，尤其是电子档案数据信息的快速增长，给以往的档案信息服务模式带来了很大的冲击。数据信息的快速增长及繁多的种类给档案信息服务带来的挑战主要有以下四个方面，下面逐一进行分析。

1．如何查询所需要的档案信息

随着档案信息化建设的发展，使用者在对档案信息进行查询时，往往所需要查找的档案信息会淹没在大量的档案信息数据中，特别是对电子档案的查找，而且其检索性能急剧下降。同时，依靠人工查询有用的信息在传统纸质档案时代是可行的，但在大数据时代，在纷杂的档案信息中查找有价值、值得挖掘的信息是很困难的。这是一件心有余而力不足的事情，这给档案信息服务的初步实现带来很大的困难。因此，如何在大量复杂的档案信息中快速而准确地查找到使用者所需的档案信息，是档案服务工作人员要解决的首要问题。无论是用传统实体档案服务模式查询信息，还是用现代网络档案信息服务模式查询信息，大数据时代的来临都为其带来了严峻的挑战。

2．如何改变原有的服务理念和方式

档案信息服务理念和方式具有间隔性和稳定性，服务理念和方式一旦形成，就很难再改变。档案信息服务理念和方式的产生是顺应当今时代的发展要求的，在相当长的一段时间内是稳定的。同时，随着时代的发展和进步，档案信息服务理念和方式也会改变，这就造成了档案信息服务理念和方式的稳定性和阶段性。大数据时代是一个全新的时代，它对社会各个

生产领域都产生了重要的影响，包括档案界信息服务理念和方式，不管是对传统实体档案服务模式，还是对现代网络档案信息服务模式。因此，最基本的理论观念性问题应该得到应有的重视，这样才能够不断提高档案信息服务水平和工作效率。如何在原有的档案信息服务理念和服务方式的基础上加入大数据时代的元素来顺应社会的发展和满足群众的需要，是一个亟待解决的重要问题。

3. 如何加强基础服务设施建设

在大数据时代，档案信息服务机构基本上都引进了大量电子设备以提高工作质量和服务效率。传统档案信息服务机构的服务设备面临着被淘汰的风险。因为大数据时代的档案信息数量繁多、来源复杂、种类多样，其储存要求远远超过以往的档案信息排架以及承受能力，因而急需档案信息服务机构加强基础设施建设来满足其保存和管理要求，从而提供个性化、人性化服务。同时，档案服务机构也要创造良好的档案信息服务系统运行环境及维护系统的正常运行，以保障档案信息的完整性、安全性以及原始性。加强档案服务基础设施建设是提高服务水平和服务效率的物质条件和客观条件，这一点应该得到社会的重视。

4. 如何培养高素质档案信息服务人才

当今国际实力的竞争与其说是科学技术的竞争，倒不如说是国家间人才的竞争。人才决定国家的综合实力，档案界亦是如此。若想提高档案信息服务质量，首先要考虑的问题就是如何提高档案工作服务人员的专业素养及综合素质。大数据时代的档案工作人员不仅要掌握最基本的档案管理及服务知识，还要学习数据分析、数据挖掘等各种计算机技术。只有掌握了这些知识和技术，一个档案工作人员才能更好地分析数据，然后做出准确的预测以提高档案信息服务水平。这一要求是对从事档案行业工作人员的最基本的要求。在当今的档案信息服务部门，尤其是对缺乏数据管理人才的部门来说，更要重视这个问题。

（三）大数据背景下档案信息服务模式面临的机遇

在大数据背景下，虽然大数据给档案信息服务带来了挑战，但同时它也为档案信息服务带来了很多机遇，无论是在服务内容，还是在服务模式及服务思想等方面。这就为传统实体档案服务模式和现代网络档案信息服务模式的创新发展带来新的契机。

1. 有助于丰富档案信息服务内容

大数据的快速增长为档案服务提供了丰富的档案资源，使得档案服务机构的工作内容能够打破原有的限制，从而提供巨量的档案信息资源。就档案馆而言，其档案资源除了储藏在本馆内的档案资源外，还可以通过与其他档案馆进行档案信息资源共享来实现档案信息资源云共享。这项举措在很大程度上克服了本馆档案资源有限的弊端，为使用者提供丰富而有效的档案资源。所以说，这些海量的档案信息资源为档案馆的信息服务提供了内在的硬性支持，使其提供的服务内容更加丰富多样，满足使用者的多方面需求。

2. 有助于完善档案信息服务模式

以往的档案信息服务模式基本上都比较倾向于被动服务，档案服务机构很少主动提供服务，而且服务方式极为简单、被动。最常见的服务模式是用户提出查档要求，档案馆根据其需求查找相应的档案信息资源以提供利用；并且使用者还要办理各种利用手续，程序复杂，给使用者带来极大的不便。而在大数据时代，档案服务机构可以在保留原有的服务方式基础上，利用各种电子设备和数据技术扩大服务范围，提高服务质量。同样拿档案馆来说，档案馆提供信息服务应该首先立足于大数据背景，在提高服务水平和服务质量的同时，还应积极主动地向社会发布一些档案信息，进行档案信息推送，提高服务效率。同时，档案馆还要积极发挥电子档案信息资源的作用，扩大电子档案信息资源的利用范围，实现档案数字化。这就要求档案服务机构的服务方式和服务流程都要发生相应的转变以适应现代化的需要，其服务方式也要从被动式逐渐向主动式转变。

3. 有助于转变档案信息服务思想

以往的档案信息服务思想，是将档案信息服务看作本机构的一种正常业务来完成，被动而又消极。而在大数据时代，档案使用者对档案信息服务机构的服务质量和水平提出了更高的要求。档案信息服务机构可以以此为契机转变服务思想，从消极被动向主动热情转变。同时，档案信息服务机构要以用户为中心，在满足用户个性化需求的同时也要提供更好的人性化服务。大数据时代为档案服务机构服务思想的转变提供了现实基础，其丰富的档案信息资源使档案服务机制更为完善。

参 考 文 献

［1］ 王玉玲．大数据时代档案信息化管理［M］．长春：吉林大学出版社，2017．

［2］ 张静．档案信息化与开发利用研究［M］．长春：吉林人民出版社，2017．

［3］ 柴长俞．档案管理与信息化建设［M］．南京：江苏凤凰美术出版社，2017．

［4］ 王灿荣．现代档案管理及其信息化建设研究［M］．北京：中国书籍出版社，2017．

［5］ 鞠小薇．档案信息化实践与管理创新［M］．延吉：延边大学出版社，2018．

［6］ 王辉，关曼苓，杨哲．大数据环境下档案信息化管理［M］．延吉：延边大学出版社，2018．

［7］ 喻颖．互联网时代会计档案的信息化管理研究［M］．长春：东北师范大学出版社，2018．

［8］ 刘亚静．档案管理信息化与自动化探索［M］．天津：天津科学技术出版社，2018．

［9］ 左婷婷．高校档案公共服务与信息化管理［M］．长春：吉林出版集团股份有限公司，2018．

［10］ 赵娜，韩建春，宗黎黎．信息化时代的档案管理精要［M］．天津：天津科学技术出版社，2018．

［11］ 周文泓．Web2.0环境中参与式的信息档案化管理走向全景档案世界［M］．杭州：浙江大学出版社，2018．

［12］ 黄凡珏．以信息化建设为途径开发利用高校教学档案资源［M］．北京：北京燕山出版社，2017．

［13］ 王雨．企业档案信息化建设理论与实践［M］．延吉：延边大学出版社，2018．

［14］ 徐春兰，韩光春，赵磊．档案管理与信息化建设［M］．延吉：

延边大学出版社，2018.

［15］孙红蕾，胡文静，杨茹. 档案理论与图书馆信息化思维［M］. 长春：吉林人民出版社，2018.

［16］张仁芬. 档案信息化管理［M］. 长春：吉林摄影出版社，2019.

［17］郭杨. 档案信息化实践与管理创新［M］. 长春：吉林科学技术出版社，2019.

［18］王静. 人事档案信息化建设与创新管理研究［M］. 长春：吉林出版集团股份有限公司，2019.

［19］王国荣. 铁路信号技术设备履历信息化管理·信号图形信息化档案管理系统软件使用指南［M］. 北京：中国铁道出版社，2019.

［20］王颖. 档案管理与信息化研究［M］. 长春：吉林教育出版社，2019.

［21］傅永珍. 档案管理与信息化建设［M］. 天津：天津人民出版社，2019.

［22］李雪婷. 人事档案信息化建设与创新管理研究［M］. 长春：吉林文史出版社，2020.

［23］高鹤林，方建，刘铮. 档案信息化管理与建设研究［M］. 延吉：延边大学出版社，2020.

［24］张璐璐. 档案信息化建设与管理创新［M］. 秦皇岛：燕山大学出版社，2020.

［25］韩若红，陈贝贝，许艳芳. 现代档案信息化建设与资料管理［M］. 长春：吉林科学技术出版社，2020.

［26］张鹏，宁柠，姜淑霞. 图书馆信息化建设理论与档案管理实践［M］. 长春：吉林人民出版社，2020.

［27］刘月文. 档案管理和信息化研究［M］. 西安：西北工业大学出版社，2020.

［28］郭美芳，王泽蓓，孙川. 档案信息化建设与管理［M］. 长春：吉林人民出版社，2021.

［29］赵旭. 档案信息化建设的理论与实践研究［M］. 北京：科学技术文献出版社，2021.

［30］鲁艳丽. 社会保险档案信息化工作实务［M］. 北京：中国劳动社会保障出版社，2021.

［31］周彩霞，曹慧莲.档案管理信息化建设理论与实践探索［M］.北京：北京工业大学出版社，2021.